머신러닝 시스템 구축
실전 가이드

現場で使える！機械学習システム構築実践ガイド
(Gemba de Tsukaeru! Kikaigakushu System Kochiku Jissen Guide: 7340-5)

ⓒ 2022 Yusuke Shibui

Original Japanese edition published by SHOEISHA Co.,Ltd.
Korean translation rights arranged with SHOEISHA Co.,Ltd.
in care of The English Agency (Japan) Ltd. through Danny Hong Agency
Korean translation copyright ⓒ 2024 by J-Pub Co., Ltd.

이 책의 한국어판 저작권은 대니홍 에이전시를 통한 저작권사와의 독점 계약으로 제이펍에 있습니다.
저작권법에 의해 한국 내에서 보호를 받는 저작물이므로 무단 전재와 무단 복제를 금합니다.

머신러닝 시스템 구축 실전 가이드

1판 1쇄 발행 2024년 1월 4일

지은이 시부이 유스케
옮긴이 김모세
펴낸이 장성두
펴낸곳 주식회사 제이펍

출판신고 2009년 11월 10일 제406-2009-000087호
주소 경기도 파주시 회동길 159 3층 / **전화** 070-8201-9010 / **팩스** 02-6280-0405
홈페이지 www.jpub.kr / **투고** submit@jpub.kr / **독자문의** help@jpub.kr / **교재문의** textbook@jpub.kr

소통기획부 김정준, 이상복, 김은미, 송영화, 권유라, 송찬수, 박재인, 배인혜, 나준섭
소통지원부 민지환, 이승환, 김정미, 서세원 / **디자인부** 이민숙, 최병찬

진행 이상복 / **교정·교열** 이정화 / **내지디자인·내지편집** 이민숙 / **표지디자인** 최병찬
용지 타라유통 / **인쇄** 해외정판사 / **제본** 일진제책사

ISBN 979-11-92987-64-4 (93000)
값 29,000원

제이펍은 여러분의 아이디어와 원고를 기다리고 있습니다. 책으로 펴내고자 하는 아이디어나 원고가 있는 분께서는
책의 간단한 개요와 차례, 구성과 지은이/옮긴이 약력 등을 메일(submit@jpub.kr)로 보내주세요.

머신러닝 시스템 구축 실전 가이드

시부이 유스케 지음 / 김모세 옮김

SHOEISHA

제이펍

CHAPTER 1 **과제, 팀, 시스템** 1

CHAPTER 2 **수요 예측 시스템 만들기** 41

옮긴이 머리말 _____

이 책은 비즈니스 수준에서 머신러닝을 실용화하는 구조를 만드는 방법에 관해 설명합니다. 단순히 머신러닝 모델을 학습하고 생성하는 데서 그치지 않고 실질적인 비즈니스 상황에서 머신러닝을 실용화하는 데에 필요한 프런트엔드, 백엔드, 인프라스트럭처, 파이프라인, BI 도구 등 전반적인 소프트웨어를 모두 구현해봅니다.

머신러닝은 분명 뛰어난(그리고 놀라운) 기술이지만, 그 자체만으로는 실용화하기 어려운 부분들이 존재합니다. 머신러닝은 기존의 소프트웨어와 융합되어 작동하므로 이를 활용한 소프트트웨어를 구현하는 방법을 알지 못하면 머신러닝을 실용화하기도 어렵습니다.

머신러닝을 실용화한다는 것은 머신러닝을 활용해 현실에서의 문제를 해결한다는 것, 다시 말해 머신러닝을 통해서만 해결할 수 있는 과제를 결정하고 머신러닝을 작동시키는 시스템을 만드는 것입니다. 머신러닝을 활용할 수 있는 문제나 상황, 머신러닝을 사용해야만 해결할 수 있는 과제를 정의하고, 시스템이나 사람의 활동 안에 머신러닝을 조합하는 것입니다. 그렇기 때문에 머신러닝을 사용하기 위한 구조를 설명하지 않으면 머신러닝을 실용화하는 방법을 설명할 수 없습니다. 이 책은 이러한 머신러닝 실용화의 실질적인 상황과 방법에 관해 소개합니다. 저자가 다양한 경험을 통해 얻은 지식들이 여러분이 현업에서의 맞닥뜨리는 문제점을 해결하는 데 좋은 힌트가 될 것입니다.

번역 과정에서 좋은 지식을 공유할 수 있도록 해주신 하나님께 감사드립니다. 또한 재미있는 책을 번역할 수 있도록 기회를 주신 제이펍 장성두 대표님께 감사드립니다. 이 책의 편집 과정에서 많이 고생하시고 도움 주신 이상복 팀장님께도 감사드립니다. 다양한 경험을 바탕으로 책의 완성도를 높일 수 있도록 많은 의견을 주신 베타리더분들께도 감사드립니다. 덕분에 더 좋은 책을 만들 수 있었습니다. 마지막으로 책을 번역하는 동안 한결같은 믿음으로 저를 지지해준 아내와 컴퓨터 앞에서 시간을 보내는 아빠를 응원해준 세 딸에게도 깊은 감사를 전합니다. 정말 고맙습니다.

김모세 드림

박조은(오늘코드)

머신러닝이나 딥러닝을 실제 비즈니스에 적용하는 것은, 큰 그림을 그려야 하기 때문에 대부분 어려움을 겪는 부분입니다. 이 책은 현실 세계에서 고민해볼 만한 예시를 통해 서비스를 구현한 점이 좋았습니다. 다양한 ML 제품군을 통해, 실제 비즈니스 상황에서 제품군에 적용할 수 있는 프로덕트 설계에 대해 배울 수 있는 책입니다. Streamlit뿐만 아니라 FastAPI 등 관련 도구를 소개한 점도 좋았습니다.

 이석곤(아이알컴퍼니)

현업 비즈니스 환경에서 머신러닝 시스템을 설계하고 구축하는 방법을 다루는 책으로, 실무 사례와 명확한 설명으로 구성되어 있습니다. 전체적인 내용은 전문적이면서도 이해하기 쉽게 구성되어 있으며, 실제 비즈니스 문제에 대한 해결책과 사례가 많은 도움이 되었습니다. 현실적인 가이드로 가치가 크며, 비즈니스와 머신러닝 분야에서 일하는 모든 분에게 추천합니다. 베타리딩 중 가장 유익했던 내용은 실제 비즈니스 문제에 대한 해결책과 그 과정을 다룬 사례였습니다. 단순히 이론적인 개념 설명으로만 머무르지 않고, 실제 데이터와 결과를 바탕으로 구체적인 방법과 접근법을 제시해줘 독자로서 현실적인 문제에 대해 생각하고 적용하는 데 큰 도움이 되었습니다.

제이펍은 책에 대한 애정과 기술에 대한 열정이 뜨거운 베타리더의 도움으로
출간되는 모든 IT 전문서에 사전 검증을 시행하고 있습니다.

 사지원(카카오모빌리티)

머신러닝 기술을 실제 서비스나 제품으로 만들기 위해서는 모델을 만들기 위해 노력했던 것보다 훨씬 더 많은 노력이 필요합니다. 심지어 굳이 머신러닝이 필요하지 않음에도, 머신러닝을 사용했다는 그 자체가 중요하여 억지로 적용하는 일도 있지요. 이 책은 이러한 고민과 과정에 빠지지 않도록 실제 서비스로 만들기 위한 머신러닝은 어떤 생각과 방향이 필요하고, 또 어떻게 나아가야 하는지 알려주는 도서입니다. 책을 읽는 내내 이런 책이 더욱더 많아져야 한다는 감탄을 하며 읽었습니다. 가려운 부분과 답답했던 부분을 뻥 뚫어주는 정말 훌륭한 책입니다.

 양민혁(현대모비스)

머신러닝 기술을 성공적으로 적용하고 운영하기 위한 다양한 방법을 장단점과 함께 설명합니다. 조직 상황, 팀 구성 및 보유 기술, 시스템 구성 등을 고려하여 어떻게 하면 효과적으로 머신러닝 문제를 해결할 수 있을지 고민하시는 분들에게 도움이 되는 실용적인 책입니다. 최근 팀과 과제를 관리하면서 고민스러웠던 많은 부분에 도움이 되는 책이었습니다. 실습을 해볼 수 있도록 구성된 것은 좋았는데, 직접 OSS 프로그램들을 설치하고 구동하는 게 쉽지만은 않아서 아쉬움이 있었습니다.

시작하며 _____

이 책은 비즈니스에서 머신러닝을 실용화하는 구조를 만드는 방법에 관해 설명합니다. 머신러닝을 활용할 수 있는 비즈니스 상황을 정의하고, 워크플로 및 시스템을 실제로 만들어나갑니다. 단순히 머신러닝 모델을 만드는 데서 끝나지 않고, 가상의 비즈니스 상황과 팀에서 머신러닝을 실용화하기 위해 필요한 프런트엔드, 백엔드, 인프라스트럭처, 파이프라인, BI 도구 등 전반적인 소프트웨어를 구현합니다.

머신러닝을 실용화하기 위한 노하우나 사례에 관해 설명하는 책들이 많다고 해도, 머신러닝을 작동시키는 소프트웨어를 구현하는 방법을 설명하지 않으면 머신러닝을 실용화하는 방법을 이해하기 어렵습니다. 물론 시스템 개발에 관한 내용은 제외하고, 실제 비즈니스 데이터를 기반으로 실용적인 머신러닝 모델을 만드는 방법을 설명할 수는 있습니다. 또는 머신러닝 실용화 사례를 그 특성이나 주의점과 함께 설명할 수도 있을 것입니다. 나아가 머신러닝을 실용적으로 사용하기 위한 다양한 기술(텐서플로TensorFlow나 사이킷런scikit-learn 같은 라이브러리, 아마존 세이지메이커Amazon SageMaker나 구글 버텍스Google Vertex AI 같은 머신러닝 인프라스트럭처, MLflow나 SHAP 같은 OSS 등)의 사용 방법이나 사례를 설명하는 책들도 많습니다. 이런 책이나 아티클을 참고해서 머신러닝 엔지니어나 소프트웨어 엔지니어들이 머신러닝을 실용화한 사례도 매우 많습니다. 이런 책은 머신러닝 모델의 구현 방법이나 사용 방법에 관해서는 설명하지만, 머신러닝을 실용화하기 위한 과제 설정 방법이나 워크플로 설계, 시스템 구축 방법에 관해서는 거의 설명하지 않습니다. 머신러닝을 실용화한다는 것은 머신러닝을 통해서만 해결할 수 있는 과제를 결정하고 머신러닝을 작동시키는 시스템을 만드는 것입니다. 사실 머신러닝이 사용자나 시스템으로부터 완전히 독립되는 일은 거의 없습니다. 소프트웨어는 시스템에 내장되어 과제를 해결하기 위한 컴포넌트로 작동하면서 사람에게 직간접적인 이익을 제공합니다. 머신러닝을 소프트웨어의 하나로 보면 같은 논리를 적용할 수 있습니다. 머신러닝 실용화란 머신러닝을 사용할 수 있는 상황을 정의하고 머신러닝을 사용해서만 해결할 수 있는 과제를 설정하고, 시스템이나 사람의 활동 안에 머신러닝을 조합하는 것입니다. 즉 머신러닝을 실용화한다는 것은 과제 설정, 과제 해결을 위한 머신러닝의 필요성 확인, 머신러닝 구현, 구현된 머신러닝을 사용한 과제 해결, 머신러닝 이외의 워크플로 및 시스템 설계와 개발 운용이 포함됩니다. 머신러닝을 사용하기 위한 구조를 설명하지 않으면 머신러닝을 실용화하는 방법을 설명할 수 없습니다.

머신러닝 실용화에서 소프트웨어 엔지니어링이 차지하는 영역은 대단히 넓습니다. 머신러닝을 조합한 배치 시스템이나 스마트폰 애플리케이션을 만들 때도 프로그램의 대부분에는 머신러닝이 포함되어 있지 않습니다. 지금까지 출간된 대부분의 머신러닝 관련 책들은 머신러닝 프로그램이나 그 용도에 관해서는 설명하지만, 머신러닝을 조합한 소프트웨어나 시스템 또는 그 시스템을 활용하는 워크플로에 관해서는 거의 설명하지 않습니다. 비유하자면 생선 손질 방법이나 전자레인지 사용 방법에 관해서는 설명하지만, 요리를 만드는 방법은 설명하지 않는 요리책 같은 느낌입니다(물론 생선을 세 토막으로 깔끔하게 나누는 것은 어려운 기술입니다. 전자레인지로 계란을 폭파시키는 필자 같은 요리 초보에게는 그런 책도 도움이 됩니다만). 요리를 만들려는 사람에게 필요한 책은 실제로 요리를 만드는 책입니다. 마찬가지로 머신러닝을 활용하고자 하는 사람에게 필요한 것은 머신러닝을 작동시키는 소프트웨어를 만드는 책일 것입니다.

필자는 과거 《머신러닝 시스템 디자인 패턴》(위키북스, 2021)이라는 책을 썼습니다. 이 책에서는 머신러닝을 프로덕션 시스템에 조합해서 작동시키기 위한 패턴들을 다루었습니다. 머신러닝을 API나 배치 시스템 안에서 작동시키는 설계 및 샘플 프로그램을 제시하고, 조금이나마 머신러닝 실용화에 기여했다고 생각합니다. 이번 책에서는 전작에서 쓰지 못했던 내용, 즉 실제 발생하는 과제를 가정하고 작동하는 시스템이나 워크플로에 머신러닝을 조합하는 방법에 관해 설명합니다. 이를 위해 필자는 스마트폰 애플리케이션, 백엔드, 배치 시스템, 데이터까지 직접 만들었습니다. 필자가 만든 소프트웨어는 그 자체로 시스템으로서 가동시킬 수 있습니다(물론 기업이나 시스템에 따라 업무나 기술이 다르므로 이를 그대로 사용하지는 못할 것입니다). 그리고 모든 프로그램은 가정한 시나리오(비즈니스 관점에서의 용도나 팀 멤버의 수, 사용자 상황 등)를 고려해 개발했습니다. 이 책을 케이스 스터디처럼 사용해서 머신러닝을 실용화하기 위한 과제 설정, 워크플로 설계, 시스템 개발, 팀 설계에 관해 학습할 수 있습니다. 물론, 세상 모든 비즈니스 상황에 적용할 수는 없겠지만 머신러닝을 활용한 시스템을 만들기 위한 방법론이나 사고방식의 관점에서는 응용할 수 있을 것입니다. 머신러닝과 그 시스템 개발에 참여하고 있는 여러분에게 유익한 책이 되기를 바랍니다.

이 책을 출간하면서 편집자인 미야코시宮腰 님(이전 책의 편집자이기도 함), 리뷰를 해주신 주식회사 Citadel AI의 스기야마杉山 阿聖 님, MLOps 커뮤니티의 다나카 쇼田中 翔 님께 깊은 감사를 드립니다. 현 직장인 Launchable Inc의 동료 분들께도 많은 도움을 받았습니다. 집 고양이인 윌리엄과 마르그레테는 고양이답게 저를 치유해주었습니다(고양이의 손을 빌리지는 않았습니다). 지면을 빌려 모든 분께 깊이 감사드립니다.

대상 독자 및 사전 지식

이 책은 AI 엔지니어나 시스템 엔지니어를 주 대상 독자로 합니다. 머신러닝을 효과적으로 활용하기 위해 특정한 비즈니스 상황을 가정하고, 머신러닝을 사용하는 상황이나 요건, 머신러닝을 사용하는 워크플로와 시스템, 개발/운용 팀의 구성에 관해 설명합니다.

머신러닝 시스템에 대한 광범위한 설계, 파이썬을 사용한 머신러닝 시스템 구현 예시를 함께 설명하며, 머신러닝을 실질적으로 활용하기 위한 방법론이나 운용 및 개선 노하우도 다룹니다.

이 책에서 다루는 플랫폼에는 코드 재현성을 담보하기 위해 도커Docker와 쿠버네티스 Kubernetes를 활용합니다.

프로그래밍 언어로는 주로 파이썬을 활용합니다. 일부 안드로이드 애플리케이션을 개발하는 데에는 코틀린Kotlin도 사용했습니다.

파이썬 라이브러리 관리에는 Poetry를 사용합니다.

머신러닝 라이브러리로는 텐서플로, 사이킷런, LightGBM을 사용합니다. 데이터 처리 라이브러리로는 팬더스pandas, 넘파이NumPy, pandera 등을 사용합니다.

시스템 구현 시 워크플로 엔진으로는 아르고 워크플로Argo Workflows, 검색 엔진으로는 일래스틱서치Elasticsearch, 머신러닝 관리에는 MLflow, 웹 화면에는 Streamlit, 웹 API로는 FastAPI 등 다양한 소프트웨어를 활용합니다.

그 외에도 다양한 라이브러리나 소프트웨어를 활용해서 시스템을 구축하며 중요한 요소들에 대해서는 본문에서 적절하게 설명합니다.

책의 구성

이 책은 총 4장으로 구성되어 있습니다.

1장 '과제, 팀, 시스템'에서는 머신러닝을 사용해서 해결해야만 하는 비즈니스 과제의 선정 방법, 그 과제를 해결하기 위한 워크플로와 시스템 구축 방법, 그리고 머신러닝을 활용하는 팀 구성에 관해 설명합니다.

2장 '수요 예측 시스템 만들기'에서는 전국에 매장을 둔 가공의 AI 상점에서, 식료품의 수요 예측을 하기 위한 머신러닝의 활용 및 발전 흐름에 관해 설명합니다.

3장 '동물 이미지 애플리케이션의 위반 감지 시스템 만들기'에서는 가공의 동물 이미지 공유 애플리케이션 'AIAnimals'에서 사용자의 위반 행동을 감지하고, 제지하기 위한 워크플로나 머신러닝 시스템 및 평가 시스템의 구현 방법에 관해 설명합니다.

4장 '동물 이미지 애플리케이션의 검색에 머신러닝 활용하기'에서는 'AIAnimals'의 검색 시스템에 머신러닝을 활용해, 검색 경험을 개선/발전시키는 방법에 관해 설명합니다.

샘플 작동 환경

깃허브에 공개되어 있는 샘플은 **표 1**의 환경에서 작동을 확인했습니다.

표 1 실행 환경

리눅스	
항목	내용
우분투	22.04 LTS
프로세서	3.60GHz 4 코어 Intel Core i3-10100F
메모리	32GB
GPU	NVIDIA GeForce RTX 3060 Ti 8GB
파이썬	3.10.4
도커	20.10.17, build 100c701
docker-compose	1.29.2, build 5becea4c
kubectl	1.22.12
안드로이드 스튜디오	android-studio-2021.2.1.15-linux
쿠버네티스 클러스터	Google Cloud Platform 사용

macOS	
항목	내용
macOS	Monterery 12.5.1
프로세서	2.3GHz 8코어 Intel Core i9
메모리	32GB
파이썬	3.10.6
도커	4.10.1
docker-compose	1.29.2
kubectl	1.22.3
안드로이드 스튜디오	Chipmunk 2021.2.1

책의 샘플 코드와 깃허브 샘플 코드의 차이

각 디자인 패턴의 이해 및 실용화를 돕기 위해 샘플 코드를 제공합니다. 샘플 코드에서는 디자인 패턴을 쉽게 이해할 수 있도록 구현은 최소한으로 제한했습니다. 책에서는 지면 관계상 가독성을 유지하기 위해 일부 샘플 코드는 한 행으로 처리하거나 분할 또는 생략했습니다. 이로 인해 불편함을 드리는 점은 양해 부탁드립니다.

샘플 프로그램

샘플 데이터(샘플 코드)는 다음의 깃허브 저장소에서 제공합니다. 샘플을 실행할 때는 저장소에서 샘플 코드를 복사하기 바랍니다. **프로그램을 실행할 때는 반드시 깃허브 저장소에서 코드를 복사해서 실행해주십시오. 지면상의 코드를 그대로 입력하더라도, 위에서 설명한 이유로 코드가 실행되지 않을 수 있으니 주의하기 바랍니다.**

> **샘플 데이터 다운로드 사이트**
> URL https://github.com/moseskim/building-ml-system

샘플 데이터는 MIT 라이선스 기준으로 제공되며 이 라이선스에 따라 사용할 수 있습니다. 복제한 모든 소프트웨어의 중요한 부분에는 저작권 및 허가 표기를 기재해야 합니다. 저역자 및 출판사는 소프트웨어의 운용에 관한 일체의 책임을 지지 않습니다.

1

과제, 팀, 시스템

머신러닝을 통해 비즈니스나 제품에 좋은 영향을 주기 위해서는 머신러닝을 사용하기 위한 과제 설정, 환경 구축, 팀 빌딩을 해야 합니다. 머신러닝을 도입하기 위해서는 중요한 과제를 발견하고 그 과제를 머신러닝으로 해결하기 위한 해법을 결정해야 합니다. 머신러닝이 필요하지 않은 과제를 굳이 머신러닝을 사용해서 해결할 필요는 없을 것입니다. 머신러닝 외에 더 좋은 해결 방법(예: 규칙 기반으로 저렴하고 간단하게 해결할 수 있다)이 있다면 그 방법을 선택하는 것이 효과적입니다. 머신러닝으로 과제를 해결하기 위해서는 머신러닝을 도입하는 환경이 갖춰져 있어야 합니다. 머신러닝을 도입하기 위해서는 먼저 업무나 제품의 일부가 컴퓨터 시스템에서 작동해야 하며 시스템으로 관리할 수 있어야 합니다. 머신러닝이 소프트웨어를 통해 작동하는 기술인 이상, 관련 업무가 컴퓨터 시스템에 탑재되어 있지 않으면 연동할 수 없습니다. 또한 머신러닝을 사용하기 위해서는 유용한 데이터가 축적되어 있어야 한다는 점이 중요합니다. 데이터가 존재하지 않으면, 머신러닝 개발을 시작할 수 없습니다. 마지막으로 머신러닝을 개발하고 운용하는 팀이 필요합니다. 이번 장에서는 머신러닝을 실용화하기 위한 조건에 관해 살펴봅니다.

머신러닝은 비즈니스나 일상생활에서 맞닥뜨릴 수 있는 과제를 해결하기 위한 편리한 수단입니다. 그러나 머신러닝만으로 모든 과제를 해결할 수 있다고 말할 수는 없습니다. 머신러닝을 효과적으로 활용하기 위해서는 머신러닝을 작동시키는 컴퓨터 시스템은 물론 그 시스템을 개발/운용하는 팀이 있어야 합니다.

머신러닝을 포함한 소프트웨어 기술을 활용해 비즈니스 과제를 해결하기 위해서는, 그 소프트웨어를 시스템이나 워크플로workflow에 조합해야 합니다. 시스템이란 컴퓨터와 관련된 하드웨어나 소프트웨어 및 주변 기기 등을 사용해서 구성한 구조로, 일상 업무에서 사용하는 근태 관리 등의 사내 시스템이나 생활을 편리하게 돕는 온라인 쇼핑 등의 웹 시스템을 예로 들 수 있습니다. 워크플로는 과제를 해결하기 위한 절차이며 이는 시스템이나 사람의 업무로 구성되어 있습니다. 예를 들어 인사 시스템을 사용해 사원이 유급 휴가를 신청하고 관리직이 승인하는 절차, 온라인 쇼핑몰에서 소비자가 상품(제품)을 선택해 카트에 넣고, 구입을 결정하고, 지불을 하고, 창고에서 상품이 포장되고, 배송업자에게 발송을 의뢰하고, 창고에서 발송되어 집에 도착하는 등의 절차를 워크플로라고 합니다(**그림 1.1**).

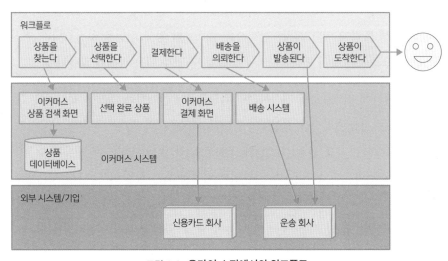

그림 1.1 **온라인 쇼핑에서의 워크플로**

오늘날의 일상생활과 업무에는 다양한 시스템과 워크플로가 존재합니다. 머신러닝을 사용해 업무를 편리하게 하고자 할 때 머신러닝은 시스템과 조합되어 워크플로 일부를 자동화하거나 개선 또는 확장합니다.

예를 들어 수요 예측을 통한 상품 매입량 계획을 위해 머신러닝을 사용할 때는, 해당 상품이 미래에 판매될 수량(수요)을 머신러닝으로 예측합니다. 사람이 수요를 예측한다면 담당자가 미래(다음 주, 다음 달 등)의 판매량이나 매장 방문 고객 수를 예측하고, 그 후 발주 및 인원 배치를 계획합니다. 머신러닝을 사용해 수요를 예측한다면 담당자가 예측하는 부분을 머신러닝으로 대체합니다. 머신러닝을 활용한 수요 예측은 시스템에 조합되어 자동화됩니다.

이커머스e-commerce나 웹 게시판 같은 웹 서비스에서 콘텐츠를 검색하는 경우에는, 검색 결과를 배열할 때 머신러닝을 활용할 수 있습니다. 검색 결과 배열에서는 새로운 아이템 순서나 '좋아요'의 숫자처럼 배열의 조건이 명확한 것이 있는가 하면, 인기 순서와 같이 그 조건이 명확하지 않을 수도 있습니다. 머신러닝을 활용해서 접근 수나 평판을 종합적으로 평가해 '인기도'를 예측해 배열할 수 있습니다. 더 나아가 단어로 검색하는 것뿐만 아니라 머신러닝을 사용함으로써 이미지를 사용해 콘텐츠를 검색할 수도 있습니다. 이는 이미지를 검색 시스템에 업로드한 뒤, 비슷한 이미지를 찾는 유스케이스입니다. 이때, 사용자의 검색 방법에 이미지라는 선택지를 줌으로써 검색 경험을 확장합니다. 머신러닝을 조합함으로써 상황이 편리해지거나 해결할 수 있게 되는 과제가 많습니다.

머신러닝을 활용해 워크플로를 개선하려면 워크플로에 존재하는 과제를 정의하고, 그 과제가 해결 또는 개선된 상태를 결정해야 합니다. 워크플로의 과제는 사람이 사용하기 불편한 위치, 착각하기 쉬운 순서, 시스템에 조합되어 있더라도 빈번하게 오류가 발생하는 태스크, 자동화되어 있지 않은 방법, 시간이나 비용이 드는 작업 등 그 종류가 다양합니다. 이 중에서 컴퓨터를 활용해 시스템화되어 있어(혹은 컴퓨터 시스템으로 대체할 수 있어), 머신러닝을 사용할 수 있고 머신러닝이 도움이 될 수 있는 과제가 머신러닝을 효과적으로 활용할 수 있는 과제가 됩니다.

머신러닝을 효과적으로 활용하기 위한 전제는 다양합니다. 예를 들어 데이터가 준비되어 있거나, 개발에 다소의 비용이 들어도 괜찮거나, 100% 정확하지 않아도 좋은(즉 틀려도 좋은) 조건들이 포함됩니다. 또한 전제 조건을 모두 만족한다고 해서 머신러닝을 효과적으로 활용할 수 있는 것은 아닙니다. 머신러닝을 사용했을 때, 현재 상태보다 비용이나 공수 또는 품질이 개선되어 있어야 합니다. 오늘날 머신러닝과 관련된 농담으로 "제대로 된 머신러닝 엔지니어가 해야 할 중요한 업무는 머신러닝이 필요하지 않은 프로젝트에서 '머신러닝이 필요하지 않다'라고 말하는 것이다"라는 말이 있습니다. 머신러닝을 활용해 해결하고자 하는 과제에서, 실제로는 머신러닝이 필요하지 않거나 도움이 되지 않는(심지어 때로는 역효과를 내는) 과제가 매우 많습니다. 머신러닝이 도움이 되는 과제를 선정하고, 사용 여부에 관한 의사 결정을 하는 것이 매우 중요합니다. 업무나 제품이 시스템화되어 있지 않으면, 머신러닝 도입을 위해 일부나 전부에 컴퓨터 시스템을 도입해야 하는 수고와 비용이 발생합니다(**그림 1.2**).

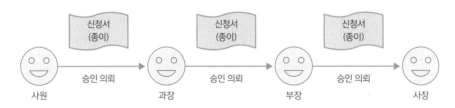

머신러닝이 효과적이지 않은 케이스
머신러닝보다 시스템을 먼저 도입해야 한다.

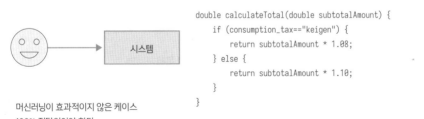

```
double calculateTotal(double subtotalAmount) {
    if (consumption_tax=="keigen") {
        return subtotalAmount * 1.08;
    } else {
        return subtotalAmount * 1.10;
    }
}
```

머신러닝이 효과적이지 않은 케이스
100% 정답이어야 한다.
또한 소비세 계산(표준 세율 10%와 경감 세율 8%가 있다)은 조건 분기로 실행할 수 있으며,
머신러닝으로 해결할 필요는 없다.

그림 1.2 머신러닝이 효과적이지 않은 경우

컴퓨터 시스템을 구축하고 운용하는 비용은 대부분 머신러닝 모델 자체를 개발/릴리스(배포)/운용하는 비용보다 비쌉니다. 시스템 없이 머신러닝만 도입하는 것도 대부분의 경우 불가능합니다. 시스템을 만들고 머신러닝을 조합하는 순서가 일반적입니다. 머신러닝을 활용해서 과제를 해결하기 위해서는 시스템 도입 비용을 포함해서, 정말로 그 과제를 해결했을 때 장점이 있는지 다시 한번 생각해봐야 합니다. 오늘날 DX(디지털 트랜스포메이션)가 유행하면서, 사람이 하는 작업의 시스템화나 자동화가 진행되고 있지만, 머신러닝 도입은 그 이후의 단계입니다.

머신러닝을 효과적으로 활용하기 위해서는 머신러닝을 도입하기 위한 시스템을 만들고 운용해야 합니다. 그리고 시스템과 머신러닝을 운용하기 위해서는 이를 만들고 운용할 사람이 필요합니다(**그림 1.3**).

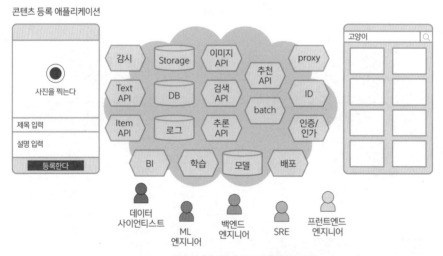

그림 1.3 **머신러닝을 효과적으로 활용하려면**

일반적으로 소프트웨어 엔지니어라고 불리는 사람들이 이에 관한 전문가입니다. 소프트웨어 엔지니어는 전문성에 따라 세분화되어 있습니다. 예를 들어 머신러닝 전문가라면 머신러닝(ML) 엔지니어/데이터 사이언티스트, 스마트폰 애플리케이션 개발자라면 프런트엔드 엔지니어/안드로이드 엔지니어/iOS 엔지니어, 데이터 전문가라면 데이터 엔지니어/

데이터 인프라스트럭처 엔지니어 등으로 불립니다. 명칭은 업계나 기업에 따라 다양합니다. 광대한 시스템 개발/소프트웨어 개발 업계에서는 소프트웨어 엔지니어링의 전문화/분업화가 진행되고 있습니다. 머신러닝을 사용하는 시스템 하나를 만드는 경우에도 다양한 기술을 조합해야 합니다. 바꾸어 말하면, 머신러닝을 실용화하기 위한 시스템을 만들고, 운용하기 위해서는 이를 위한 기술을 가진 엔지니어 팀이 필요합니다.

이 책에서는 머신러닝을 활용해서 구체적인 비즈니스 과제를 해결하기 위한 순서와 구현에 관해 설명합니다. 이를 위해서 구체적인 비즈니스 상황 정의, 기업에 소속된 팀의 규모나 스킬셋 및 시스템 가정, 과제 해결로 이어지는 워크플로 재정의, 시스템 설계와 구현 및 작동, 머신러닝을 조합한 제품 실용화 등을 수행합니다. 이 책은 머신러닝 이론이나 방법론을 설명하는 목적으로 쓴 책이 아닙니다. 머신러닝을 실용화하는 순서와 제품 개발 사례를 통해, 여러분이 머신러닝을 활용해 더 편리한 세상을 만드는 것을 지원하는 것이 목적입니다. 이를 위해 비즈니스에서 빈번하게 볼 수 있는 과제인 상품 수요 예측, 웹 서비스 위반 감지, 검색 시스템 개선을 소재로 각 시스템들을 처음부터 만들어 나갑니다. 그 시스템에 머신러닝을 조합하면서, 매일 사용하는 프로덕션 시스템 안에서 머신러닝이 작동하고 운용되는 방법을 구체적으로 설명합니다. 또한 그 시스템을 구현하기 위해 필요한 기술과 팀 멤버의 스킬셋을 소개하는 동시에, 실제로 머신러닝을 비즈니스에 조합해서 실용화하기 위한 방법론과 기술에 관해 설명합니다.

1.2 과제를 머신러닝으로 해결할 시나리오를 결정한다

'머신러닝으로 해결할 과제를 결정한다'라는 표현은 사내에 이미 머신러닝을 활용해서 해결할 수 있는 과제들이 존재하고 있으며, 이를 해결하기 위한 개발이 진행되고 있는 것처럼 들립니다. 하지만 많은 비즈니스 상황에서는 다양한 과제가 해결되지 않은 채 존재합니다. 그 과제들 중에서 머신러닝을 활용해서 해결할 수 있는 것을 찾아내고, 머신러닝을 활용해서 해결함으로써 얻을 수 있는 장점이 머신러닝 도입 과정에서 발생하는 단점을 뛰어넘는다고 평가해야 합니다.

많은 기업이 웹사이트에 챗봇을 도입하고 있습니다. 그 챗봇이 머신러닝을 활용해 대화하도록 할 필요가 있을까요(**그림 1.4**)? 웹사이트를 방문한 사용자가 상품 사용 방법을 몰라 챗봇에 질문하는 경우가 있기는 하겠지만, 머신러닝을 챗봇에 활용하는 것이 반드시 합리적이라고 말할 수는 없습니다. 챗봇은 그저 수단일 뿐입니다. 챗봇과 같은 수단을 활용해 해결하려는 과제는 사용자가 가진 모호한 고민을 Q&A 형식을 빌려서 명확하게 해결책을 제시하는 것입니다.

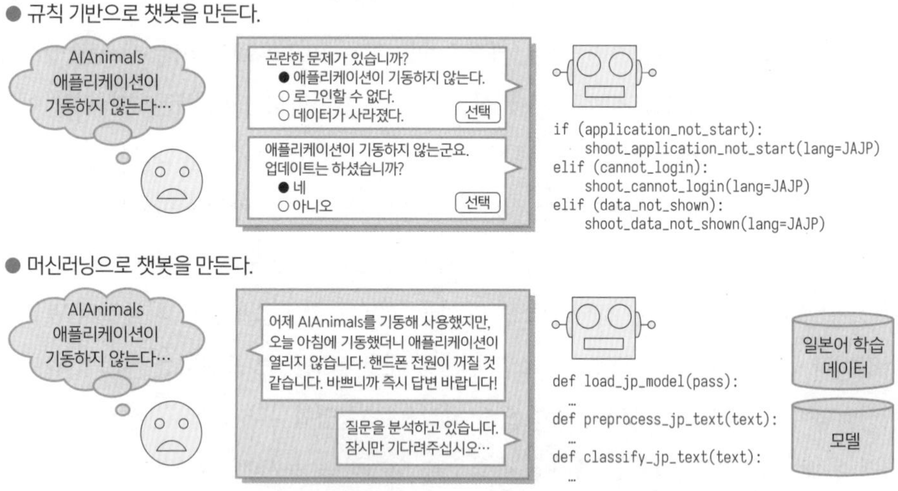

그림 1.4 **규칙 기반으로 작성한 챗봇과 머신러닝으로 작성한 챗봇**

머신러닝을 사용하지 않고도 객관식 설문 형식의 챗봇을 제공하고, 사용자가 설문의 답을 선택하면서 해결책에 도달하도록 하는 워크플로만 갖춰도 이 과제는 간단하게 해결할 수 있습니다. 설문 형식을 사용하는 편이 머신러닝을 사용하는 것보다 기술적으로 간단하며, 동시에 사용자 경험 측면에서 뛰어난 경우도 있을 것입니다. 개발 공정 측면에서도 객관식 설문 형식의 챗봇을 사용하면, 질문과 선택지를 제공하고 분기 처리를 위한 `if-else` 구문을 조합하는 것만으로 구현할 수 있습니다.

챗봇에 머신러닝을 사용한다면 사용자가 상품에 대한 질문을 문장으로 작성해서 챗봇에 게시하고, 그 문장을 머신러닝으로 이해하고, 해결책을 찾아서 챗봇이 다시 게시하는 흐름이 될 것입니다. 머신러닝을 활용해 문장을 이해하는 챗봇을 사용하려면 먼저 대량의 질문 문장을 준비하고, 그 해결책에 맞춘 머신러닝 모델을 개발한 뒤 프로덕션 시스템에 조합해야 합니다. 오류가 없는 데이터셋을 대량으로 준비하기란 어려울 것입니다. 또한 상품 사용 방법이 바뀌면 새로운 데이터셋을 제공해야 할 수도 있습니다. 상품 사용 방법의 복잡함이나 변경 빈도에 따라 다르지만, 객관식 설문 형식으로 개발 및 운용하기 위한 노력과 난도는 머신러닝을 활용할 때의 노력과 난도의 1/10도 되지 않을 것입니다. 그리고 객관식 설문 형식이라면 질문 문장을 영어나 중국어 등으로 번역해서 다국어 대응을 할 수도 있습니다. 머신러닝을 사용한다면 다국어 대응을 위해 각 언어의 문자를 준비하고, 그 데이터를 사용해서 별도의 모델을 만들어야 합니다.

챗봇을 위해 머신러닝을 활용하는 것이 비효율적이라고 주장하는 것은 아니지만, 해결하고자 하는 과제가 정말로 머신러닝을 사용해야만 하는지에 관해서는 면밀히 검토해야 합니다.

머신러닝으로 해결해야만 하는 과제는 머신러닝이 아닌 다른 방법으로 해결했을 때 품질이나 비용 측면에서 효용이 떨어지는 과제입니다. 이 책에서 설명하는 웹 게시판의 위반 감지에서 이미지 인식을 사용하는 예가 그중 하나입니다. 오늘날 머신러닝을 활용한 이미지 인식의 정확도는 사람의 눈의 정확도를 능가했으며, 자동화도 손쉽게 할 수 있습니다. 이미지 인식으로 해결할 수 있는 정도의 과제라면 머신러닝을 사용하는 것이 매우 합리적인 선택입니다. 하지만 이미지 인식 과제를 언제나 머신러닝으로 해결해야만 하는 것은 아닙니다. 예를 들어 웹 게시판에 하루 최대 10건의 이미지가 게시되고, 사람의 얼굴이 있다면 위반으로 판단한다고 가정해봅니다. 하루에 10건 정도라면 사람이 가끔 확인하는 것으로도 충분하며 사람의 얼굴이 찍혀 있는지 확인하는 데는 30초도 걸리지 않을 것입니다. 10건 × 30초 = 300초이며 이 정도의 위반 감지를 위해 필요한 시간은 하루에 최대 5분이 됩니다. 사람 1명이 5분 동안 할 수 있는 작업을 머신러닝으로 치환하는 것의 합리성 여부에 대한 판단은 회사의 상황에 따라 다를 것입니다. 그러나 대부분의 경우 그 개발 공정은 다른 중요한 과제 해결에 사용하는 것이 유익할 것입니다.

하지만 웹 게시판에 매일 100만 건의 이미지가 게시된다면 어떨까요? 1장의 이미지를 보는 데 30초가 소요된다고 가정하면, 100만 장의 이미지를 확인하는 데는 100만 × 30초 = 3,000만 초가 소요됩니다. 한 사람이 이 작업을 수행한다면 잠시도 쉬지 않고 약 347일을 일해야 합니다. 1,000명이 나누어서 확인하면 9시간 안에(단, 휴식 없이) 완료할 수 있지만 단순히 이미지를 확인하기 위한 목적으로 매일 1,000명의 인원을 투입하는 것은 경영 측면에서 그리 효율적이지 않을 것입니다. 이런 정도의 규모에서는 머신러닝을 활용한 위반 감지를 자동화함으로써 1,000명의 인건비를 줄일 수 있으므로, 머신러닝을 활용해서 해결하는 편이 합리적이라고 할 수 있습니다.

머신러닝을 사용해서 과제를 해결할 때는 머신러닝을 통해서 과제가 해결되고 있음을 알 수 있는 상태를 정의해야 합니다. 앞에서 예시로 든 위반 감지에서는 인건비를 감소하고, 서비스 품질을 유지 또는 개선할 수 있을 것입니다. 인건비 감소란 머신러닝을 조합한 위반 감지 시스템을 개발 및 운용하는 데 드는 인건비가 사람이 직접 위반 감지를 했을 때 드는 인건비보다 줄어드는 것을 말합니다. 서비스 품질 유지는 서비스의 정상적인 운영(사용자가 불필요한 이미지나 불쾌한 콘텐츠를 보고 이탈하는 것을 조장하지 않는 것) 유지에 필요한 위반 감지의 누락률에 비해 머신러닝을 조합했을 때의 위반 감지의 누락률이 더 우수한 상태를 말합니다. 이 목표들을 달성하기 위해서 머신러닝을 도입하는 것이겠지만, 머신러닝을 사용한다고 해서 리스크가 전혀 없거나 비용 소요 없이 과제를 해결할 수 있는 것은 아닙니다. 머신러닝을 실용화하기 위해서는 엔지니어가 필요하며, 그 엔지니어의 인건비가 사람이 직접 이미지를 확인할 때의 인건비보다 크면, 인건비 감소라는 목표는 달성할 수 없습니다. 또는 머신러닝을 활용해 위반을 감지할 때 사람의 얼굴은 100% 정확하게 감지하더라도, 동시에 동물의 얼굴을 50% 확률로 위반이라고 인식해 버린다면, 위반으로 판정된 동물의 얼굴이 찍힌 이미지를 위반이 아닌 것으로 수정해야 합니다. 이런 오감지 과제를 다시 해결해야(혹은 해결하지 않는다고 판단해야) 합니다.

머신러닝을 활용해 과제를 해결하는 시나리오란 이처럼 과제 선정, 해결 방법의 합리성, 해결된 상태의 정의, 과제 해결을 통해 발생하는 새로운 과제에 대한 대응을 결정하는 것입니다. 전문가의 방법론이나 기술이 과제를 100% 완벽하게 해결하는 경우는 드뭅니다. 사회나 기업, 개인이 직면하고 있는 과제는 그만큼 복잡하고 해결하기 어려우며 도전적입니다. 책의 **2장, 3장, 4장**에서는 각각 수요 예측, 위반 감지, 검색을 비즈니스에서 활용할 때 발생하는 과제의 시나리오를 정의하고, 머신러닝을 활용한 해결책을 제시합니다. 과제를 100% 해결하고 문제를 완전히 근절하는 것은 아니지만, 문제가 되는 상황을 50% 정도는 좋은 방향으로 이끄는 방법을 제시합니다. 여러분이 직면한 과제가 모두 동일하다고 할 수는 없지만, 어려움을 겪고 있는 문제들을 해결하는 데 힌트가되기를 바랍니다.

1.3 팀 크기와 스킬에 맞는 개발과 운용을 고려한다

> 머신러닝을 실용화하기 위해서는 시스템과 머신러닝을 개발해야 하며, 이를 위해서는 엔지니어가 필요합니다. 한 명의 엔지니어가 여러 소프트웨어를 개발하는 것은 상당히 드물며, 팀을 조직해서 개발하게 됩니다.

앞서 설명한 것처럼 머신러닝을 실용화하려면 시스템이 필요하고, 시스템과 머신러닝을 개발/운용하기 위해서는 소프트웨어 엔지니어가 필요합니다. 한 명의 소프트웨어 엔지니어가 모든 시스템을 개발하는 일은 극히 드뭅니다. 시스템 규모가 커질수록 복잡도는 물론 장애 발생의 리스크도 증가합니다. 물론 설계나 선정한 기술의 좋고 나쁨에 따라 시스템의 복잡성과 안정성은 다르지만, 시스템 전체를 한 명이 개발하고 운영할 수 있는 수준에는 한계가 있습니다.

시스템 개발에는 다양한 기술이 필요하므로 팀을 구성해야 합니다. 팀의 크기는 기업 규모나 향후 성장 가능성에 따라 다릅니다. 중간 규모 이상의 웹 서비스를 운영하는 기업이라면 인프라스트럭처 엔지니어, 백엔드 엔지니어, 프런트엔드 엔지니어, 데이터 엔지니어, 엔지니어링 매니저 등이 팀 멤버가 됩니다. 스마트폰 애플리케이션을 개발하는 스타트업이라면 스마트폰 엔지니어, 백엔드 엔지니어, CTO 등으로 구성할 수 있습니다. 머신러닝 컨설팅을 제공하는 기업이라면 데이터 사이언티스트, 머신러닝 엔지니어, 기술

컨설턴트가 주요 멤버가 될 것입니다. 기업 상황이나 비즈니스에 따라 필요한 엔지니어의 스킬이나 수는 달라집니다.

이들을 조합해서 팀을 구성합니다(그림 1.5). 인프라스트럭처 한 팀, 백엔드 한 팀처럼 전문성에 따라 팀을 조직하거나 직종을 섞어서 특정한 도메인(사용자 관리 도메인이나 콘텐츠 게시 도메인 등)별로 팀을 조직하기도 합니다. 어느 쪽이 최적의 팀 구성이라고 말할 수는 없지만, 팀 조직 방법과 멤버에 따라 팀에서 구현할 수 있는 시스템은 달라집니다.

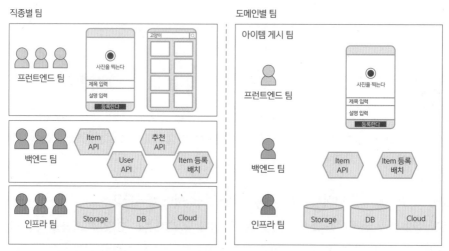

그림 1.5 **직종별 팀과 도메인별 팀**

예를 들어 백엔드 엔지니어 1명, 프런트엔드 엔지니어 1명, 머신러닝 엔지니어 1명으로 팀을 구성하는 경우를 생각해봅시다. 스킬셋을 활용해서 웹 서비스에 머신러닝을 조합한 제품을 만드는 것은 가능할 수도 있지만, 아마도 데이터 기반의 구축이나 스마트폰 애플리케이션 개발은 어려울 것입니다. 머신러닝 엔지니어가 머신러닝 이외의 소프트웨어 개발 경험을 가지고 있지 않다면, 제품 소프트웨어와 관련된 부분은 백엔드 엔지니어와 프런트엔드 엔지니어가 주로 개발하게 되며, 멤버 사이에서 개발 부하의 차이가 발생할 것입니다. 또한 백엔드 엔지니어가 시스템 운용이나 인프라스트럭처 개발의 경험이 적다면 만든 제품의 장애 대응이나 수정에 문제가 남아서 시스템이 불안정할 수도 있습니다. 경험이 풍부하고 다양한 스킬을 가진 엔지니어들로 팀을 구성하는 것이 이상적이지만, 항상 그렇게 팀을 구성할 수 있는 것은 아닙니다. 현실적으로는 멤버를 성장시키면서 개발, 운용, 채용을 진행하게 됩니다.

멤버 수, 기한, 예산에는 늘 한계가 있습니다. 경험이 풍부한 엔지니어를 많이 채용하고, 기한도 없으며, 예산을 걱정하지 않고 개발할 수 있는 상황은 결코 많지 않습니다. 팀 멤버 수나 스킬셋은 개발/운용 가능한 시스템의 규모나 복잡성에 제한이 됩니다. 머신러닝을 실용화하는 경우, 머신러닝 모델을 개발하는 데이터 사이언티스트나 머신러닝 엔지니어는 데이터 기반이나 데이터 파이프라인이 정리되어 있으면 매우 도움이 됩니다. 하지만 다양한 이유(인력 부족, 예산 부족, 시간 부족 등)로 데이터 기반을 만들기 어려울 수도 있습니다. 그런 상황에서는 데이터를 프로덕션 데이터베이스나 사내 파일에서 입수해 머신러닝 학습을 하거나 추론을 하게 됩니다. 또는 머신러닝으로 학습한 모델을 추론기로서 릴리스하는 경우, 릴리스를 위한 빌드 시스템이나 파이프라인이 정비되어 있지 않으면 학습 완료한 모델을 엔지니어(머신러닝 엔지니어나 백엔드 엔지니어가 여기에 해당하는 경우가 많습니다)가 직접 추론기로 빌드해서 릴리스해야 합니다. 머신러닝 개발 효율성 관점에서는 데이터 기반이나 릴리스 기반이 매우 중요합니다. 이런 것들이 준비되어 있지 않다고 해서 머신러닝을 실용화할 수 없다고 할 수도 없습니다. 데이터 기반이나 릴리스 기반을 정비하는 공수, 그런 기반을 정비하지 않은 상태에서 머신러닝 개발을 진행하는 생산성을 비교해야 합니다.

예를 들어 데이터셋 업데이트나 머신러닝 모델 릴리스가 빈번하게 이루어지는 시스템(예: 실시간으로 새로운 데이터가 들어오는 이커머스 등)에서는 데이터 인프라스트럭처 또는 릴리스 인프라스트럭처가 정비되어 있을 때 이익이 클 것입니다. 한편 데이터셋이 크게 변경되는 일이 거의 없고 머신러닝 모델 릴리스도 좀처럼 실행되지 않는 시스템인 경우에는, 데이터 인프라스트럭처나 릴리스 인프라스트럭처를 정비할 필요가 없을 수도 있습니다. 해결하고자 하는 과제가 정말로 머신러닝을 통해 해결할 수 있고, 해당 시스템을 유지할 필요가 있는지 검토해야 합니다. 그 결과, 머신러닝이 유효하고 그 시스템을 유지해야만 한다면 머신러닝을 위한 데이터 인프라스트럭처 또는 릴리스 인프라스트럭처를 반드시 구축해야 합니다(예: 데이터 인프라스트럭처나 릴리스 인프라스트럭처 자체는 머신러닝을 포함해 소프트웨어 개발에서 매우 유효한 구조입니다). 한정된 멤버로 개발하고 운용하는 이상, 그 제한 아래서 실현 가능한 시스템을 설계하고 만들게 됩니다. 갑자기 구글의 검색 시스템이나 아마존닷컴Amazon.com 규모의 이커머스 사이트를 만들 필요는 없으며, 그 기업들과 동등한 팀 멤버를 정비할 필요는 없습니다. 현장의 리소스로 실현 가능하며 동시에 운용 가능한 워크플로를 고려해, 그것을 위한 시스템을 만들고, 머신러닝을 조합하는 것만으로도 많은 문제를 해결할 수 있습니다.

1.4 머신러닝 시스템의 아키텍처를 설계한다

> 과제를 해결하기 위한 시나리오와 팀 멤버를 검토한 뒤에 시스템의 아키텍처에 관해 고려합니다. 시스템은 워크플로를 구현하기 위한 소프트웨어와 하드웨어를 조합한 것이며, 아키텍처는 시스템을 구성하는 컴포넌트를 조합한 것입니다. 아키텍처는 워크플로 실현에 필수인 요건과 그 실현에 필요하며 동시에 가능한 기술을 기반으로 고려합니다.

시스템화된 워크플로는 기존 워크플로를 참고해 검토하는 경우가 많습니다. 예를 들어 2장에서 설명할 상품 수요 예측의 경우, 기존에는 매장의 관리자(점주)가 경험과 느낌으로 다음 주 이후의 판매를 예상해서 상품을 발주했습니다. 머신러닝을 활용한다 하더라도 미래 수요를 예측해 미리 상품을 발주하는 공정 자체는 크게 변하지 않을 것입니다. 여기에서 필요한 것은 머신러닝으로 수요를 예측하기 위한 데이터를 미리 얻어서 예측을 하고, 예측 결과를 각 매장의 상품 발주에 사용하는 것입니다. 기술적으로 이것을 실현할 수 있을까요? 무엇이든 만들 수는 있으니, 실현할 수 있다고 말할 수도 있을 것입니다. 하지만 필요한 태스크와 난이도는 현재의 시스템이나 데이터가 무엇인지에 따라 다릅니다. 수요 예측 기능을 학습하기 위해서는 매장 데이터, 상품 데이터, 매출 데이터가 필요합니다. 그런데 해당 데이터가 각 매장의 관리 장부(종이)에만 기록되어 있다고 가정해봅시다. 이 상태로는 머신러닝을 활용한 학습이 불가능하므로, 데이터를 컴퓨터에 입력해야 합니다. 멤버, 공수, 예산 등이 충분하다면 이 데이터들을 관리하는 데이터 인프라스트럭처를 만들고, POS 시스템을 통해 자동으로 데이터 인프라스트럭처와 연동되는 데이터 파이프라인을 구성할 수도 있을 것입니다. 그러나 종이로 매출 데이터를 관리하는 상황에서 데이터 인프라스트럭처를 도입하고 머신러닝에서 활용하는 데까지는 그 거리가 너무 멉니다. 우선 데이터를 테이블 계산 소프트웨어에 자동 또는 수동으로 입력하고, CSV 파일로 사내 파일 공유 시스템에 업로드하고, 과거의 판매 실적을 관리해서 시각화하는 것만으로도 머신러닝을 활용해 수요를 예측하기 위해 필요한 조건과 리소스가 정리됩니다. 물론 사람이 작업에 참여해야 하므로 공수나 실수는 발생합니다. 그러나 머신러닝으로 만들어낼 수 있는 가치가 자동화 시스템을 구축하는 비용을 넘어설 때만 완전한 자동화를 검토하는 것이 좋습니다. 파일 공유 시스템에서 데이터를 얻고, 그 데이터로부터 머신러닝을 활용한 수요 예측 모델을 작성하고, 추론 결과를 매장에 공유해 상품을 발주하는 워크플로나 시스템으로도 충분히 머신러닝을 활용해 과제를 해결한 것이 됩니다.

시스템 설계와 아키텍처를 고려할 때 중요한 것은, 해당 아키텍처에서 워크플로가 성립하는 것입니다. 소프트웨어 개발 분야에서는 아키텍처를 설계할 때 도움이 되는 프랙티스들을 디자인 패턴으로 공유하는 문화가 있습니다. 필자가 이전에 쓴 《머신러닝 시스템 디자인 패턴》(위키북스, 2021)에서는 머신러닝 실용화를 위한 시스템 아키텍처를 디자인 패턴으로 공개했습니다.

이 책에서도 머신러닝 시스템을 만들기 위한 아키텍처에 이전 책에서 설명했던 디자인 패턴들을 활용합니다. 또한 이전 책을 집필했을 때는 알지 못했던 디자인 패턴들에 관한 설명을 다음 절에 추가했습니다. 현재에도 머신러닝에 관한 이론은 물론 실용화에 대한 연구가 계속되고 있으며 다양한 논문, 라이브러리, 케이스 스터디들이 매일같이 공개되고 있습니다. 머신러닝 시스템 디자인 패턴 역시 새로운 패턴을 늘려, 더욱 편리한 지식으로서 세상의 엔지니어들에게 공헌하는 것을 목표로 하고 있습니다.

이 책에서는 머신러닝을 시스템에 조합하기 위한 다양한 구조를 구현합니다. 그 안에는 머신러닝 학습 인프라스트럭처, 추론 시스템, BI business intelligence 대시보드, 웹 API, 검색 인프라스트럭처, 스마트폰 애플리케이션 등이 포함되어 있습니다. 이 모두가 머신러닝을 활용해서 도움이 되는 편리한 시스템을 구현하기 위해 필요한 컴포넌트입니다.

또한 머신러닝을 조합한 시스템의 전체 이미지를 그리고, 머신러닝뿐만 아니라 시스템으로서의 개발과 운영을 포함해 과제를 해결해나갑니다. 구현 면에서는 가능한 OSS 등 무료로 누구나 사용할 수 있는 도구를 선택하고자 했습니다. 이 책에서 만드는 컴포넌트 중에는 직접 만들지 않더라도 클라우드cloud에서 제공하는 유료 서비스를 사용하면 곧바로 만들 수 있는 부분도 있습니다. 그러나 특정 클라우드에 의존하면, 해당 클라우드를 사용하지 않는 사람이나 조직에서는 재현할 수 없는 구조가 됩니다. 그런 상황을 피하기 위해서 누구나 손에 넣을 수 있는 도구로 한정해 구현했습니다.

이 책에서 구현한 모든 시스템은 다음 깃허브 저장소에 있습니다. 이 책에서는 요소마다 프로그램을 발췌해서 설명합니다. 전체 프로그램을 참조하고 싶을 때는 다음 저장소를 참조하기 바랍니다.

---

moseskim/building-ml-system
URL https://github.com/moseskim/building-ml-system

1.5 새로운 머신러닝 시스템 디자인 패턴

> 머신러닝 시스템 디자인 패턴에서는 머신러닝을 활용하기 위한 시스템 아키텍처와 운용 방법을 다양한 패턴으로 분류해서 설명합니다. 물론 여기에서 설명하는 내용이 전부는 아니며, 새로운 패턴은 다양한 머신러닝을 활용한 프로젝트에서 매일같이 생겨나고 있습니다.

계속해서 머신러닝 시스템 디자인 패턴에 새로운 패턴을 추가합니다. 여기에서 추가한 패턴들은 이번 장 이후에도 지속적으로 활용합니다.

1.5.1 평가 대시보드 패턴

머신러닝은 수치를 사용해서 평가됩니다. 정확도나 평균 오차 등 다양한 평가 지표가 존재합니다. 추천 대상 데이터가 증가하면 그 데이터별로 평가가 이루어지며, 확인해야 할 평가 결과도 증가합니다. 전국에 분포하는 매장이나, 다루는 상품 숫자가 수백 종에 이르는 기업이 많을 것입니다. 그런 상황에서 모든 평가 결과를 리스트나 테이블 형식의 수치로 표시하게 되면 그 수치를 읽고 이해하는 데 많은 시간이 걸립니다. 평가 대시보드 패턴에서는 평가 결과를 대시보드에 그래프로 표시해서 한눈에 평가 결과를 확인할 수 있습니다.

● 유스케이스

- 머신러닝 학습이나 추론을 정답 데이터나 실적과 비교해서 평가할 때
- 데이터양이 많고, 수치만으로는 평가의 전체 이미지를 눈으로 파악하기 어려울 때

● 해결하고자 하는 과제

머신러닝을 활용하는 경우, 머신러닝의 추론을 모든 데이터의 정확도나 오차로 평가하는 것만으로 업무에 도움이 되는 경우는 드뭅니다. 데이터는 다양하게 구분되며(지역, 매장, 시간대, 상품 종류, 사용자 종류 등), 각 구분에 따라 머신러닝의 평가를 확인하고 대책을 고려해야 합니다. 머신러닝 모델을 평가할 때도 데이터 종류에 따라 나누어서 정확도나 오차를 분석합니다. 머신러닝을 활용하는 업무에서도 담당하는 상품이 식품이라면 식품 데이터만을 보고(또는 식품 데이터와 다른 데이터를 비교해서), 매출 향상이나 비용 절감 대책을 고안할 것입니다. 또한 데이터들은 다면적입니다. 즉 하나의 데이터는 여러 요소를 포함합니다. 예를 들어 어떤 식품의 판매 실적 데이터는 판매된 지역, 매장명, 판매된 시간대, 제조사명, 원산지명, 할인 유무, 신선 식품 여부 등 다양한 요소를 포함합니다. 이런 카테고리 데이터 외에도 가격대, 내용물, 영양소 등의 수치 데이터를 범위로 모아서 분류할 수도 있습니다. 이런 다양한 요소를 조합해 평가 결과를 분석하는 작업은 BI나 데이터 분석에서 매일 진행됩니다. 다양한 요소를 조합한 분석 결과가 한눈에 보이도록 Redash나 Looker, Tableau 같은 BI 대시보드를 사용합니다. 머신러닝 평가 결과에도 BI 대시보드를 활용해서 평가를 한눈에 이해하고 판단할 수 있도록 하는 것이 평가 대시보드 패턴입니다.

● 아키텍처

BI 도구와 서비스에는 매우 다양한 유/무료 제품이 있습니다. 도구에 따라 데이터 취득 방법, 그래프화, 시각화, 이해관계자에 대한 공유 방법 등이 달라집니다. BI 도구는 일반 적으로 다음 기능을 포함합니다(**그림 1.6**).

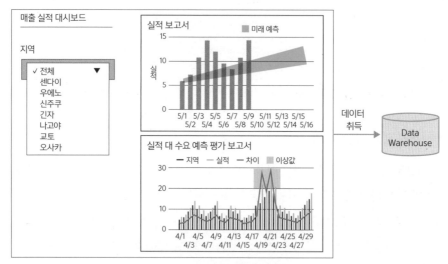

그림 1.6 **BI 도구의 대시보드 예**

- 데이터 연동: 데이터베이스나 데이터 웨어하우스data warehouse와 연동해서 다른 기능 에서 다룰 데이터를 얻는다.
- 보고서 기능: 데이터를 그래프나 차트, 테이블 등으로 화면에 시각화하고, 현재 상 태를 설명하며, 과제를 명확화한다.
- 대시보드 기능: 데이터를 그래프나 차트, 테이블 등의 컴포넌트로 화면에 시각화한 다. 사용자가 기간이나 지역 등의 파라미터를 조작 변경함으로써, 컴포넌트의 시각 화 범위를 변경할 수 있다.
- 분석 기능: 온라인 분석 처리나 데이터 마이닝 등을 통해 데이터를 다양한 측면에 서 분석한다. 슬라이싱, 드릴다운, 데이터 상관 분석 등을 실시한다. 시계열 데이터 등의 규칙이나 경향을 분석해 장래에 대한 예측을 제공한다.

BI 도구와 같이 정보를 시각화해서 파악하면 본래의 용도 외의 효과도 얻을 수 있습니다. 머신러닝 모델 개발에서도 학습 곡선, ROC 곡선, 시계열 데이터의 추론 곡선 등의 평가에서 다양하게 시각화가 이루어지고 있습니다. 추론값의 변화나 대량의 데이터 추론 등 평가 대상이 늘어날수록 수치만이 아닌 그래프 등의 시각화를 통한 평가가 효율적이며, 직관적으로 이해하기 쉽습니다. 평가 대시보드 패턴에서는 평가 결과를 그래프로 기록함으로써 머신러닝 모델의 유효성을 여러 측면에서 이해할 수 있습니다 (그림 1.7).

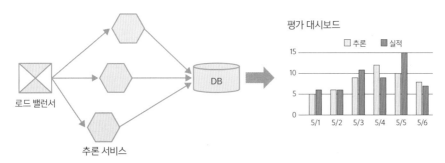

그림 1.7 **머신러닝 모델 시 대시보드 사용 예**

평가 대시보드 패턴을 활용하는 상황은 크게 두 가지로 나눌 수 있습니다(그림 1.8).

1. 머신러닝 모델의 릴리스 전 평가 시: 머신러닝 모델을 프로덕션 시스템에 릴리스하기 전에 평가 데이터와 정답 데이터를 비교한다. 개별 데이터나 그룹화한 데이터에서 추론 결과와 정답을 비교함으로써, 각 데이터가 학습 모델에서 어떻게 추론되는지 분석한다. 그룹화는 월별이나 지역별, 상품별 등으로 그룹을 만들고, 그룹 사이의 추론 경향이나 평가를 시각화한다. 이런 분석을 수행함으로써 머신러닝 팀이나 의사 결정자가 머신러닝 모델의 릴리스를 판단하는 것을 지원한다.

2. 머신러닝 모델의 릴리스 후 평가 시: 릴리스한 머신러닝 모델의 추론 결과를 실적과 대조해서 평가하기 위해 사용한다. 실적과의 차이나 그 차이에 따라 발생한 과제와 대책을 대시보드에 명시한다. 머신러닝 모델의 효과나 추론이 잘못되었을 때의 차이를 같은 대시보드에 시각화해 팀에서 공통의 인식을 가질 수 있다.

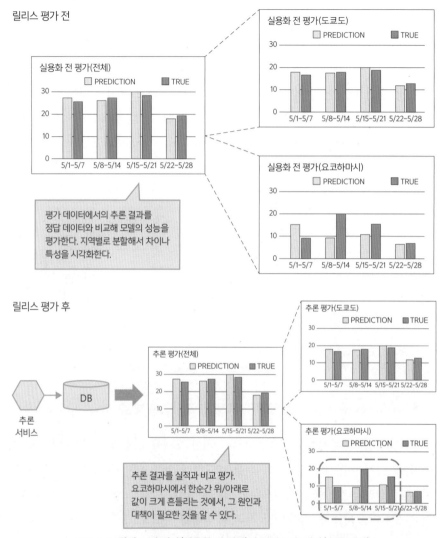

그림 1.8 **릴리스 전 평가(실용화 전 평가)와 릴리스 후 평가(추론 평가)**

평가 대시보드에 시각화하는 방법은 데이터 종류에 따라 다릅니다. 시계열 데이터라면 시계열로 추론 결과와 정답 데이터(또는 실적 데이터)를 나열하고 선 그래프 또는 막대 그래프 등으로 나타냄으로써 시간적인 변화를 나타낼 수 있습니다. 지역별 데이터라면 지역별로 그래프를 만들거나 지도에 데이터를 플롯해서 나타낼 수 있습니다. 상품별, 사용자별 데이터라면 상품 카테고리와 사용자 카테고리로 모아서 그래프로 나타낼 수 있습니다. 추론과 실적에 대한 평가를 나타내는 방법은 데이터에 따라 다릅니다.

사내에서 이미 BI 도구를 활용하고 있다면, 해당 BI를 활용해서 머신러닝 평가 대시보드를 만들 수 있습니다. 평가 대시보드를 독자적으로 관리하거나 그래프를 프로그램으로 작성할 때는 Streamlit이나 Plotly Dash 같은 데이터 분석을 조합할 수 있는 웹 애플리케이션을 활용할 수도 있습니다. Streamlit, Plotly Dash 모두 파이썬으로 그래프를 작성하고 웹 애플리케이션으로 기동하며, 웹 브라우저에 표시할 수 있는 도구입니다. 파이썬으로 프로그램을 작성할 수 있으므로, 파이썬에서 제공하는 다양한 데이터 분석 라이브러리나 머신러닝 라이브러리와 연동할 수도 있습니다.

이 책에서는 구현이 가능한 누구나 무료로 사용할 수 있는 OSS 등의 BI 도구를 선택하는 것을 정책으로 하고 있으므로, 평가 대시보드 패턴을 활용할 때는 Streamlit을 사용한 대시보드 구현 예를 소개합니다.

Streamlit
URL https://streamlit.io/

Plotly Dash
URL https://plotly.com/dash/

● **구현**

구현은 **2장**에서 설명합니다.

● **장점**

- 추론 결과의 양이 많아도, 집약해서 표시함으로써 한눈에 전체 이미지를 확인할 수 있다.
- 추론 결과와 실적을 웹 화면 등의 인터페이스로 시각화하고 팀 안에서 공통의 인식을 만들 수 있다.

● 검토 사항

평가 대시보드 패턴은 머신러닝 팀이나 의사 결정자가 화면을 보면서 분석 및 의사 결정을 내리기 위한 도구입니다. 바꾸어 말하면, 팀이나 의사 결정자가 대시보드를 보고 이해할 수 있어야만 그 가치가 있습니다. 빈번하게 발생하는 안티패턴 중의 하나는 대시보드를 만든다고 해도 잠시 동안만 사용하고, 결국 데이터를 보지 않은 채로 의사 결정을 내리는 사태가 발생하는 것입니다. 물론 대시보드가 정말로 필요 없는 업무라면 대시보드를 활용하지 않게 될 수도 있습니다. 하지만 대시보드가 유효하다고 증명되었음에도 불구하고 '바쁘다', '사용하기 어렵다' 등의 이유로 사용하지 않을 수도 있습니다. 이런 경우에는 대시보드를 사용하기 쉽게 개선해야 합니다. 대시보드는 한 번 만들고 끝나는 것이 아니라, 효율적으로 활용해서 일상적으로 비즈니스의 의사 결정을 지원해야 합니다. 또한 대시보드를 활용한 의사 결정을 하도록 일상 업무의 일환으로써 태스크에 넣는 것도 중요합니다. 대시보드의 유효성을 사내 또는 팀 안에서 증명하고 대시보드를 사용하는 가치를 납득받는 것이 가장 우선입니다. 그렇게 하기 위해서는 사용자 과제를 명확화하고, 현재 사용되는 머신러닝의 추론이 포함되어 있는 과제를 분석해서 대시보드를 통해 시각화하고 인식을 맞춰야 합니다.

1.5.2 잘못된 추론 지원 패턴

실태에 대한 추론 오차의 영향은 항상 다릅니다. 회귀 모델에서는 평균 제곱근 오차나 평균 제곱 오차 등 정답 데이터로부터 떨어져 있는 정도를 평가하는 경우가 많습니다. 하지만 머신러닝을 활용하는 상황에 따라서는 추론 결과가 정답 데이터보다 큰 방향으로 어긋나 있는지, 작은 방향으로 어긋나 있는지가 중요합니다. 예를 들어 공장에서 어느 정도의 재고는 허용되지만, 재고 부족은 생산 라인 정지에 직결되는 이유로 허가하지 않습니다. 또한 수요를 많게 예측하는 것은 허용되지만, 적게 예측하는 것은 허용되지 않습니다. 분류 문제의 다중 클래스 분류에서도 마찬가지로 고양이를 강아지로 잘못 판단하는 것과 고양이를 사람으로 잘못 판단하는 경우, 머신러닝 평가 측면에서의 정확도는 동일하지만 실제 업무에서는 그 의미가 다른 경우가 있습니다. 또는 의료 이미지 분석에서 이상한 증상을 정상으로 판단하는 것과 정상인 증상을 이상이라고 판단하는 것의 의미는 완전히 다릅니다. 즉 머신러닝에서의 추론 차이가 미치는 영향은 유스케이스에 따라 대칭적이지 않습니다. 이런 추론의 차이에 따라 시스템이나 업무에서 다른 대응을 취하는 방법을 잘못된 추론 지원 패턴이라고 부릅니다.

● 유스케이스

- 회귀 모델에서 추론 결과가 실적보다 높은 경우와 낮은 경우에서 비즈니스 가치에 차이가 발생했을 때
- 이진 분류 모델에서 주요시하는 평가 지표가 정밀도와 재현율 중 한쪽으로 치우쳤을 때
- 분류 모델에서 분류 클래스별 정확도나 차이에 따라 비즈니스 영향에 차이가 발생했을 때

● 해결하고자 하는 과제

시스템이나 업무 면에서는 머신러닝의 추론 결과와 실적의 차이에 따라 그 대응을 달리 해야 하기도 합니다.

예를 들어 수요 예측과 같은 회귀 문제에서는 매장에서 식료품의 수요 예측 모델이 수요보다 큰 쪽으로 벗어나면 공급 과다가 되어 재고가 창고를 점유하게 됩니다. 벗어난 양에 따라 창고에 상품을 넣을 수 없는 상황도 발생할 것입니다. 소비 기한까지 팔리지 않는 경우에는 재고를 처분해야 할 수도 있습니다. 반대로 작은 쪽으로 벗어나면 기회 손실로 이어집니다. 기회 손실이 계속되면 고객으로부터 '상품 판매가 좋지 않은 매장'이라는 평판이 붙어 고객이 줄어들 리스크가 있습니다(그림 1.9). 이런 경우에는 수요 예측의 추론이 완전한 정답을 찾지는 못하더라도, 다소 큰 쪽으로 벗어나는 것이 기회 손실을 피할 수 있고, 리스크도 작을 것입니다(물론 같은 수요 예측이라도 작은 쪽으로 벗어나는 경우가 유리할 때도 있습니다).

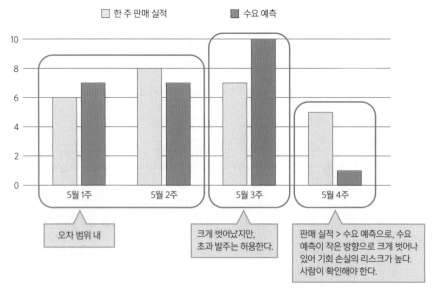

그림 1.9 **캔 주스의 수요 예측**

분류 문제에서는 위반 감지를 생각할 수 있습니다. 예를 들어 동물 사진을 게시하는 서비스에서 동물 이외의 사진을 게시하는 위반을 감지하는 경우를 생각해봅니다. 고양이 사진을 개로 착각해서 분류하는 것과 고양이 사진을 사람으로 착각하는 경우, 전자는 문제가 없겠지만 후자는 위반 감지에서 정상 데이터(고양이 사진)를 위반 데이터(사람 사진)로 착각하는 상태가 됩니다. 전자의 오차는 서비스 안의 사진 카테고리 분류 오류가 되면 검색에 영향을 줄 수도 있습니다. 후자의 오차는 공개 가능한 고양이 사진을 위반으로 착각해 비공개하고, 사용자의 경험을 안 좋게 할 수도 있습니다. 서비스 방침에 따라 다르겠지만, 위반 감지를 사용할 경우에는 임곗값 설정이나 사람이 재확인하는 휴먼 인 더 루프human-in-the-loop 업무를 설계해야 합니다.

● **아키텍처**

잘못된 추론 지원 패턴은 자동화 또는 일부 사람이 판단하는 방법의 두 종류로 구현할 수 있습니다.

● 자동화하는 방법

추론 차이에 의한 비대칭적 영향을 자동으로 보조하기 위해서는 추론 오차의 경향을 미리 파악해두어야 합니다. 회귀 모델의 경우 추론 결과가 실적보다 작은 방향으로 벗어나는 것을 알았다면, 추론 결과에 약간의 값을 더하는 방책을 취할 수 있습니다. 모든 데이터에 대해 조금(혹은 많이) 추론하지는 않지만, 특정 카테고리(지역, 상품 종류, 사용자 종류, 기댓값 등)에서만 적게 나올 수도 있습니다. 이런 데이터만 필터링해서, 특정값을 더하는 구조를 만들 수 있습니다. 추론 오차의 경향을 파악하는 데는 앞에서 설명한 '평가 대시보드 패턴'이 효과적입니다(**그림 1.10**).

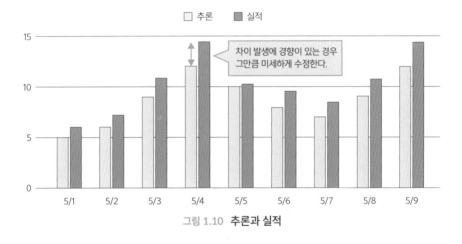

그림 1.10 **추론과 실적**

자동화하는 경우, 특정 모델에서는 특정 데이터로 결정된 방향이 잘못된 것임을 파악해두어야 합니다. 그렇기 때문에 오류의 경향을 평가 대시보드를 통해 기록 및 시각화하고, 보정 가능한 대상 데이터를 필터링합니다. 평가 데이터를 보면 다양한 오차 형태를 관측할 수 있을 것입니다. 그러나 모든 오차에 대해 보정하는 것은 보정 규칙을 복잡하게 만들고 동시에 버그를 내재할 리스크를 수반합니다. 보정할 대상 데이터는 명확하게 벗어난 것을 아는 소수의 데이터로만 한정하는 것이 중요합니다.

● 일부는 사람이 판단하는 방법

자동화하는 방법에서 설명한 것처럼 모든 오차를 자동적으로 보정하는 것은 불가능합니다. 추론과 실적의 오차를 사전에 정확하게 알 수는 없습니다(그것을 알 수 있다면 100% 정확한 추론을 할 수 있습니다). 잘못된 추론의 경향은 서비스 노후에 의한 것으로 타협하거나 사람이 개입해서 보조해야 합니다. 사람의 지원에 따라 보정하는 경우, 피할 수 있는 사태는 모두 머신러닝의 추론에 대해 사람이 개입하는 것입니다. 모든 것에 개입하면 사람이 추측하는 것과 같아지며, 머신러닝만의 가치가 사라집니다. 즉 사람이 개입하는 대상 데이터를 필터링하고, 특정 사태에만 사람이 보조 워크플로를 실행하게 됩니다.

● 구현

구현은 **2장**에서 설명합니다.

● 장점

* 오차 방법에 따른 경향을 분석할 수 있다.
* 추론의 오차 리스크를 어느 정도 경감시킬 수 있다.

● 검토 사항

잘못된 추론 지원 패턴은 어디까지나 잘못된 추론의 리스크를 줄이기 위한 방법일 뿐, 잘못을 완전히 수정하는 것은 아닙니다. 비즈니스 과제로서 특정 오차가 큰 리스크가 되는 경우 그 오차를 회피하는 것이 잘못된 추론 지원 패턴의 목적입니다. 바꾸어 말하면, 리스크가 적은 오차에 대해 잘못된 추론 지원 패턴을 적용하면 오히려 불필요한 시스템과 복잡성을 도입하게 되므로 가능한 한 피하는 것이 좋습니다. 머신러닝 모델의 추론을 벗어나는 방법으로써 절대로 피하고 싶은 상태를 피하기 위해서는, 그 벗어남의 방향과 회피 방법이 명확한 경우에만 잘못된 추론 지원 패턴을 사용하는 것이 중요합니다.

1.6 팀 구성 패턴

> 개발/운용 가능한 시스템은 팀 구성에 따라 크게 다릅니다. 멤버 수나 스킬셋, 경험, 팀 멤버의 역할과 책임에 따라 해당 팀이 만들 수 있는 소프트웨어는 다릅니다. 이번 절에서는 머신러닝 시스템을 개발하는 팀의 구성 예를 제시합니다.

이번 장의 마지막 내용으로 MLOps를 위한 팀 구성 패턴을 제안합니다. 필자는 최근 수년 동안 MLOps나 머신러닝 실용화, 머신러닝을 위한 시스템 개발을 업으로 삼아왔습니다. 크고 작은 다양한 현장에서 머신러닝 프로젝트에 참가했습니다. 프로젝트마다 발생하는 과제들은 다양하지만, 팀 구성이나 멤버의 스킬셋은 언제나 해결해야 할 과제입니다. 특히 머신러닝 실용화를 위해 필요한 스킬셋을 모르기 때문에, 팀 구성의 요건을 만들지 못하는 것이 과제입니다. 캐글_Kaggle_ 등에 참가했던 사람들을 찾으면 머신러닝 모델을 개발할 수 있는 엔지니어를 찾을 수 있을 것입니다. 하지만 머신러닝 실용화 현장에서는 머신러닝의 모델 개발 스킬만으로는 충분하지 않습니다. 깃허브를 보면 머신러닝에서 사용하는 라이브러리나 그 커미터를 찾을 수 있을 것입니다. 하지만 머신러닝 프로젝트에서는 여러 라이브러리(머신러닝용 라이브러리로 한정할 수 없음)를 조합하기 때문에, 라이브러리의 조합 방법이나 아키텍처를 설계해야 합니다. 머신러닝을 다루는 이상, 머신러닝 특유의 조건이나 확률적인 평가, 라이브러리나 알고리즘을 포함한 기술 선정에 대한 의사 결정을 다루게 됩니다. 의사 결정자(엔지니어라고 한정할 수 없음)는 제품이나 요건뿐만 아니라, 머신러닝 방식이나 용어를 어느 정도 이해해야만 머신러닝 엔지니어와 원활하게 커뮤니케이션할 수 있습니다. 커뮤니케이션 문제는 머신러닝 엔지니어와 소프트웨어 엔지니어 사이에서 늘 발생하는 과제입니다. 서로의 스킬셋이나 용어, 가치관을 알아두는 것은 팀 개발을 원만하게 진행하는 데 중요한 지혜가 됩니다.

머신러닝이나 데이터 사이언스에 관해 설명한 책이 많습니다. 그중에는 비엔지니어나 일반적인 비즈니스 담당자를 위한 책도 있습니다. 이런 책을 통해 머신러닝이나 데이터 사이언스의 구조 및 사용하는 분야에 관해 어느 정도 이해할 수 있을 것입니다. 하지만 머신러닝을 실용화하는 제품을 만들기 위해 필요한 팀 구성이나 스킬셋을 설명한 책이나 논문은 그리 많지 않습니다. 이번 절에서는 필자의 경험을 기반으로, 머신러닝 실용화를 구현하기 위한 팀 멤버 구성을 팀 규모에 맞춰 패턴화하여 설명합니다. 또한 각 팀 구성에서의 과제에 관해서도 설명합니다.

1.6.1 개척자 패턴

어떤 기업이든 처음 도전하는 시점이 있습니다. 최근 몇 년(2010년대 후반부터 2020년대) 동안 처음으로 머신러닝을 도입하고자 한 기업이 많습니다. 그 전(2010년 전후)에는 처음으로 클라우드를 도입하려고 했던 기업이 많았습니다. 초기 기술 도입은 실험적인 요소는 물론, 기업의 업태나 조직 문화에 맞지 않는 것이 많습니다. 그런 상황에서도 미래 기업의 이익이나 성장을 위해 새로운 기술에 도전해야만 하는 시점이 있습니다. 새로운 도전을 할 때 처음부터 경험이 풍부한 팀 멤버를 구성하기는 어렵습니다. 기업에서의 첫 시도를 성공으로 이끄는 것이 개척자 패턴pioneer pattern의 팀입니다.

● 상황

* 기업에서 처음으로 머신러닝을 도입할 때
* 사내에 머신러닝 엔지니어가 없는 상태에서 머신러닝 엔지니어를 채용할 때

● 해결하고자 하는 과제

머신러닝과 같이 사내에 전례가 없는 기술을 도입하기 위해서는 머신러닝이 사내에 도움이 된다는 것을 증명하는 PoCproof of concept를 실시하고, 그 성패를 판단해야 합니다. 이 시점의 기업은 머신러닝에 대한 투자 여부를 결정하지 않은 상태입니다. 첫 머신러닝 프로젝트에서 모든 것을 잘 운영하기는 어려우며, PoC를 실시하는 팀에서도 필요한 인재가 갖춰져 있을 가능성은 매우 희박합니다. 어쩌면 PoC를 실시하는 팀 멤버가 한 사람 밖에 없을 수도 있습니다. 먼저 머신러닝의 유용함을 증명하는 프로젝트를 선택합니다. 그 조건은 기업에 따라 다르지만, 대개 다음 조건을 포함합니다.

1. 머신러닝에 사용할 수 있는 데이터가 사내에 존재한다.

2. 머신러닝의 효과를 비즈니스 사이트나 의사 결정자에게 알기 쉽게 전달하고, 이해를 얻을 수 있다.

3. 1명~2명으로 몇 주~몇 개월의 기간에 적은 비용으로 완료할 수 있다.

즉 데이터가 준비되어 있고 그렇게 복잡하지 않은 프로젝트를 선택해서 효과를 보여야 합니다. 그러려면 데이터 인프라스트럭처 팀이나 백엔드 팀과 커뮤니케이션을 하면서 데이터 수집이나 시스템 설계를 배우고, 비즈니스 사이드나 의사 결정자에게 과제와 해결책을 설명하는 자료를 작성하거나 지속적인 커뮤니케이션을 하고, 소수의 사람이 낮은 비용으로 구현을 진행하는 것을 팀 내외에 보여야 합니다. 최고의 머신러닝 프로젝트를 시작하기 위해서는 머신러닝 이외의 활동도 필요합니다.

이런 상황에서 머신러닝 모델 개발이나 실용화를 위한 시스템을 설계하고 프로그래밍합니다. 개척자 패턴에서는 인원수는 물론 예산도 부족할 것이므로 머신러닝 실용화를 위해 한 사람이 엔지니어링과 기획, 운영을 실행하게 됩니다. 또한 관계자의 이해를 얻고, 머신러닝 모델을 원활하게 출시할 수 있도록 커뮤니케이션하는 것도 중요합니다. 머신러닝 모델 개발 중에는 정기적으로 관계자를 모아서 진척이나 데모를 실시해서 이해를 얻는 것이 효과적입니다. 세상에는 새로운 기술에 호의적인 사람과 회의적인 사람이 있습니다. 난데없이 '이 머신러닝 모델을 제품에 도입하고 싶다'라고 말해도 간단하게 승인을 받을 것이라고 단정할 수는 없습니다. 이런 도전에 호의적이고, 흔쾌히 진취적으로 상담에 응해주는 사람도 있을지 모릅니다. 하지만 두서없이 새로운 기술 도입을 요청받고, '좋습니다, 원하시는 대로 하십시오'하고 대답하는 사람은 많지 않을 것입니다.

머신러닝 모델 개발 후의 순서는 프로젝트나 기업에 따라 다릅니다. 많은 경우 모델이 만들어지면 릴리스와 평가를 위한 작업을 시작합니다. 그 모델을 소프트웨어에 내장하고 실용화해서 며칠~몇 주가량 운용해보고 효과를 측정합니다. 프로덕션 시스템으로의 조합이 어려운 경우에는 로그나 기존 데이터로부터 추론한 결과를 통해 진행하게 될 것입니다. 어떤 경우든 평가 기간이 종료되면 평가 결과를 의사 결정자에게 제시하고, 가치를 증명하고, 머신러닝 도입에 대한 승인을 얻게 됩니다. 승인을 얻으면 멤버를 늘려 팀 빌딩을 시작합니다. 승인을 얻지 못하면 다른 머신러닝 PoC 프로젝트를 수립하거나 이동해서 다른 프로젝트에 참가하게(또는 이직하게) 될 것입니다.

● **멤버 구성(그림 1.11)**

머신러닝 엔지니어: 1~2명

- 필요한 스킬셋: 머신러닝 모델 개발, 머신러닝을 내장한 소프트웨어 개발, 머신러닝을 활용하는 과제를 발굴하는 능력, 다양한 입장의 사람들을 설득할 수 있는 능력, 다양한 팀으로부터 정보나 데이터를 끌어내고 협력을 이끌어내는 능력

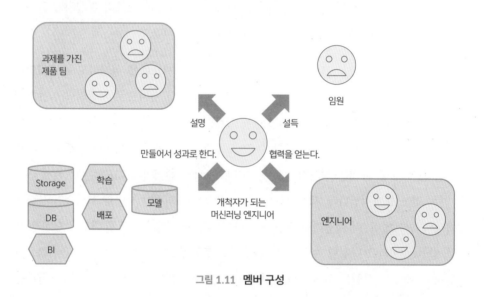

그림 1.11 **멤버 구성**

● **개발 환경과 스타일**

개척자 패턴에서는 개발 환경과 개발 스타일 등은 멤버가 자유롭게 결정하면 됩니다. 오히려 개발 환경이나 스타일에 따라 공수를 낭비하는 것보다, PoC를 진행하고 머신러닝의 효과를 실증하는 것에 집중하는 단계입니다. 최소한 머신러닝을 실용화하기 위한 프로그램을 저장소에서 관리하고, 이후 자신이 읽고 수정할 수 있도록 만드는 정도면 충분할 것입니다.

● **장점**

- 적은 투자로 머신러닝을 검증할 수 있다.
- 작은 팀으로 첫 시도에 도전할 수 있다.

● **검토 사항**

모든 PoC가 잘 진행된다고는 단정할 수 없습니다. 선택한 과제에 따라서는 몇 개월이 걸려도 아무런 성과가 나지 않기도 합니다. 사내에 해결하고자 하는 과제에 필요한 데이터가 존재하지 않을 수도 있습니다. 그때는 데이터 수집을 위한 소프트웨어 수정이나 데이터 파이프라인을 개발해야 합니다. 해당 기업에서의 첫 머신러닝 프로젝트가 되면, 사내 개발 환경에 머신러닝을 위한 도구나 데이터가 준비되어 있는 경우는 드뭅니다. 많은 경우 사내에 GPU 서버 등 고성능의 서버는 여유가 없으며, 클라우드 GPU 서버를 사용해서 예산이 초과가 되기도 합니다. 필요한 도구를 직접 준비하거나 그런 도구가 필요하지 않도록 기술을 선정하는 등 다양한 노력을 하면서 개발을 진행하게 됩니다. 필요한 도구나 서버, 예산, 멤버를 준비하기 위해서는 해당 기업에 머신러닝은 유용한 수단이라는 것을 증명하고 납득을 받아야 합니다. 이를 위해 개척자로서 머신러닝에 관한 다양한 태스크를 수행하는 것이 개척자 패턴입니다.

1.6.2 스몰 팀 패턴

개척자로서 머신러닝 PoC를 성공했다고 가정합니다. 기업이나 조직에서 머신러닝의 도입을 승인했다면, 먼저 머신러닝 팀을 만들어야 합니다. 개척자 패턴을 진행한 소수 멤버로 프로젝트를 담당해도 좋지만, 멤버 수가 적으면 실행할 수 있는 것에 한계가 있습니다. 큰 프로젝트를 만들어내는 것은 물론 새로운 기술을 따라잡거나 연구 개발에 시간을 들이기도 어렵습니다. 머신러닝 실용화를 궤도에 올리려면 머신러닝 팀을 만들고, 멤버를 갖춰야 합니다. 사내에 머신러닝 모델 개발 경험자가 있으면 이동을 타진할 수도 있을 것이고, 사내에 인재가 없다면 채용 활동에 노력을 기울일 수도 있습니다. 어떤 방법이든 여러 명이 소속된 팀으로 머신러닝 프로젝트를 운영하면서, 팀과 프로젝트의 가치를 확대해나가는 것이 스몰 팀 패턴small-team pattern입니다.

● 상황

- 머신러닝 실용화에 본격적으로 돌입할 때
- 머신러닝 팀을 세우고 구성원이 여러 명(10명 이하)일 때
- 멤버 수는 적지만, 머신러닝으로 해결 가능한 사내 과제가 다수 판별되었을 때

● 해결하고자 하는 과제

소수 멤버로 머신러닝 팀을 만들고 본격적으로 머신러닝 프로젝트를 진행해나가는 단계입니다. 팀 멤버들은 충분한 동기를 가지고 있으며, 사내의 다양한 과제에 도전할 의욕에 불타고 있을 것입니다. 초기 소수 멤버로 개발할 때는 커뮤니케이션 비용이 낮고, 신속한 의사 결정으로 태스크를 진행할 수 있기 때문에 즐겁게 개발할 수 있는 시기입니다. 이 시기에 성과를 내는 것이 미래의 머신러닝 프로젝트의 증가/대규모화 및 머신러닝 팀을 확장해나가는 기초가 됩니다. 영향력이 있는 중요한 과제에 참여해 성과를 내는 것이 요구될 것이며, 그 과제에 과감하게 도전하는 즐거움을 맛보는 단계입니다.

소수 멤버인 팀에서는 모든 태스크를 완벽하게 하는 것이 어렵습니다. 멤버가 손을 움직이는 태스크는 가능하면 중요한 것으로 한정하고, 그 이외의 태스크는 자동화해서 해결하거나, 대응하지 않는 것으로 판단하는 것이 중요합니다. 프로그램이나 데이터의 품질이 나빠도 적잖이 타협하는 부분도 있을 것입니다. 중요한 것은 한정된 리소스(사람, 비용, 기간, 정보)로 최대한의 성과를 내는(머신러닝이 기존 방법보다 효과적이라는 것을 실증하는) 것입니다. 단, 약간의 구조는 필요합니다. 개척자 패턴처럼 자유롭게 개발하는 것이 아니라, 여러 멤버들이 기분 좋게 효율적으로 팀 개발을 진행할 수 있도록 개발 환경이나 기술 선정 등의 규칙이나 구조를 점점 정비해나가야 합니다.

● 멤버 구성(그림 1.12)

머신러닝 엔지니어: 3~5명

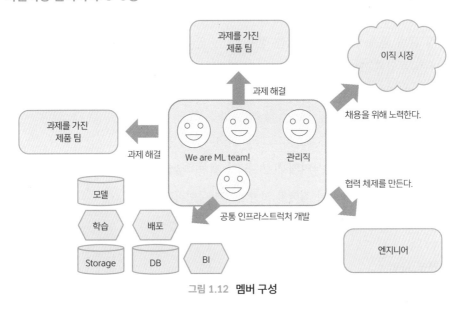

그림 1.12 **멤버 구성**

● 개발 환경과 스타일

여러 명의 머신러닝 엔지니어로 구성된 팀에서 중요한 것은 서로 분석, 프로그램, 모델을 평가하는 시스템을 만드는 것입니다. 각 프로젝트는 엔지니어가 혼자서 대응할 수 있을지도 모릅니다. 하지만 기술이 세분화된 소프트웨어 엔지니어 세계(머신러닝을 포함)에서는 다른 엔지니어의 지식이 과제 해결에 도움이 되는 경우가 많습니다. 프로젝트의 상황을 공유함으로써 중복 작업을 배제할 수도 있습니다. 멤버 수가 적고, 개발하는 프로그램의 양도 다른 엔지니어가 쉽게 따라잡을 수 있는 규모의 스몰 팀에서는 멤버 사이의 기술 교류가 활발하게 이루어집니다. 기술적인 과제 해결에 집중하면서, 엔지니어로서 능력 향상을 도모하는 것이 스몰 팀의 장점입니다.

개발할 때는 태스크나 프로그램 관리가 중요합니다. 프로젝트나 개발 산출물의 상황을 최신화함으로써, 팀 안에서 데이터 분석이나 프로그램을 리뷰하고 품질을 높일 수 있습니다. 팀 안에서 개발을 안정화하기 위해 각 프로젝트에서 개발 환경으로 관리하고, 프로그램 실행 방법을 포함해 문서화하게 됩니다. 스몰 팀 패턴에서는 자신 이외의 엔지니어와 공동 작업으로 프로젝트를 진행해나가기 위해, 프로그래밍 언어나 라이브러리 버전, 실행 환경 OS 등을 포함해 통일하고, 엔지니어 팀 개발 환경을 정비합니다. 물론 개척자 패턴 단계에서 개발 환경을 정비해서는 안 된다는 의미는 아닙니다. 개척자 패턴에서는 통일된 개발 환경의 정비가 필수는 아니었지만, 스몰 팀 패턴에서는 필수라는 의미입니다.

● 장점

- 개척자 패턴보다 멤버 사이에서 분석이나 프로그램을 리뷰하기가 용이하다.
- 멤버 사이에서 기술이나 지혜를 보완하기가 용이하다.
- 멤버의 의견을 팀에 반영하기가 용이하다.

● 검토 사항

스몰 팀에서는 엔지니어 개인의 개성이 나타나기 쉽고, 서로 팀워크를 만들기 용이한 경향이 있습니다. 한편, 다른 사람에 비판적이거나 팀워크를 망가뜨리는 멤버가 있으면, 팀이 와해될 리스크도 있습니다. 스몰 팀은 멤버 수가 적어 인원 관리에 충분한 시간을 할애하기 어려운 상태일 수도 있습니다. 즉 문제를 일으키는 멤버가 있어도, 그것을 해결할 인원을 할당할 수 없는 경우도 있습니다. 팀에 익숙하지 않다고 해서 멤버를 따돌리는 상황은 피하는 것이 좋습니다. 그러나 문제가 개선되지 않는다면 태스크 관리나 커뮤니케이션을 지원하는 멘토나 매니저를 채용하는 것도 좋습니다. 최악의 경우 해당 멤버를 팀에서 이동시켜야 할 수도 있습니다.

스킬셋이나 전문성이 다양해지도록 멤버를 채용하는 것도 중요합니다. 기본적인 스킬셋(통계학의 이해나 파이썬을 사용한 프로그래밍, SQL, 머신러닝 기초 이해, 경험)은 공통으로 습득하는 것으로 하고, 테이블 데이터 분석이나 이미지 처리, 자연어 처리, 시계열 데이터 등으로 각 엔지니어가 자신 있는 영역을 결정하면, 프로젝트 할당이나 지식 공유가 원만하게 이루어집니다. 물론 팀 전체가 처음부터 스킬셋이나 경험이 갖춰져 있는 경우는 드물기 때문에 프로젝트를 실행하면서 부족한 스킬셋을 체득하게 됩니다. 그러므로 학습 의욕이 높은 멤버를 갖추는 것도 중요합니다.

1.6.3 믹스트 팀 패턴

사내에서 데이터 분석이나 머신러닝 실용화를 진행하면서 가치가 인식되면, 머신러닝을 도입할 시스템도 증가할 것입니다. 시스템에 머신러닝을 내장하기 위해서는 머신러닝 이외의 소프트웨어 개발이나 운용이 필요합니다. 친숙하게 머신러닝을 사내 과제 해결에 사용하기 위해, 머신러닝 엔지니어와 소프트웨어 엔지니어의 공통 팀을 만들게 됩니다. 믹스트 팀 패턴mixed-team pattern에서는 머신러닝 엔지니어가 소프트웨어 엔지니어와 긴밀하게 협력해 머신러닝 실용화를 진행하고, 사내에 머신러닝 인프라스트럭처를 만들어나가는 단계입니다.

● **상황**

- 다양한 소프트웨어에 머신러닝을 조합해나갈 때
- 머신러닝과 소프트웨어 개발에서 기술적인 전문 분화를 진행할 때

● **해결하고자 하는 과제**

머신러닝을 실용화하기 위해서는 머신러닝 추론기를 작동시키는 소프트웨어 인프라스트럭처가 필요합니다. 인프라스트럭처 설계는 매우 다양합니다. 추론기를 기존 시스템에 내장하는 방법이 있는가 하면 표준화된 머신러닝 추론 인프라스트럭처를 구축하고, 다른 시스템과 연결하는 방법도 있습니다. 어떤 형식으로 개발할지는 시스템 아키텍처나 비즈니스 모델에 따라 다릅니다.

팀 개발이 진행되고 머신러닝의 모델 개발을 공통 인프라스트럭처로 실행해 효율화를 목적으로 하기도 합니다. 이 공통 인프라스트럭처(역시 머신러닝 인프라스트럭처라고 불리지만)를 사용해 개발하기 위해서는 공통 인프라스트럭처 개발과 운용을 해야 합니다. 두 가지 모두 멤버가 증가하고 개발 규모가 커지면, 일부 기능의 공통화와 공통 기반화가

중요해집니다.

머신러닝 인프라스트럭처를 운용하기 위해 필요한 스킬셋은 머신러닝 그 자체보다 데이터 파이프라인이나 인프라스트럭처, 웹 애플리케이션 등인 경우가 많습니다. 그것은 머신러닝 인프라스트럭처의 목적이 머신러닝을 작동시키는 것(데이터 취득, 전처리, 학습, 추론 등)과 머신러닝 리소스를 관리하는 것(평가 관리, 모델 관리, 인프라스트럭처 관리)이기 때문입니다. 머신러닝 그 자체보다 머신러닝을 위한 시스템이 주요 범위가 됩니다. 그렇기 때문에 머신러닝 인프라스트럭처를 개발하고 운용하기 위해서는, 머신러닝을 작동시키는 시스템을 만들기 위한 소프트웨어 엔지니어가 필요합니다.

● **멤버 구성(그림 1.13)**

1. 머신러닝 엔지니어: 1~3명
2. 소프트웨어 엔지니어(전문성의 예시는 다음과 같음): 3~5명
   2-1. 백엔드 엔지니어
   2-2. 프런트엔드 엔지니어(웹 프런트엔드 엔지니어, 안드로이드 엔지니어, iOS 엔지니어 등)
   2-3. 데이터 엔지니어
   2-4. 인프라스트럭처 엔지니어
   2-5. SRE site reliability engineer
   2-6. QA 엔지니어
3. 엔지니어링 매니저: 1명
4. 프로덕트 오너: 1명

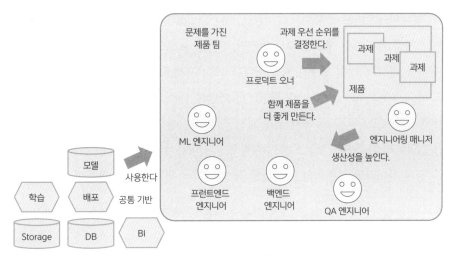

그림 1.13 **멤버 구성**

● 개발 환경과 스타일

믹스트 팀 패턴에서는 머신러닝 엔지니어뿐만 아니라 전문성이 높은 소프트웨어 엔지니어를 포함한 팀을 만듭니다. 각 멤버가 각각 전문성을 갖고, 시스템 개발과 운용에 필요한 기술을 팀 전체가 갖추는 구성입니다. 이런 팀에서는 소프트웨어 개발 방법이나 구조를 공통화하기가 어렵습니다.

각 엔지니어가 필요로 하는 개발 환경은 크게 다릅니다. 백엔드 엔지니어라면 프로그램을 빌드하고 테스트를 실행할 수 있는 환경이 필요하고, 프런트엔드 엔지니어라면 프로그램을 기동해서 화면이나 작동을 확인하고자 할 것입니다. 인프라스트럭처 엔지니어나 SRE라면 인프라스트럭처를 구축하는 환경이나 CI/CD 검증, 또는 코드로서의 인프라스트럭처infrastructure as code, IaC의 정비 등일 것입니다. 이 모든 것은 머신러닝 엔지니어가 필요로 하는 개발 환경과 다릅니다. 또한 개발 언어도 다를 것입니다. 머신러닝 엔지니어는 주로 파이썬과 R을 사용합니다. 백엔드 엔지니어라면 파이썬을 사용하기도 하지만, 그 외에도 자바Java나 Golang, C#, PHP 등을 사용하기도 합니다. 프런트엔드 엔지니어는 웹에서는 자바스크립트JavaScript, 안드로이드라면 코틀린Kotlin, iOS라면 스위프트Swift를 사용할 것입니다. 개발 환경도 각각 독특합니다. 안드로이드 개발이나 iOS 개발의 경우 안드로이드 스튜디오Android Studio나 Xcode가 필수입니다. 각 엔지니어가 선호하는 개발 환경에서 개발할 수도 있지만, 그러면 프로그래밍 규칙이나 프로그램의 실행 환경을 각각에 맞춰 공통화하게 됩니다. 그리고 서로 의존하는 프로그램(안드로이드 프로그램과 백엔드 API 등)이 다른 환경에서 개발과 테스트를 하면, 생각하지 못한 사양 변경에 따라 시스템이 작동하지 않게 되는 장애가 발생하기도 합니다. 물론 커뮤니케이션을 긴밀하게 하고 E2E 테스트를 수행함으로써 이런 사태를 피하는 것을 목표로 합니다. 어떻게 하더라도 공통화와 전문화를 잘 나누어서 개발 환경을 만들어야 합니다.

이렇게 전문성이 다른 엔지니어가 협력해서 다른 프로그램을 조합하는 과정에 관한 다양한 아키텍처나 개발 방법을 제안하고 있습니다. 예를 들어 단일 저장소mono-repository에서는 기업에서 모든 프로그램을 하나의 저장소로 통일해서 관리합니다. 프로그램 테스트나 릴리스는 하나의 저장소에서 실행되므로, 다른 저장소의 상황에 의존해서 테스트가 실패하거나, 릴리스가 중단되는 것을 방지합니다. 프로그램 빌드나 실행을 공통화하기 위해 Bazel을 사용할 수도 있습니다. 여러 스킬셋을 가진 멤버로 개발하는 경우, 자신의 전문성과 다른 전문성을 가진 엔지니어가 작성한 프로그램이 같은 저장소에 혼재하게 될 것입니다. 단일 저장소는 은탄환은 아니지만, 담당 외의 저장소의 상황은 알지 못하는 리스크는 줄어듭니다.

다양한 전문성을 가진 멤버들을 하나로 모을 때는 개발 팀을 도메인으로 모으는, 목적 지향 팀 구성이 효과적입니다. 즉 믹스트 팀을 기능 단위로 나누지 않고, 팀별로 '사용자 관리'나 '콘텐츠 게시' 같은 목적에 따라 나누고 전문성을 할당하는 것입니다. 소프트웨어를 사용해서 해결하고자 하는 과제는 많은 경우 특정 도메인의 과제입니다. 예를 들어 '콘텐츠 게시' 과제에는 기술적 과제와 도메인적 과제가 있습니다. 기술적인 과제로는 콘텐츠를 저장하는 저장소나 데이터 구조, 암호화 방식 등을 들 수 있습니다. 도메인 과제로는 어떤 콘텐츠를 받아서, 어떤 콘텐츠를 위반으로 다루고, 위반 콘텐츠에는 운용 관점에서 어떤 대응을 할 것인가 등을 들 수 있습니다. 도메인별로 전문 팀을 만듦으로써, 멤버의 전문 지식을 키우고, 다른 기술적 전문성을 가진 멤버가 같은 과제 의식을 갖고 개발하는 체제를 만들 수 있습니다.

● 장점

- 기술적으로 다양한 전문성이 있는 멤버들을 갖출 수 있다.
- 멤버 전원이 풍부한 경험을 가질 필요는 없다. 다른 멤버로부터 개발 방법을 배울 수 있다.
- 각 멤버가 각자의 전문적인 기술 영역에 집중해서 개발할 수 있다.

● 검토 사항

믹스트 팀 패턴의 과제는 조직이 커지고, 커뮤니케이션 비용이 높아지는 것입니다. 스타트업 초기에 무조건 믹스트 팀이 되는 경우를 제외하고(팀을 나눌 만큼 멤버 수가 많지 않음), 멤버가 늘어나 여러 팀을 만들게 되면, 각 팀에서 개발하고 운용하는 제품이 무엇인지 알 수 없는 사태가 발생합니다. 다른 팀의 상황을 알지 못해도 좋은 체제를 만드는 것이 이상적입니다(그런 팀과 시스템의 구성으로 셀 기반 아키텍처cell-based architecture가 있음). 하지만 책임 경계를 완벽하게 결정하는 것은 어려운 것이 현실입니다. 이에 대한 대책으로 엔지니어 팀 운영과 회사 운영을 위해, 모두 함께 목적을 설정하고 정보를 공유하는 회의를 정기적으로 개최하는 것 등을 생각할 수 있습니다. 또한 팀 사이의 커뮤니케이션을 원만하게 하는 노력도 중요합니다. 예를 들어 정기적으로 멤버 사이에서 1 on 1을 설정하거나, 네트워킹을 실시해서 서로 커뮤니케이션하는 계기를 만드는 것이 중요합니다. 슬랙Slack과 같은 커뮤니케이션 도구나 문서 관리 시스템을 활용해서 각 팀의 채널이나 디렉터리에 자유롭게 출입할 수 있게 하고, 서로 자유롭게 정보를 얻을 수 있도록 하면 효과적입니다.

믹스트 팀 패턴은 조직이 성장하고 복잡해지면서, 도메인별로 다양한 전문 지식이 필요하게 되었을 때 유용한 팀 구성입니다. 이 구성에서 발생하는 또 하나의 과제는 지식의 공유가 느려진다는 것입니다. 믹스트 팀에서는 머신러닝 엔지니어도 각 팀에 소속됩니다. 그렇기 때문에 머신러닝 엔지니어끼리 정보 공유나 상담 기회가 줄어듭니다. 사내에 지식은 있지만(사내의 누군가는 알고 있지만), 그 지식을 공유하고 활용하지 못하는 상황이 발생합니다. 특히 다른 팀에서 바쁜 엔지니어가 전문성이 높은 지식을 가지고 있으면(전문성이 높은 엔지니어는 기본적으로 바쁩니다), 다른 엔지니어가 그 지식을 얻기 어려워집니다. 또한 발전 단계에 있는 기술의 도입이나 검증은 믹스트 팀이 하는 것이 아니라, 전문 팀(개척자 팀 패턴)을 만드는 조직 체제를 검토하는 것도 좋을 것입니다.

1.7 정리

이번 장에서는 머신러닝을 실용화하기 위한 과제의 사고방식과 과제 해결을 위한 워크플로와 시스템에 관해 살펴봤습니다. 또한 머신러닝 시스템 설계 패턴에 평가 대시보드 패턴과 잘못된 추론 지원 패턴, 그리고 팀 구성 패턴을 추가했습니다. 특히 팀 구성 패턴은 경우에 따라 조직 설계를 해야 하며, 채용이나 육성을 포함해서 검토해야 하는 어려운 과제입니다.

이제 2장, 3장, 4장에서 구체적인 비즈니스 상황을 설정하고, 비즈니스 과제의 해결책을 머신러닝을 활용해서 비교 검토할 것입니다. 머신러닝에 따라 그 과제를 해결할 시스템을 만들어 움직이는 방법을 프로그램의 예와 함께 생각해봅니다.

CHAPTER

2

수요 예측 시스템 만들기

2장에서는 머신러닝을 사용한 수요 예측 시스템을 구축하고 운용합니다. 수요 예측에서는 다루는 상품이나 서비스의 미래 판매량이나 고객 수를 예측합니다. 수요 예측이 유효한 비즈니스 과제는 매우 다양합니다. 예를 들어 편의점이나 슈퍼마켓, 이커머스 등에서 미래의 상품 수요를 알 수 있다면, 상품의 발주 수량이나 인원 배치를 최적화하고 불필요한 발주나 재고, 인원 부족을 피할 수 있습니다. 수요가 있는 상품의 재고를 확보하고, 기회 손실을 피할 뿐만 아니라 다양한 판매 촉진을 할 수 있을 것입니다. 유원지나 영화관 등의 고객 방문형 비즈니스에서는 수요 예측에 따라 사전 예약 수의 조정이나 방문 고객의 제한 등으로 서비스의 품질을 유지할 수 있습니다. 미용실이나 상담 창구와 같은 대면형 서비스에서 수요 예측은 미용사나 고객 응대 담당자 수, 스케줄 조정에 효과적입니다. 수요 예측은 여러 비즈니스에서 필요로 하며, 효과적으로 활용한다면 효율화와 서비스 품질 향상을 도모하는 이니셔티브가 됩니다.

이번 장에서는 한 소매점의 식료품 구매 수 데이터를 사용한 수요 예측 시스템을 구축합니다. 소매점의 과제 정의에서 시작해, 데이터 분석이나 모델 개발, 학습/평가 시스템을 구축합니다. 또 예측 결과와 실적을 기록해 비교하는 BI 대시보드를 구축해, 수요 예측 모델의 과제와 개선점을 도출합니다. 머신러닝 시스템을 모델 개발만으로 끝내지 않고 실용화해서 실제 데이터로부터 모델이나 시스템 개선까지 이어지는 워크플로를 설명합니다.

2.1 수요 예측의 목적

> 이번 장에서는 가공의 소매점에서 수요 예측 시스템을 개발/운용해나갑니다. 소매점 최초의 머신러닝 도입 프로젝트팀을 가정하고, 소수의 멤버로 최소한의 기능을 실용화하는 것을 목표로 합니다.

수요 예측 시스템의 예시로 AI 상점이라는 가공의 소매점 식료품 판매량을 예측해보겠습니다. AI 상점의 소매 매장은 일본 각 지역(도호쿠, 간사이, 도카이 간사이)에 10개 존재합니다. 식료품도 10종류이며, 각각 가격이 다릅니다. 식료품의 가격은 모든 매장에서 공통입니다(표 2.1, 표 2.2).

표 2.1 **각 지역과 매장명**

지역명	매장명
도호쿠	모리오카점
도호쿠	센다이점
간사이	지바점
간사이	우에노점
간사이	긴자점
간사이	신주쿠점
간사이	요코하마점
도카이 간사이	나고야점
도카이 간사이	오사카점
도카이 간사이	고베점

표 2.2 **식료품과 가격**

식료품	가격(엔)
과일 주스	150
사과 주스	120
오렌지 주스	120
스포츠 드링크	130
커피	200
우유	130
미네랄 워터	100
탄산수	120
두유	120
맥주	200

AI 상점에서는 각 매장에서 각 식료품의 판매량에 따라 이후의 식료품 발주를 결정합니다(그림 2.1). 특정 주의 식료품 판매량은 그다음 주 월요일에 집계됩니다. 식료품 발주로부터 각 점포에 식료품이 도착하는 데 걸리는 리드 타임lead time은 모든 식료품이 5일로 동일하다고 가정합니다. 즉 월요일에 식료품의 수량을 결정하고 각 식재료 메이커에 발주하면, 식료품은 실제로 5일 후인 토요일에 매장에 도착하게 됩니다. 도착한 식료품의 납입과 진열은 1시간 정도 걸리는 것으로 합니다. 이 조건에서 각 매장에서 필요하거나

적절한 식료품의 수요를 예측하고, 각 메이커에 발주합니다.

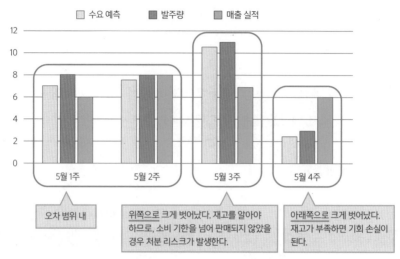

그림 2.1 **과일 주스의 수요 예측/발주량/매출 실적**

수요 예측 시스템은 각 매장의 식료품 발주 수를 판매의 최대 수에 가깝게 하는 것이 목적입니다. 발주에 따른 매장의 식료품 재고량은 1주 동안의 식료품 판매량보다 조금 많은 것을 목표로 합니다. 재고량이 너무 적어지면 품절이 발생하고 각 매장에서 판매되어야 할 식료품을 판매하지 못해 기회 손실이 되기 때문입니다. 재고량이 적은 상태에서 품절되는 경우, 매장의 판매 실적은 수요보다 적어져 원래 판매되어야 했을 수량을 알 수 없게 됩니다. 결과적으로 머신러닝의 학습 데이터에는 적은 판매 실적이 투입되어, 수요 예측은 실제의 수요보다 낮은 예측을 출력하게 됩니다. 반대로 재고수가 판매량보다 많은 경우는 기회 손실을 피하고 원래 판매량을 얻을 수 있습니다. 물론 과도하게 많은 양을 발주하면 식료품의 소비 기한 만료나 브랜드 변경 등에 따른 처분 리스크가 발생합니다. 바꾸어 말하면 기회 손실을 피하기 위해 과도하게 많은 수요를 예측하면, 오히려 재고가 남아 경영상의 손실이 됩니다. 이런 이유로 재고량은 판매량보다 약간의 여유가 있는 정도로 조정합니다.

수요 예측에 따라 발주량을 실제 판매량에 가깝게 하는 이니셔티브로서 각 매장의 식료품 수요를 예측해서 발주하고 실적을 집계해서 예측 정확도를 개선합니다.

이번 장의 목적은 머신러닝을 사용하는 것이 아니라는 점이 중요한 전제입니다. AI 상점의 수요 예측에서 머신러닝의 효과를 검증하고, 유효하다면 도입하는 것입니다. 머신러닝 이외의 방법으로 머신러닝보다 저렴하고, 정확도가 높고, 빠른 납기로 예측할 수 있는 것이 있다면 머신러닝이 아닌 다른 방법으로 예측하는 것이 유익합니다. 예를 들어 오랫동안 매장에서 일하는 점장이나 점원의 느낌과 경험으로 다음 주의 식료품 수요를 거의 정확하게 예측할 수 있다면 그 사람의 예측에 의존하는 것도 좋습니다. 일반적으로 특정 사람에게 기능이 종속되지 않도록 하는 것이 좋다고 하지만, 경영상의 목적은 머신러닝을 사용하는 것이 아니라 업무를 효율화하는 것임을 잊어서는 안 됩니다.

2.2 머신러닝 팀과 소프트웨어 개발 팀 구성의 예

AI 상점 최초로 머신러닝 프로젝트를 진행하면서 제품 개발 팀을 만들기로 했습니다. 이번 절에서는 제품 개발 팀에 할당할 엔지니어의 구성을 검토합니다.

머신러닝 엔지니어를 포함한 제품 개발 팀의 태스크는 수요를 예측하는 머신러닝 모델을 개발하고, 프로덕션 시스템에 도입해 각 매장에 예측 결과를 배포하는 것입니다. 팀 멤버의 스킬셋, 멤버 구성, 회사의 규모에 따른 개발 및 운용 가능한 시스템은 각기 다릅니다. 이번에는 머신러닝 엔지니어 1명, 백엔드 엔지니어 1명의 구성으로 개발하는 시스템을 생각해봅니다. 시스템 개발에 들어가기 전에 멤버 구성에 따라 개발 운용 가능한 시스템이 어떻게 달라지는지 고찰해봅니다.

수요 예측 시스템을 개발하는 팀 멤버 구성에 따라 개발 가능한 시스템은 달라집니다. 머신러닝을 도입한 시점부터 팀의 성장에 따라 멤버 구성도 달라집니다. 2022년 집필 시점에는 머신러닝이 비즈니스에서 널리 실용된 기간이 그리 길지 않고, 머신러닝 시스템 개발이나 실용화의 경험을 축적한 엔지니어도 아직 부족합니다. 사내에 머신러닝 이해나 활용 경험이 풍부한 멤버가 적을 수도 있기 때문에 머신러닝을 어떻게 활용하는 것이 적절한가, 어떻게 시스템을 만들면 안정적이고 가치를 내는가 하는 지식을 가진 사람은 한정되어 있을 것입니다. 그런 가운데서 머신러닝을 도입하는 경우, 인적 자원의 배치나 달성 가능한 팀의 목표는 한정적이게 됩니다.

사내의 머신러닝 경험치와 팀 구성을 시뮬레이션해봅시다.

2.2.1 사내 최초 머신러닝 프로젝트 팀인 경우

사내에서 최초로 머신러닝을 도입하는 경우, 소수 인원으로 개발을 시작하게 됩니다. 머신러닝이나 데이터 사이언스에 익숙한 멤버가 사내에 존재하지 않을 가능성이 있으며, 소프트웨어 엔지니어가 학습하면서 머신러닝 개발을 진행하는 와중에 머신러닝 엔지니어의 채용도 함께 진행하는 경우가 많습니다. 뛰어난 머신러닝 엔지니어를 채용하는 방법은 이 책의 범위를 벗어나므로 생략합니다. 다만, 팀에서는 머신러닝 엔지니어 1명을 채용해서 수요 예측 모델 개발을 진행할 수 있는 상황을 생각합니다.

초기 팀 멤버 할당은 다음과 같은 경우가 많습니다.

- 머신러닝 엔지니어: 1명
- 소프트웨어 엔지니어: 0.5~1명 참가

소규모 회사의 경우 엔지니어가 하나의 프로젝트에만 완전히 참여할 가능성은 희박할 것입니다. 특히 머신러닝 최초 도입과 같이 기간과 성과의 예측이 어려운 프로젝트에서는 의사 결정자가 소프트웨어 엔지니어를 완전히 참여시키는 것에 난색을 표하는 경우가 많습니다. 머신러닝 엔지니어는 모델 개발을 위한 머신러닝뿐만 아니라, 머신러닝 이외의 업무를 소프트웨어 엔지니어에게 조언을 받으면서 실시하게 됩니다. 머신러닝 이외의 업무에는 다음의 것들이 포함됩니다.

- 사내 데이터 수집
- 프로그램 개발을 위한 저장소 생성과 관리

- 머신러닝을 실행하기 위한 서버 환경 설정
- 수요를 예측할 각 매장 등, 이해관계자에 대한 스케줄 관리 및 워크플로 조정
- 의사 결정자에 대한 보고

물론 상황에 따라 이 밖에도 다양한 업무가 발생합니다. 데이터 인프라스트럭처가 정비되어 있지 않은 경우에는 데이터를 수집할 시스템을 개발하게 됩니다. 또한 어떤 이유(네트워크가 느리거나, 사내 보안 정책이 엄격하거나, 예산이 없는 등)로 클라우드 등의 서버를 간단하게 사용할 수 없는 상황이라면, 직접 터미널에서 모델 개발과 운용을 수행하게 됩니다. 각 매장이나 의사 결정자에 대한 설명에서는 머신러닝과 엔지니어링이 전문이 아닌 사람들을 이해시켜야 합니다. 이런 상황을 고통스러워하는 엔지니어가 있는가 하면, 도전이라 생각하고 열심히 하는 엔지니어도 있습니다. 0 ➡ 1단계의 머신러닝 프로젝트는 머신러닝 이외에 다양한 태스크를 실시해야 하지만, 더없는 성장의 기회가 될 것입니다.

시스템 개발에 관한 이야기로 되돌아오면, 개발 가능한 머신러닝 시스템은 최소한의 규모와 구성이 됩니다. 사내에서는 머신러닝의 유효성이 증명되어 있지 않으므로, 프로젝트 팀은 가능한 한 빠르게 '머신러닝이 효과적인가 그렇지 않은가'를 제시해야 합니다. 효과적이라면 프로젝트를 계속할 수 있지만, 효과적이지 않으면 프로젝트를 정지하고, 더 가치 있는 프로젝트에 멤버를 할당해야 할 것입니다. 팀원이 적으므로 최소한의 시스템으로 머신러닝을 통한 수요 예측의 유효성을 입증해야 합니다. 이러한 팀 구성의 머신러닝 시스템에 대해서는 2.3절 이후에서 자세히 살펴볼 것입니다.

2.2.2 실적이 있는 머신러닝 팀의 경우

이미 머신러닝 프로젝트에서 성과를 내고 있고, 여러 명의 머신러닝 전문 팀을 구성한 경우를 생각해봅니다. 팀 멤버의 구성은 다음과 같을 것입니다.

- 머신러닝 리드 엔지니어: 1명
- 머신러닝 엔지니어: 여러 명

여기에 프로젝트 관리자나 제품 관리자가 추가되기도 합니다. 머신러닝 전문 팀이 만들어져 있는 경우 개별 프로젝트를 개별 엔지니어가 담당하기도 하며, 해당 시점에서 중요한 프로젝트를 여러 명이 개발하기도 합니다. 회사에 따라 인원을 할당하는 방법은 다릅니다.

머신러닝 팀으로 개발하는 장점은 모델 선정이나 평가, 재현 실행, 디버그에 관한 다양한 관점에서 조언이나 리뷰를 할 수 있다는 점입니다. 단독 개발에서는 알아차리기 힘든 버그나 알지 못하는 기술들을 멤버 사이에서 공유하면서 머신러닝 개발을 진행할 수 있습니다. 게다가 모델의 평가 리뷰나 코드 리뷰를 통해 머신러닝 모델과 프로그램을 개선하고 다른 엔지니어도 재현할 수 있도록 특정한 사람에 대한 의존성을 배제할 수 있습니다.

한편 팀 개발 초기에는 개인의 개발 환경에 차이가 발생하며, 머신러닝의 재현성이나 개발 환경 공통화가 과제가 되기 시작합니다. 예를 들어 어떤 엔지니어의 개발 환경에서는 윈도우 OS에서 Miniconda를 사용하고, 다른 엔지니어의 개발 환경에서는 macOS에서 파이썬 3.9에 Poetry를 조합해서 라이브러리를 관리하기도 합니다. 서로 개발 환경을 재현해서 프로그램을 실행하기 위해서는, 자신의 개발 환경과는 다른 프로그램 실행 환경을 공동화하고, 그 환경에서 프로그램이 정상 가동하는 것을 담보하는 개발 스킬을 취해야 합니다. 일반적으로는 도커Docker 컨테이너를 공통 프로그램 실행 환경으로 하면서, 프로그램의 정상성은 단위 테스트나 CI/CD에 더해, 학습 정상성 검증, 평가의 타당성 검증을 하게 됩니다.

2.2.3 매트릭스형 팀의 경우

특정 제품 개발에 집중해서 제품 관리자와 함께 프런트엔드 엔지니어, 백엔드 엔지니어, 인프라스트럭처 엔지니어, 머신러닝 엔지니어로 팀을 꾸려 개발을 진행하는 상황이 있습니다. 제품을 개발해서 운영하기 위해 필요한 스킬셋을 갖춘 매트릭스형 팀이라고 불리는 구성으로, 비즈니스 규모가 확대되고 전문 분화가 진행된 기업에서 보이는 조직 구조입니다. 매트릭스형 팀에서 개발하는 경우, 해당 팀 구성이나 각 팀에 요구하는 전문성은 다양합니다. 개발 스타일은 '시간과 장소에 따라 다른' 상태가 됩니다. 그러므로

이 책에서는 자세한 내용은 생략합니다.

여기까지 초기 머신러닝 프로젝트 팀 구성에 관해 설명했습니다. 이번에는 앞에서 설명한 것처럼 '사내 최초 머신러닝 프로젝트 팀'으로 수요 예측 시스템을 개발하는 것으로 가정합니다. 이것으로 수요 예측을 머신러닝으로 해결하는 팀이 생겼습니다. 우선 팀명을 결정합니다. 팀명을 정하고 팀에 소속되어 있음을 인식시킴으로써, 멤버의 일체감과 책임감이 생깁니다. 여기에서는 간단하게 AI 상점 최초의 머신러닝 프로젝트 팀의 이름을 '머신러닝 팀'이라고 짓습니다.

2.3 머신러닝으로 수요를 예측한다

AI 상점에 머신러닝 팀을 발족했습니다. 머신러닝 팀은 첫 프로젝트로 수요 예측을 성공적으로 도입하기 위해 상황을 정리하고, 과제를 정의하고, 모델 개발과 검증을 진행합니다.

상황을 다시 확인합니다. AI 상점은 전국에 10개의 매장을 운영하고 있으며, 각 매장에서 10종류의 식료품을 판매하고 있습니다. 식료품의 판매 실적은 다음 주 월요일에 집계됩니다. 식료품 메이커(본사)는 식료품의 발주가 도착한 뒤 5일 정도에 납품합니다. 각 점포의 식료품 재고량을 판매 최대 수에 가깝도록 발주할 수 있도록, 수요 예측 모델과 시스템을 개발하고 운용합니다.

갑자기 머신러닝 모델과 시스템을 개발하면 시행착오만 겪게 될 뿐입니다. 먼저 모델의 목적과 개발 방침을 결정합니다.

2.3.1 과제 설정

수요 예측에는 다양한 상황을 고려해야 합니다. 계절, 매장 위치, 세계 경제 동향, 유행, 캠페인, 동네 주민들의 가족 구성, 상품 가격, 경쟁 매장 등 바꿔 말하면 어떤 상품이 언제, 얼마나 팔릴까 하는 과제는 다양한 변수에 따라 변화합니다. 한편 이런 데이터를 모두 입수할 수 있을까요? 입수할 수 있다고 해도 올바른 데이터라고 말할 수 있을까요? 입수할 수 없는 데이터를 사용할 수 있을 리는 없고, 올바르지 않은 데이터를 다루어도 효과적인 머신러닝 모델은 만들 수 없습니다. 먼저 간단히 입수할 수 있는 올바른 데이터만 다루도록 합니다.

머신러닝에서 다루는 데이터는 머신러닝을 사용해서 해결하고자 하는 과제 설정을 나타낸다고 해도 과언이 아닙니다. 기존 데이터에서 목적 변수를 가능한 한 올바르게 추론하는 것이 머신러닝의 역할입니다. 즉 머신러닝으로 학습한 데이터와 목적 변수를 정의하는 것이 머신러닝 프로젝트를 시작하기 위한 첫걸음입니다. 그럼 머신러닝 데이터로는 어떤 데이터를 준비하는 것이 좋을까요?

대부분의 경우 다음과 같은 조건을 만족해야 합니다.

- 목적 변수와 관계가 있다: 아무리 대량의 데이터를 준비한다 하더라도, 목적과 관계없는 데이터라면 도움이 되지 않습니다. 다시 말해, 상관관계가 있는 것처럼 보이는 데이터(데이터 A가 1 증가하면 데이터 B도 1 증가하는)라고 하더라도, 실제로는 상관관계가 없는 의사 상관관계(폭죽과 스이카Suica[1]의 매출이 같은 시기에 증가해도, 폭죽이 팔리기 때문에 스이카가 팔리는 것은 아님)에서는 신뢰성이 결여됩니다.

- 즉시 간단하게 입수할 수 있다: 어떤 유용한 데이터라도, 입수할 수 없다면 의미가 없습니다. 입수하는 데 1년 이상 걸리는 데이터나, 수십억 원의 비용이 드는 데이터는 비즈니스에서 즉시 사용하기 어려울 것입니다. 현시점에서 입수할 수 있는 데이터를 사용해 프로젝트를 진행해야 합니다. 머신러닝 프로젝트를 이어가는 과정에서 유용한 데이터가 빠지는 경우도 있습니다. 데이터가 증가하면 정책을 수정하는 과정도 필요합니다.

- 가능한 한 올바르다: 쓰레기가 들어가면 쓰레기가 나온다garbage in, garbage out라는 말처럼, 올바르지 않은 저품질의 데이터로는 좋은 추론을 할 수 없습니다. 품질이 낮은 데이터라도 일부 올바른 데이터가 섞여 있다면, 어느 정도 올바른 추론을 할 수 있을지도 모릅니다. 또한 항상 동일한 차이를 유지한다면 그 상태에서 올바른 추론을

---

1   옮긴이 일본의 교통카드로서, 교통수단은 물론 편의점이나 식당 등 다양한 용도의 결제가 가능합니다.

할 수 있도록 학습할 수 있을지도 모릅니다(예를 들어 모든 고양이 이미지에 '개 라벨', 모든 개 이미지에 '고양이 라벨'이 부여된 데이터셋을 준비할 수 있다면, 개/고양이 분류 모델을 학습하는 도중에 추론을 뒤바꾸면 올바르게 됩니다). 하지만 그런 잘못된 데이터를 계속 사용하게 되면, 개발 공정에서 다양한 오류를 일으킬 위험이 있습니다(고양 이미지에 잘못해서 '고양이'라는 라벨을 붙인다). 데이터는 가능한 한 올바른 상태를 유지해야 합니다.

- 추론 시 사용할 수 있다: 학습할 때 입수할 수 있더라도, 추론할 때 입수할 수 없는 데이터는 머신러닝에서 사용할 수 없습니다. 시계열 데이터라면 입수 가능한 최신 데이터는 아무리 유용해도 학습이나 추론에 사용할 수 없습니다. 또는 지진이나 화재와 같은 추론 대상 기간에 발생을 예측할 수 없는 재해는 추론에 사용할 수 없습니다. 대지진이 일어나면 식료품 사재기가 발생해 식료품이 많이 팔릴지도 모릅니다. 하지만 수요를 예측하는 미래의 일주일 중에 대지진이 일어나는 것을 사전에 알 수는 없으므로, 재해를 예측 데이터에 포함시킬 수는 없습니다(만약 지진이나 화재 발생을 사전에 예측한 상태에서 수요를 예측할 수 있다면, 전 세계적으로 획기적인 방법이 될 것입니다).

머신러닝에서 다루는 데이터의 주요한 조건은 이와 같습니다. 물론 이 밖에도 조건은 있을 것입니다. 예를 들어 데이터 형식과 같이 이미지 분류라면 물론 이미지 데이터가 필요하고, 상품의 수요 예측이라면 과거의 매출과 같은 수치 데이터가 필요합니다. 이 조건들은 과제에 따라 정의하면 될 것입니다. 어떻게 하더라도 해결하고자 하는 목적 변수와 '관계가 있는', '즉시 간단하게 입수할 수 있는', '올바른', '추론에 사용할 수 있는' 데이터가 필요합니다.

이번 식료품 수요 예측에서는 어떤 데이터를 사용하면 좋을까요? 2.1절에서 살펴본 것처럼 지역이나 매장, 상품명, 가격은 활용할 수 있는 데이터입니다. 추가로 과거의 판매 실적이나 연월일 및 요일도 사용할 수 있습니다. 이 데이터들은 많은 매장에서 기록하고 있는 데이터입니다. 물론 디지털화되어 있지 않을 가능성은 있지만, 장부 등의 기록을 사용하면 데이터로 만들 수 있습니다. 향후 데이터베이스 등에 기록하면 그대로 사용 가능한 데이터가 됩니다. 이 데이터들은 사내에서 수집할 수 있는 데이터이므로,

추론할 때는 그때 입수할 수 있는 최신 데이터를 사용할 수 있습니다. 추론 시의 데이터 수집을 위해 수 개월의 시간이 필요하지 않을 것입니다. 반대로 동네 주민의 가족 구성이나 유행, 경제 동향과 같은 정보는 매출 실적과 관계는 있어 보이지만, 조사하는 것이 어렵고 설령 정보를 얻을 수 있다 하더라도 올바르다고 단정할 수 없습니다. 학습 데이터로 다루기는 어렵습니다.

설명이 길었습니다. 이번 수요 예측 프로젝트에서는 다음 데이터를 사용해서 식료품 수요를 예측합니다.

- 지역
- 매장명
- 식료품명
- 가격
- 과거 매출 실적
- 연월일
- 요일

또한 AI 상점에서는 식료품을 주 단위로 발주하므로 주 단위 수요를 예측합니다.

2.3.2 데이터

● 데이터 상황

앞에서 설명한 수요 예측에서는 과거의 판매 실적 데이터를 다룹니다. 데이터는 시계열이 됩니다. 먼저 데이터 입수 방법에 관해 생각해봅니다.

모든 기업에서 데이터 인프라스트럭처나 데이터 웨어하우스가 준비되어 있다고는 할 수 없습니다. POS 시스템이나 ERP를 도입한 기업은 많지만, 데이터 인프라스트럭처를 정비해서 운용하고 있는 기업은 아직 적을 것입니다. POS 시스템으로부터 얻은 데이터는 존재하지만, 온라인 데이터로서 데이터베이스에만 기록되어 있거나, 매출 기록을

CSV 파일로 출력해 사내 공유 스토리지storage에 보관하기만 하는 사례도 많을 것입니다. 종이에 기록하고 있을 수도 있습니다. 어떤 방법이든 필요한 데이터가 있는 곳을 조사해서 데이터를 수집하는 것이 머신러닝 프로젝트의 첫걸음입니다.

종이에 기록된 데이터뿐이라면 각 매장에서 PDF 파일 등을 메일로 수집해, 머신러닝 엔지니어가 CSV 파일 등으로 변환(=문자화)하게 될 것입니다. 또는 OCR과 조합해 실적 데이터를 데이터 웨어하우스에 등록하는 시스템을 만드는 것도 좋을 것입니다(단, 시간은 걸립니다).

온라인 데이터베이스나 CSV 파일로 보관되어 있다면, 거기에서 출발해 데이터를 수집하는 것이 좋습니다. 물론 온라인 데이터베이스는 머신러닝을 위해서만 제공되는 것은 아닙니다. 다른 온라인 시스템을 위해 제공되는 것이므로, 무거운 SQL 쿼리를 실행해서 온라인 시스템에 부하를 주는 것은 피해야 합니다. 늦은 밤 등 부하가 많지 않은 시간에 데이터를 수집하거나 데이터베이스의 스냅샷을 얻어 데이터를 추출하는 것이 좋습니다.

어떤 방법을 선택하든 데이터 분석을 위한 인프라스트럭처나 데이터 웨어하우스, 데이터 수집 구조를 갖추고 있다면 다행이지만 그렇지 않은 경우에는 그 필요성을 증명하고 개발해야 합니다. 머신러닝에 의한 수요 예측을 계기로, 머신러닝으로 실적을 만들고 필요한 시스템을 갖춰 나가는 것이 좋습니다.

이 프로젝트에서는 처음에는 CSV 파일 데이터만 존재하는 상황을 가정합니다. CSV 파일로부터 데이터를 정형해서 머신러닝으로 모델을 개발합니다. 그러고 나서 머신러닝 개발을 진행하고, 수요 예측을 각 매장에 전개함과 동시에 데이터 웨어하우스나 BI를 도입해서 머신러닝의 개발, 운용 환경을 정비하는 흐름을 설명합니다. 종이에 기록된 데이터를 문자로 변경하는 방법은 이 책에서는 설명하지 않습니다.

● 데이터

AI 상점의 데이터는 CSV 파일로 입수할 수 있습니다. 먼저 데이터 사이의 관계를 명확하게 합니다.

10개의 매장은 도호쿠, 간사이, 도카이 간사이, 이렇게 3개 지역으로 분류됩니다. 하나의 지역에 여러 매장이 존재합니다. 10개의 매장에서 10종류의 식료품을 판매하므로 1일당 판매 실적은 10개 매장 × 10종류 = 100개의 데이터가 됩니다. 각 식료품에는 모든 매장 공통의 가격이 붙어 있습니다. 과거에 가격을 변경한 이력은 없으므로, 각 식료품에는 하나의 가격이 붙어 있는 관계가 됩니다. 단, 이후에도 가격이 변경되지 않는다는 보장은 없으므로, 하나의 상품에 여러 가격의 이력이 존재한다고 보는 것이 타당합니다. 이 데이터들의 관계를 정리하면 **그림 2.2**와 같은 ER 다이어그램이 됩니다.

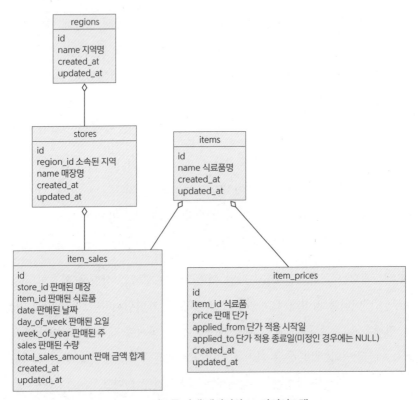

그림 2.2 **식료품 판매 데이터의 ER 다이어그램**

데이터는 2017년 1월 1일부터 기록되어 있는 것으로 가정합니다. 학습용으로 실적 데이터를 하나의 테이블에 모으면 **표 2.3**과 같이 됩니다.

표 2.3 학습용으로 실적 테이터를 한 테이블에 모음

date	day_of_week	week_of_year	store	item	item_price	sales	total_sales_amount
2017-01-01	SUN	1	store_ginza	item_apple_juice	120	29	3480
2017-01-02	MON	1	store_ginza	item_apple_juice	120	27	3240
2017-01-03	TUE	1	store_ginza	item_apple_juice	120	37	4440
2017-01-04	WED	1	store_ginza	item_apple_juice	120	42	5040
...	...	...	...	...	...	...	...
2020-12-30	WED	53	store_ginza	item_apple_juice	120	58	6960
2020-12-31	THU	53	store_ginza	item_apple_juice	120	61	7320

학습 데이터에는 매장명, 지역명, 상품명, 상품 가격, 판매일, 판매 요일을 사용할 수 있습니다. 목적 변수는 판매량이 됩니다.

식료품 판매량의 경향을 확인해봅니다(**그림 2.3**). 전체 기간에 관해 각 매장의 각 식료품 판매량을 시각화하면 대량이 되므로, 2020년 긴자점의 사과 주스 판매를 주 단위로 집계해서 시각화했습니다.

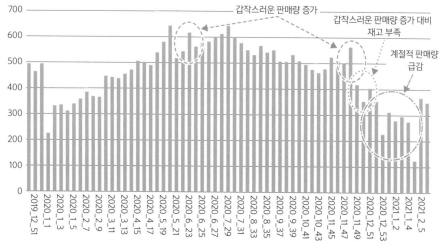

그림 2.3 **식료품 판매량의 경향**(가로축은 연_월_주 번호)

그림에서 보듯이 장기간으로 보면 식료품의 판매량은 여름으로 갈수록 증가하고 겨울로 갈수록 감소하는 경향이 있습니다. 단기적으로는 판매량이 변동합니다. 가끔 판매량이

이상하게 많거나 적은 기간이 있습니다.

현재 상태의 데이터만으로는 판매량이 이상하게 증가한 원인은 규명할 수 없습니다. 아마도 사회적인 요인(유행이나 근처에서의 이벤트 개최 등)이나 마케팅 이니셔티브(기간 한정 CM이나 캠페인)가 원인일 것입니다. 한편 이상하게 적은 상황에 관해서는 발주 수와 재고량을 조사한 결과, 재고 부족으로 판매하지 못한 기회 손실이 원인이라고 판명되었습니다. 즉 2020년 11월 전반에는 사과 주스가 너무 많이 팔려 수요를 공급이 따르지 못하고, 그 뒤 11월 후반의 판매량이 감소한 것처럼 보이는 것입니다. 비즈니스적인 손실은 아쉽지만 머신러닝으로 수요를 예측하는 입장에서 보면, 이 상태를 다루는 방법을 검토할 필요성을 느낍니다. 재고 부족에 따라 판매량이 격감한 상황은 이상 상황이라고 말할 수 있지만, 이 데이터 그대로 학습해도 좋을까요? 대응책으로는 다음 세 가지를 들 수 있습니다.

- 선택지 1. 실적은 실적이다. 그대로 학습한다.
- 선택지 2. 이 기간의 데이터만 삭제하고 학습한다.
- 선택지 3. 이제까지의 실적으로부터 원래의 판매량을 추론해서 보충하고, 보충한 데이터로 학습한다. 예: 전후 매출에서 평균값을 취한다 등

자, 어떤 선택지를 선택하면 좋을까요?

범용적인 해답은 아니지만 각 선택지를 비교해봅니다. 선택지 1은 가장 간단한 대책입니다. 현재의 데이터를 그대로 사용하므로, 추가 개발이 필요하지 않습니다. 짧은 기간 동안만 이상값이 발생한다면, 영향이 미미할 것이라고 생각해도 좋습니다. 선택지 2는 어떨까요? 이상값을 포함해 머신러닝을 학습하는 것보다도, 포함하지 않고 학습하는 편이 올바른 추론을 할 가능성은 있습니다. 데이터를 보면 알 수 있듯이, 재고 부족에 따른 판매량이 이상하게 감소한 시간은 1년에 1번 정도인 것으로 보입니다(이 추측을 매장에 확인한 결과, 실제 재고 부족으로 품절이 발생한 것은 1회분이었습니다). 이 정도라면 결손 데이터로 다루어도 문제없을 것입니다. 선택지 3은 데이터를 수정하는 정책입니다. 다른 데이터는 정확하게 얻을 수 있었으므로 전후의 판매량으로부터 평균값을 계산해서 이상값을 수정하거나, 이전의 데이터를 사용해 머신러닝으로 추론해 이상값을 수정

하는 아이디어입니다. 물론 실현 가능하지만 시스템이 복잡해집니다. 여기에서는 시간 단축과 단순함을 우선해서 선택지 1을 선택합니다. 단, 추론과 평가에서 문제가 발생할 것 같으면 다른 선택지를 검토합니다.

이것으로 과제를 해결하기 위해 사용할 데이터 구성과 용도를 정리했습니다. 머신러닝 개발을 진행하고 싶지만, 먼저 개발 환경을 준비해야 합니다.

2.3.3 개발 환경 구성

수요 예측 개발을 시작하기에 앞서 프로그램 구성을 정리합니다. 프로그램 디렉터리 배치나 역할을 명확하게 함으로써 정돈된 프로그래밍이 가능하며, 리뷰도 쉽게 할 수 있습니다. 또한 머신러닝 모델 개발에 사용하는 라이브러리를 선정합니다. 머신러닝 개발에서는 다양한 라이브러리를 사용할 수 있지만, 사용하는 라이브러리가 늘어날수록 의존 관계나 복잡성이 증가해 프로그램 전체 이미지를 알기 어렵게 됩니다. 사용하는 라이브러리는 일정 수준 정도로 선정해두는 것이 좋습니다.

먼저 라이브러리를 선정합니다. 머신러닝 실행 환경은 가능한 한 개발자의 환경에 의존하지 않는 것이 좋으므로, 프로그램은 도커 컨테이너로 실행합니다. 사용하는 라이브러리도 개발자의 파이썬 pip[2]에 의존하는 것을 피하고자 하므로, 파이썬 라이브러리 관리 도구인 Poetry[3]를 도입해 머신러닝 개발용 라이브러리와 버전을 관리합니다.

머신러닝의 학습 로그나 출력한 모델 파일을 기록해두어야 합니다. 학습 관리에는 다양한 라이브러리나 인프라스트럭처를 사용할 수 있으나, 여기에서는 로컬 환경에서 곧바로 사용할 수 있는 MLflow[4]를 선택합니다.

학습을 하는 동안에는 다양한 파라미터를 설정하게 됩니다. 파라미터는 argparse 또는 환경 변수로 전달할 수 있지만, 파라미터 수가 많아지면 관리가 어려워집니다. 이 책에

---

2 https://github.com/pypa/pip

3 https://python-poetry.org/

4 https://www.mlflow.org/docs/latest/index.html

서는 Hydra[5]라는 파라미터 관리 라이브러리를 사용합니다. 파라미터는 YAML 파일로 일괄 관리하고, Hydra에서 로딩하는 방식을 채택합니다.

프로그램을 배치할 디렉터리에 관해 생각해봅시다. 루트 디렉터리는 알아보기 쉽도록 ml로 이름 짓습니다. Hydra와 MLflow를 사용하는 경우, 학습 로그나 모델 파일, 추론 결과와 같이 생성된 아티팩트artifact를 저장하는 디렉터리가 필요합니다. 아티팩트 저장 디렉터리는 ouput으로 합니다.

프로그램은 모두 src 디렉터리 아래에 배치합니다.

src 디렉터리 아래에는 데이터 관리나 정의를 모은 dataset 디렉터리, 데이터 취득이나 전처리 및 학습과 같은 실행 작업을 모은 jobs 디렉터리, 범용적인 함수를 모은 middleware 디렉터리, 모델 정의 프로그램을 모은 models 디렉터리를 만듭니다.

종합하면, 디렉터리와 프로그램 매치는 **그림 2.4**와 같습니다.

```
ml ... 루트 디렉터리
├── Dockerfile ... 학습용 Dockerfile
├── Dockerfile.mlflow ... MLflow Tracking Server의 Dockerfile
├── hydra ... Hydra에서 사용하는 파라미터 파일 디렉터리
│    ├── 2020_52.yaml ... 2020년 52주의 파라미터
│    ├── 2021_03.yaml ... 2021년 03주의 파라미터
│    ├── 2021_04.yaml ... 2021년 04주의 파라미터
│    ├── 2021_31.yaml ... 2021년 31주의 파라미터
│    └── 2021_32.yaml ... 2021년 32주의 파라미터
├── outputs ... 학습에서 출력한 모델과 로그, 추론 결과를 저장하는 디렉터리
├── poetry.lock ... Poetry로 정의한 라이브러리 리스트
├── pyproject.toml ... Poetry 설정
├── requirements.txt ... 학습에 사용하는 라이브러리 리스트
└── src
     ├── __init__.py
     ├── configurations.py ... 기본적인 설정값 정의
     ├── dataset ... 데이터 처리용 프로그램의 디렉터리
     │    ├── __init__.py
```

---

5   https://hydra.cc/docs/intro/

```
    │   ├── data_manager.py
    │   └── schema.py
    ├── jobs ... 각종 작업을 정의한 프로그램 디렉터리
    │   ├── __init__.py
    │   ├── optimize.py
    │   ├── predict.py
    │   ├── register.py
    │   ├── retrieve.py
    │   └── train.py
    ├── main.py ... 실행 파일
    ├── middleware ... 범용적으로 사용할 수 있는 미들웨어
    │   ├── __init__.py
    │   ├── dates.py
    │   ├── db_client.py
    │   ├── logger.py
    │   └── strings.py
    └── models ... 머신러닝 모델을 정의한 프로그램
        ├── __init__.py
        ├── base_model.py
        ├── light_gbm_regression.py
        ├── models.py
        └── preprocess.py
```

그림 2.4 **디렉터리와 프로그램 배치**

이것으로 필요한 라이브러리를 선정하고, 프로그램의 역할이 명확하도록 디렉터리에 배치했습니다. 데이터 전처리부터 구현을 시작합니다.

2.3.4 데이터 전처리

데이터 전처리에 관해 생각해봅니다(**표 2.4, 그림 2.5**). 매장, 지역, 상점, 판매 요일은 카테고리 데이터, 상품 가격은 수치 데이터가 됩니다. 판매일은 연, 월, 일, 요일, 주 번호로 분할되어 카테고리 데이터로 다루면 좋을 것입니다. 추가로 과거 판매 실적을 랙(시차)lag 데이터로 활용합니다.

표 2.4 **데이터**

데이터명	종류
매장	카테고리 데이터
지역	카테고리 데이터
상품	카테고리 데이터
상품 가격	수치 데이터
판매 요일	카테고리 데이터
판매일	연, 월, 일, 주 번호로 나누어서 카테고리 데이터로 한다.
과거 판매 실적	수치 데이터(랙 데이터)

store	region	item	item_price	day_of_week	date	sales
store_ginza	store_east	apple_juice	120	FRI	2020/1/31	49
store_ginza	store_east	apple_juice	120	SAT	2020/2/1	41
store_ginza	store_east	apple_juice	120	SUN	2020/2/2	58
store_ginza	store_east	apple_juice	120	MON	2020/2/3	54

매장, 지역, 상품, 상품 가격, 요일은 그대로 · 연월일은 연, 월, 일, 주로 분할 · 과거의 매출을 랙 데이터로 한다.

store	region	item	item_price	day_of_week	year	month	date	week_of_year	sales_lag_1	sales_lag_2	sales_lag_3
store_ginza	store_east	apple_juice	120	FRI	2020	1	31	5	xx	xx	xx
store_ginza	store_east	apple_juice	120	SAT	2020	2	1	5	49	xx	xx
store_ginza	store_east	apple_juice	120	SUN	2020	2	2	5	41	49	xx
store_ginza	store_east	apple_juice	120	MON	2020	2	3	6	58	41	49

그림 2.5 **데이터 정형**

이 데이터를 학습 데이터로 하여 판매 수를 예측합니다. 각 데이터의 취급에 관해 조금 더 살펴봅니다.

수치 데이터는 상품 가격과 과거 판매 실적입니다. 상품 가격은 가격대가 대략 결정되어 있으며, 100엔부터 200엔 사이입니다. 물론 할인으로 100엔 이하의 가격이나, 반대로 300엔 정도의 높은 가격의 상품을 다룰 가능성도 있지만, 극단적인 이상값은 발생하지 않는 데이터입니다. 상품 가격은 Min-Max법으로 정규화하면 좋을 것입니다.

그 이외의 모든 데이터는 카테고리 데이터입니다. 단, 여기에서 다루는 카테고리 데이터는 그 종류가 두 가지입니다.

1. 모든 데이터에서 카테고리가 고정되는 데이터: 연, 주, 요일, 월 같은 단편적인 데이터
2. 데이터에 따라 카테고리가 변하는 데이터: 매장, 지역, 상품과 같이 변경되는 데이터

두 데이터 모두 전처리인 원-핫 인코딩one-hot encoding으로 각 카테고리를 0 또는 1의 이진값 표현으로 변경하는 것이 일반적입니다. 하지만 1번과 같이 고정되는 데이터에서는 기존 데이터에 관계없이 카테고리를 준비해두어야 합니다. 즉 연월일과 같은 데이터는 미래의 카테고리를 미리 알 수 있으므로, 충분한 범위의 카테고리를 준비해서 모델 개발의 범용성을 높일 수 있습니다. 한편, 2번과 같이 변화가 발생할 수 있는 카테고리는 그 변화를 예측할 수 없습니다. 신규 매장의 개업 또는 폐점, 식료품의 판매 정지나 재브랜딩rebranding, 신상품의 판매 등 외부 요인이 다양하게 변합니다. 이런 데이터는 현시점의 카테고리를 기준으로 원-핫 인코딩을 작성하고, 변화가 발생할 때마다 튜닝하는 기법을 사용합니다.

전처리를 위해 전처리에 사용할 데이터를 정의해야 합니다. 데이터의 종류는 **표 2.4**, **그림 2.3**에서 설명했지만, 실제로 프로그램에서 다루기 위해서는 데이터 타입이나 형태를 정의하고, 잘못된 데이터가 들어가지 않도록 판정해야 합니다. 즉 수치가 0 이상인 정수가 되는 상품 가격이나 판매 실적은, 입력 데이터가 양의 정수가 되는지 판정합니다. 한편 문자열 데이터로 특정 카테고리 안에서 선택하는 매장, 지역, 상품, 판매 요일 데이터는 각각 매장명, 지역명, 상품명, 요일명으로 되어 있는지 판정합니다.

파이썬에서는 테이블 데이터 처리에 팬더스pandas[6]라는 라이브러리를 많이 사용합니다. 팬더스를 보조하는 pandera[7]라는 데이터 검증 라이브러리가 있습니다. 여기에서는 팬더스와 pandera를 함께 사용해서 데이터를 정확하게 다루도록 구현합니다.

---

6 https://pandas.pydata.org/
7 https://pandera.readthedocs.io/en/stable/

먼저, 가장 초기의 입력 데이터를 읽어서 판정합니다. 데이터는 일별 매출 데이터로 CVS 파일에 저장됩니다. CSV 파일을 팬더스 DataFrame으로 읽어서, 데이터가 상정되어 있는 열과 타입이 맞는지 판정합니다.

또한 구현된 프로그램은 코드의 길이가 길기 때문에 책에서는 핵심이 되는 부분만 게재합니다. 전체 프로그램은 다음 저장소를 참조하기 바랍니다. 프로그램을 기동시키는 경우에는 다음 저장소의 README를 참조하기 바랍니다.

moseskim/building-ml-system
URL https://github.com/moseskim/building-ml-system/tree/develop/chapter2_demand_forecasting_with_ml

예제 2.1은 CSV 파일로부터 입력된 데이터의 판정을 pandera로 정의한 것입니다.

예제 2.1 **데이터 스키마 정의**

```
# https://github.com/moseskim/building-ml-system/blob/develop/chapter2_demand_
forecasting_with_ml/stage0/ml/src/dataset/schema.py

from datetime import datetime

from pandera import Check, Column, DataFrameSchema, Index

STORES = [
    "nagoya", "shinjuku", "osaka", "kobe", "sendai",
    "chiba", "morioka", "ginza", "yokohama", "ueno",
]

ITEMS = [
    "fruit_juice", "apple_juice", "orange_juice", "sports_drink", "coffee",
    "milk", "mineral_water", "sparkling_water", "soy_milk", "beer",
]

ITEM_PRICES = {
    "fruit_juice": 150,
    "apple_juice": 120,
    "orange_juice": 120,
    "sports_drink": 130,
```

```python
    "coffee": 200,
    "milk": 130,
    "mineral_water": 100,
    "sparkling_water": 120,
    "soy_milk": 120,
    "beer": 200,
}

# 주는 1주부터 53주 중 하나가 된다.
WEEKS = [i for i in range(1, 54, 1)]

# 월은 1월부터 12월 중 하나가 된다.
MONTHS = [i for i in range(1, 13, 1)]

# 연은 2017년 이후가 된다. 2030년까지 준비한다.
YEARS = [i for i in range(2017, 2031, 1)]

# 요일은 월, 화, 수, 목, 금, 토, 일을 준비한다.
DAYS_OF_WEEK = ["MON", "TUE", "WED", "THU", "FRI", "SAT", "SUN"]

BASE_SCHEMA = DataFrameSchema(
    columns={
        "date": Column(datetime),
        "year": Column(int, required=False),
        "day_of_week": Column(
            str,
            checks=Check.isin(DAYS_OF_WEEK)
        ),
        "week_of_year": Column(int, checks=Check.isin(WEEKS)),
        "store": Column(str, checks=Check.isin(STORES)),
        "item": Column(str, checks=Check.isin(ITEMS)),
        "item_price": Column(
            int,
            checks=Check.greater_than_or_equal_to(0)
        ),
        "sales": Column(
            int,
            checks=Check.greater_than_or_equal_to(0)
        ),
        "total_sales_amount": Column(
            int,
            checks=Check.greater_than_or_equal_to(0)),
    },
```

```
        index=Index(int),
        strict=True,
        coerce=True,
)
```

계속해서 팬더스 DataFrame에서 CSV 파일을 읽고, pandera에서 데이터를 검증합니다
(예제 2.2).

예제 2.2 데이터 취득

```
# https://github.com/moseskim/building-ml-system/blob/develop/chapter2_demand_
forecasting_with_ml/stage0/ml/src/jobs/retrieve.py

from datetime import date
from typing Optional

import pandas as pd
from src.dataset.data_manager import load_df_from_csv
from src.dataset.schema BASE_SCHEMA


class DataRetriever(object):
    def __init__(self):
        pass

    def retrieve_dataset(
        self,
        file_path: str,
        date_from: Optional[date] = None,
        date_to: Optional[date] = None,
        item: str = "ALL",
        store: str = "ALL",
    ) -> pd.DataFrame:
        logger.info("start retrieve data")
        raw_df = load_df_from_csv(file_path=file_path)
        raw_df["date"] = pd.to_datetime(raw_df["date"]).dt.date
        if date_from is not None:
            raw_df = raw_df[raw_df.date >= date_from]
        if date_to is not None:
            raw_df = raw_df[raw_df.date <= date_to]
        if item is not None and item != "ALL":
            raw_df = raw_df[raw_df.item == item]
```

```
        if store is not None and store != "ALL":
            raw_df = raw_df[raw_df.store == store]

    raw_df = BASE_SCHEMA.validate(raw_df)
    return raw_df
```

raw_df = BASE_SCHEMA.validate(raw_df)가 pandera를 사용한 데이터 검증 부분입니다. 데이터가 BASE_SCHEMA 형식을 따른다면 에러 없이 처리됩니다. 하지만 BASE_SCHEMA 형식을 위반하면 에러가 발생하고 처리가 중지됩니다. 데이터를 검증함으로써, 후공정에서 잘못된 데이터로 실행하는 것을 방지할 수 있습니다.

이것으로 일 단위 판매 데이터를 읽었습니다. 여기에서는 주 단위의 식료품 판매량을 예측하는 것이 과제입니다. 일 단위 데이터를 주 단위 데이터로 모으도록 수정합니다. 여기에서도 pandera를 사용해서 데이터가 올바르게 변환되는 것을 보증합니다. pandera의 정의는 **예제 2.3**과 같습니다.

예제 2.3 **주 단위 데이터의 스키마**

```
# https://github.com/moseskim/building-ml-system/blob/develop/chapter2_demand_
forecasting_with_ml/stage0/ml/src/dataset/schema.py

from pandera import Check, Column, DataFrameSchema, Index

WEEKLY_SCHEMA = DataFrameSchema(
    columns={
        "year": Column(int),
        "week_of_year": Column(int, checks=Check.isin(WEEKS)),
        "month": Column(int, checks=Check.isin(MONTHS)),
        "store": Column(str, checks=Check.isin(STORES)),
        "item": Column(str, checks=Check.isin(ITEMS)),
        "item_price": Column(
            int,
            checks=Check.greater_than_or_equal_to(0)
        ),
        "sales": Column(
            int,
            checks=Check.greater_than_or_equal_to(0)
        ),
```

```
            "total_sales_amount": Column(
                int,
                checks=Check.greater_than_or_equal_to(0)
            ),
            "sales_lag_.*": Column(
                float,
                checks=Check.greater_than_or_equal_to(0),
                nullable=True,
                regex=True
            ),
        },
        index=Index(int),
        strict=True,
        coerce=True,
)
```

일 단위 데이터로 기록한 팬더스 DataFrame을 주 단위 데이터로 모읍니다(예제 2.4).

예제 2.4 전처리

```
# https://github.com/moseskim/building-ml-system/blob/develop/chapter2_demand_
forecasting_with_ml/stage0/ml/src/models/preprocess.py

import numpu as np
import pandas as pd
from src.dataset.schema import BASE_SCHEMA, WEEKLY_SCHEMA

class DataPreprocessPipeline(BasePreprocessPipeline):
    def __init__(self):
        # 인스턴스 변수는 일부 생략
        pass

    def preprocess(
        self,
        x: pd.DataFrame,
        y=None,
    ) -> pd.DataFrame:
        x = BASE_SCHEMA.validate(x)
        x["year"] = x.date.dt.year
        x["month"] = x.date.dt.month
        weekly_df = (
            x.groupby(["year", "week_of_year", "store", "item"])
```

```
        .agg(
            {
                "month": np.mean,
                "item_price": np.mean,
                "sales": np.sum,
                "total_sales_amount": np.sum,
            }
        )
        .astype(
            {
                "month": int,
                "item_price": int,
                "sales": int,
                "total_sales_amount": int,
            }
        )
    )
    weekly_df = weekly_df.reset_index(
        level=["year", "week_of_year", "store", "item"]
    )
    weekly_df = weekly_df.sort_values(
        ["year", "month", "week_of_year", "store", "item"]
    )
    for i in range(2, 54, 1):
        # 2주 전부터의 판매 실적 랙 데이터 작성
        weekly_df[f"sales_lag_{i}"] = (
            weekly_df
            .groupby(["store", "item"])["sales"]
            .shift(i)
        )
    weekly_df = WEEKLY_SCHEMA.validate(weekly_df)
    return weekly_df
```

여기에서는 DataPreprocessPipeline 클래스를 정의하고 수요 예측 모델의 전처리를 DataPreprocessPipleline 클래스의 함수로 정의합니다. 일 단위 데이터는 주 단위로 모읍니다. 이때 연월일 데이터를 연, 월, 주로 재정의했습니다.

여기에서 과거 판매 실적 데이터의 랙 데이터도 작성합니다. 랙 데이터lag data란 xx일 전 또는 yy주 전의 실적을 특징량으로 한 것입니다. 예를 들어 2021년 1월 25일 주의 수요 예측을 하는 경우 2021년 1월 11일 주(2021년 1월 11일(월)부터 2021년 1월 17일(일)까지)의 판매 실적이나, 1년 전인 2020년 1월 25일 부근의 판매 실적과 상관관계가 높을 가능성이 많습니다. 이런 데이터를 학습 데이터에 포함하기 위해 **그림 2.6**과 같이 2주 전부터 1주씩 슬라이드한 판매 실적을 특징량으로 추가합니다.

year	week_of_year	sales	sales_lag_2 2주 전의 sales	ales_lag_3 3주 전의 sales	sales_lag_4 4주 전의 sales	sales_lag_5 5주 전의 sales	...	sales_lag_53 53주 전의 sales
2020	1	226		1년 전의 판매량을 학습 데이터로 한다.				
2020	2	334						
...	...	...	...	...			...	
2021	1	314		2주, 3주, 4주, 5주 전의 판매량을 학습 데이터로 한다.			...	226
2021	2	280					...	334
2021	3	297	314				...	
2021	4	276	280	314			...	
2021	5	369	297	280	314		...	
2021	6	350	276	297	280	314	...	

그림 2.6 **1주씩 슬라이드한 판매 실적을 특징량으로 추가**

프로그램 안에서 데이터를 2주 전부터 슬라이드하는 것은, 실제 추론 시에 사용할 수 있는 최신 판매 실적 데이터가 2주 전의 것이기 때문입니다. 자세한 내용은 뒤에서 설명하겠지만, 판매 실적 데이터와 같은 시계열 데이터에서는 항상 최신 데이터를 얻을 수 있다고 단정할 수 없습니다. AI 매장에서는 판매 실적 집계와 발주 스케줄링의 관계상 머신러닝에서 사용할 수 있는 데이터는 2주 이상 전의 것이 됩니다.

> **시계열 데이터는 무작위로 분할해서는 안 됩니다!** 2021년 1월의 1번째 주부터 3주째까지의 데이터로 학습해 같은 달의 4주째의 판매 실적을 추론하는 경우, 추론 시점에는 4번째 주의 판매 실적은 알 수가 없습니다. 머신러닝의 평가 또한 같은 상황에서 실시해야 합니다. 즉 2021년 1월 1주차부터 같은 달 3주차까지의 데이터를 분할해서 학습 데이터와 테스트 데이터를 만드는 경우, 1주차부터 2주차를 학습 데이터로 하고, 3주차를 테스트 데이터로 함으로써 1, 2주의 시점에서는 알 수 없는 3주차의 판매 실적을 추론하고 평가할 수 있게 됩니다. 그에 반해, 1주차부터 3주차까지의 데이터를 무작위로 분할하면, 본래는 알 수 없는 3주차의 데이터를 포함해 학습 및 평가하게 됩니다. 이렇게 원래 학습 데이터와 평가 데이터가 뒤섞인 상태를 데이터 누수(data leakage)라고 부릅니다.

얻은 데이터의 정형을 완료했습니다. 다음은 데이터 분할과 전처리입니다. 머신러닝에서는 데이터를 학습 데이터와 테스트 데이터로 나누어 모델을 개발합니다. 이번과 같은 시계열 데이터에서는 학습 데이터와 테스트 데이터를 시간으로 구분합니다.

이 데이터들을 사용해서 모델을 개발하고 평가합니다.

전처리에는 사이킷런scikit-learn의 ColumnTransformer를 사용합니다. ColumnTransformer는 컬럼에 맞춰 전처리를 개별적으로 사이킷런의 파이프라인Pipeline으로 정의하고 이를 모은 클래스입니다. ColumnTransformer를 사용하면 다른 매장, 지역, 상품명, 상품 가격, 판매 연, 판매 월, 판매 주, 과거 판매 실적 데이터의 전처리를 하나의 파이프라인 처리로 모을 수 있습니다. 개별적으로 기술하는 것이 간단하다고 생각할지도 모르지만, ColumnTransformer로 모음으로써 뒤에서 전처리를 사용할 때 하나의 함수만 호출하면 전처리를 완결할 수 있게 됩니다. 전처리 파이프라인 구현은 앞에서 설명한 DataPreprocessPipeline 클래스의 함수로 정의합니다(예제 2.5).

예제 2.5 **전처리 계속**

```python
# https://github.com/moseskim/building-ml-system/blob/develop/chapter2_demand_
forecasting_with_ml/stage0/ml/src/models/preprocess.py

from sklearn.compose import ColumnTransformer
from sklearn.imput import SimpleImputer
from sklearn.pipeline import Pipeline
from sklearn.preprocessing import (
    FunctionTransformer,
    MinMaxScaler,
    OneHotEncoder
)

    def define_pipeline(self):
        week_of_year_ohe = OneHotEncoder().fit([[i] for i in WEEKS])
        month_ohe = OneHotEncoder().fit([[i] for i in MONTHS])
        year_ohe = OneHotEncoder().fit([[i] for i in YEARS])

        base_pipeline = Pipeline([("simple_imputer", SimpleImputer())])
        lag_pipeline = Pipeline([("simple_imputer", SimpleImputer())])
```

```python
numerical_pipeline = Pipeline(
    [
        ("simple_imputer", SimpleImputer()),
        ("scaler", MinMaxScaler()),
    ]
)
categorical_pipeline = Pipeline(
    [
        ("simple_imputer", SimpleImputer()),
        ("one_hot_encoder", OneHotEncoder()),
    ]
)
week_of_year_pipeline = Pipeline(
    [
        ("simple_imputer", SimpleImputer()),
        (
            "one_hot_encoder",
            FunctionTransformer(week_of_year_ohe.transform)
        ),
    ]
)
month_pipeline = Pipeline(
    [
        ("simple_imputer", SimpleImputer()),
        (
            "one_hot_encoder",
            FunctionTransformer(month_ohe.transform)
        ),
    ]
)
year_pipeline = Pipeline(
    [
        ("simple_imputer", SimpleImputer()),
        (
            "one_hot_encoder",
            FunctionTransformer(year_ohe.transform)
        ),
    ]
)

pipeline = ColumnTransformer(
    [
        ("bare", base_pipeline, self.bare_columns),
```

```
        ("lag", lag_pipeline, self.lag_columns),
        ("numerical", numerical_pipeline, ["item_price"]),
        ("categorical", categorical_pipeline, ["store", "item"]),
        ("week_of_year", week_of_year_pipeline, ["week_of_year"]),
        ("month", month_pipeline, ["month"]),
        ("year", year_pipeline, ["year"]),
    ],
)
```

ColumnTransformer 클래스에서 정의한 파이프라인을 이미지로 출력해서 확인할 수 있습니다. 이번에 정의한 전처리 파이프라인은 **그림 2.7**과 같은 구조를 갖습니다.

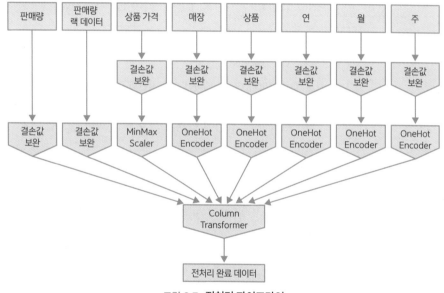

그림 2.7 **전처리 파이프라인**

계속해서 학습 데이터와 테스트 데이터를 분할합니다.

시계열 데이터를 다룰 때 주의할 점은 추론 시에 최신 데이터(예: 어제까지의 실적 데이터 등)를 얻을 수 있다고 단정할 수 없다는 것입니다. 앞서 설명한 것처럼 AI 상점에서는 특정 주의 식료품 판매를 다음 주 월요일에 집계합니다. 식료품의 발주로부터 각 매장에 도달할 때까지의 리드 타임은 모든 식료품이 5일로 같습니다. 따라서 2021년 1월 25일(월) 주의 수요를 예측하고 싶다면, 같은 1월 25일(월)에 식료품을 받기 위해서는 5일 전인 1월 20일(수)까지 식료품의 개수를 결정해 제조사에 발주해야 하며, 1월 20일(수) 시점에서 사용할 수 있는 데이터는 1월 18일(월)에 집계한 1월 17일(일)까지의 데이터가 됩니다. 요약하면, 1월 25일 주의 수요는 1월 20일을 기한으로, 1월 17일까지의 데이터를 사용해서 예측해야만 합니다(**그림 2.8**).

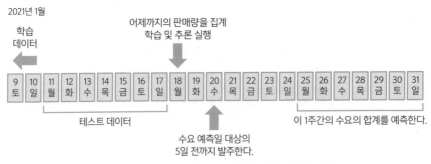

그림 2.8 학습 데이터, 테스트 데이터, 예측 시간의 관계

이 상황을 학습 데이터와 테스트 데이터 작성에 반영하면 다음 로직이 필요합니다.

- 학습 데이터, 테스트 데이터 모두 랙 데이터를 2주 전으로 한다. 1주일 전의 데이터는 랙 데이터에 넣지 않는다. 즉 2021년 1월 25일(월) 주의 랙 데이터에는 1월 11일(월) 주까지의 실적을 넣는다. 1월 18일(월)의 실적은 필요하지 않다.

- 학습 데이터와 테스트 데이터 사이에는 1주간의 간격을 넣는다. 즉 학습 데이터를 2017년 1월 1일(월)부터 2021년 1월 4일(월)까지로 하는 경우, 테스트 데이터는 1월 11일(월)부터 1월 17일(일)까지가 된다.

랙 데이터는 추론 시 실제로 사용하는 데이터를 대상으로 해야 합니다. 이것은 **2.3.1절**에서 설명한 '추론 시에 사용할 수 있는' 조건이 됩니다. 마찬가지로, 학습 데이터는 추론 시에 사용 가능한 기간의 데이터를 대상으로 합니다. 학습한 모델은 평가를 위해 학습 마지막 주부터 1주일 간격이 떨어진 주의 데이터를 추론합니다. 이 상황을 재현하지 않고, 시계열 데이터를 2021년 1월 24일 이전과 같은 해의 1월 25일 이후로 분할하게 되면, 실제로는 사용할 수 없는 데이터가 만들어지고 과제 설정을 무시한 모델이 만들어집니다. 시계열 데이터에서 미래를 예측하는 과제에서는 입수할 수 있는 데이터를 재현한 상태에서 머신러닝 모델을 개발해야 합니다.

이 로직을 반영해 데이터와 테스트 데이터를 분할합니다. 작성한 주차 데이터 중, 2017년 첫 번째 주부터 2021년 1월 4일(월) 주까지를 학습 데이터로, 2021년 1월 11(월) 주를 테스트 데이터로 합니다. 사용할 데이터의 범위는 Hydra라는 파라미터 관리 라이브러리로 정의합니다. Hydra에서는 YAML 형식으로 여러 파라미터를 정의하고, 파이썬에서는 YAML 파일을 읽어서 파라미터를 사용할 수 있습니다. Hydra에서 정의한 데이터의 파라미터는 **예제 2.6**과 같이 됩니다.

예제 2.6 파라미터를 사용한 데이터 기간 설정

```
# https://github.com/moseskim/building-ml-system/blob/develop/chapter2_demand_
forecasting_with_ml/stage0/ml/hydra/2021_04.yaml

name: beverage_sales_forecasting
jobs:
  data:
    source: local
    path: /opt/data/data/item_sales_records_train_2021_04.csv
    target_data:
      date_from: 2017-01-01
      date_to: 2021-01-18
      item: ALL
      store: ALL
      region: ALL
    train:
      year: 2017
      week: 1
    test:
      year: 2021
      week: 2
    predict:
      year: 2021
      week: 4
      items: ALL
      stores: ALL
```

2017년 1월 1일부터 2021년 1월 18일까지의 데이터를 얻고, 학습 데이터 시작 주는 2017년 첫 번째 주로 합니다. 학습 데이터의 마지막 주는 테스트 데이터의 2주 전까지 되도록 프로그램을 구현합니다. 테스트 데이터는 2021년 2번째 주(2021년 1월 11일부터 2021년 1월 17일까지)로 합니다(즉 학습 데이터의 마지막 주는 2020년 53번째 주, 마지막 날짜는 2021년 1월 3일이 됩니다). **2.3.6절**에서 사용한 추론 대상 데이터는 2021년 4번째 주(2021년 1월 25일 주)로 지정합니다.

이것으로 데이터 전처리를 완료했습니다. 학습 데이터와 테스트 데이터를 준비했으므로 모델을 개발하고 평가합니다.

2.3.5 학습

지금까지 머신러닝에서 사용할 데이터 결정, 데이터 수집, 전처리, 학습 데이터와 테스트 데이터 분할을 수행했습니다. 계속해서 학습 데이터를 사용해 수요 예측 모델을 학습하고, 테스트 데이터로 모델을 평가합니다.

학습을 위해서는 알고리즘과 라이브러리를 선정해야 합니다. 시계열 데이터의 회귀 모델이 되므로, 주요한 선택지는 다음과 같습니다.

- 선형 회귀 또는 다중 회귀
- 랜덤 포레스트 회귀나 경사 부스팅gradient boosting 결정 트리 등, 트리 구조의 회귀
- 뉴럴 네트워크를 활용한 회귀

이 알고리즘은 사이킷런, Prophet, LightGBM, 텐서플로TensorFlow, 파이토치PyTorch 등의 라이브러리로 구현할 수 있습니다. 모든 라이브러리는 파이썬에서 사용할 수 있습니다. 이 알고리즘들은 각각 학습을 위한 하이퍼파라미터(학습률이나 트리의 깊이 등의 설정값)들을 제공합니다. 모든 알고리즘과 파라미터를 테스트하는 데는 시간이 걸리므로, 먼저 범용적으로 쉽게 사용할 수 있는 알고리즘과 파라미터를 선택해서 테스트하는 것이 좋습니다. 여기에서는 트리 구조의 회귀 중 하나인 LightGBM 회귀를 선택합니다.

파이썬으로 모델을 개발한다면, 앞에서 설명한 전처리는 사이킷런의 파이프라인으로 모아서 기술한 뒤 Pickle이나 ONNX 형식으로 저장하면, 학습 시와 추론 시 동일한 전처리를 실행할 수 있습니다. 학습과 추론에서 프로그램을 수정하는 것은 버그 발생의 원인이 되는 경우가 많으므로, 가능하면 공통화하는 것이 좋습니다. 전처리 완료 데이터에 대한 학습에서는 선택한 라이브러리로 학습 프로그램과 평가 프로그램을 구현해 평가 결과를 비교합니다.

학습 진행 순서는 다음과 같습니다.

1. 학습 성공의 정의에서 허용 가능한 오차를 결정한다.
2. 각 모델을 라이브러리 표준의 하이퍼파라미터로 학습하고 평가한다.
3. 표준 하이퍼파라미터에서 허용 가능한 오차보다 낮다면, 모델 개발은 종료하고 각 모델 중에서 가장 평가가 좋은 모델을 실용화한다.
4. 허용 가능한 오차보다 높다면, 각 모델의 주요 하이퍼파라미터를 조정해 개선된 모델로 평가한다.
5. 허용 가능한 오차보다 낮아질 때까지 2, 3, 4를 반복한다.
6. 허용 가능한 오차보다 낮아지지 못하면, 다른 라이브러리나 모델을 시도한다. 2로 돌아간다.

머신러닝에서 어떤 모델이 좋은 결과를 내는지 알기 위해서는 실험을 해야 합니다. 그리고 실험의 성패 여부를 평가하기 위해서는 성공한 상태를 정의하고, 그 상태를 목표로 실험을 반복해야 합니다. 머신러닝이 편리하다고 해서, 목적도 없이 마구잡이로 실행하는 것은 악수입니다. 평가 함수를 포함해 실용화 가능한 성공 조건을 정의합니다.

성공 정의는 다음과 같습니다.

1. 2017년 1월 1일(일)부터 2021년 1월 3일(일)까지의 데이터를 사용해서 학습하고, 2021년 1월 25일 주(동년 1월 25일부터 1월 31일까지 2021년 4번째 주)의 모든 매장, 모든 식료품의 실적에 대한 추론값의 RMSE가 50 이하가 된다.

2. 같은 기간에 각 매장의 각 식료품에 대해 실적값과 추론값의 오차를 평가하고, 차이(실적값 − 추론값)가 −50 이상(초과 발주), +30 이하(품절)에 수렴한다.

평가에서는 크게 벗어난 값에 페널티를 부여할 것이므로, 평균 제곱근 오차root mean squared error, RMSE를 사용합니다. 이와 함께 각 추론에 관해 실적과 추론의 차이(실적값 − 추론값)를 평가합니다. 식료품의 수요 예측에 따라 발주 수를 결정하므로, 마이너스 방향의 차이와 플러스 방향의 차이가 갖는 의미가 다릅니다. 마이너스 방향으로 차이가 큰(실적값 < 추론값) 경우에는 초과 발주가 되어 재고를 떠안을 가능성이 있습니다. 반대로 플러스 방향으로 차이가 큰(실적값 > 추론값) 경우에는 품절될 위험이 있습니다. 모든 매장과 모든 식료품을 평균을 냈을 때 오차가 적은(RMSE가 낮은) 경우에도, 특정 매장이나 식료품만 마이너스 방향 또는 플러스 방향의 큰 차이가 발생할 가능성이 있습니다. 이 리스크를 평가함으로써 추론값을 모든 매장과 식료품에 대해 사용할 수 있는지 판단합니다.

RMSE 50 이하, 차이 −50 이상, +30 이하라는 목표는 매장이나 식료품에 따라서는 큰 값이 됩니다. 긴자점처럼 평균적으로 판매량이 높은 매장, 미네랄 워터처럼 모든 매장에서 판매량이 높은 식료품의 경우에는 이 정도의 차이는 비교적 미세한 차이일 수도 있습니다. 반대로 평균적으로 판매량이 적은 모리오카점에서는 큰 차이가 됩니다. 머신러닝을 사용하기 전부터 평갓값을 고정해도, 그 값에 타당성이 있는가에 대한 신뢰성이 낮을지도 모릅니다. 하지만 비즈니스적 목표를 결정하지 않고 머신러닝을 활용하게 되면, 본래의 비즈니스적 성패를 판별할 수 없습니다. 이 값은 실적과 대조하면서 이후 수정하겠지만, 넘어야 하는 목표로 설정합니다.

이제 모델을 개발합니다. 모델은 LightGBM의 LGBMRegressor로 구현합니다. LightGBM의 파라미터는 Hydra라는 파라미터 관리 라이브러리로 정의하고, 파이썬의 LightGBM 라이브러리로 파라미터를 읽는 형태로 개발합니다(예제 2.7).

예제 2.7 파라미터

```
# https://github.com/moseskim/building-ml-system/blob/develop/chapter2_demand_
forecasting_with_ml/stage0/ml/hydra/2021_04.yaml

name: beverage_sales_forecasting
jobs:
  # 중략
name: beverage_sales_forecasting
jobs:
  # 중략

  model:
    name: light_gbm_regression
    params:
      task: "train"
      boosting: "gbdt"
      objective: "regression"
      num_leaves: 3
      learning_rate: 0.05
      feature_fraction: 0.5
      max_depth: -1
      num_iterations: 1000000
      num_threads: 0
      seed: 1234
      early_stopping_rounds: 200
      eval_metrics: mse
      verbose_eval: 1000
```

이 파라미터들은 LightGBM 모델의 하이퍼파라미터가 됩니다.

수요 예측 모델 프로그램에서는 베이스 클래스가 되는 BaseDemandForecastingModel 클래스를 정의하고, BaseDemandForecastingModel 클래스를 상속한 LightGBMRegressi onDemandForecasting 클래스를 작성합니다. 베이스 클래스를 정의함으로써 LightGBM 이외의 모델을 개발할 때와 같은 인터페이스를 구현해서 사용할 수 있도록 제한합니다. 다양한 라이브러리로 여러 모델을 개발하다 보면, 어떤 모델에서는 작동하는 프로그램 이 다른 모델에서는 작동하지 않는 상황이 자주 발생합니다. 그런 상황을 피해 모델 클 래스의 사용 방법을 공통화하기 위해 베이스 클래스를 상속해서 개발합니다(예제 2.8).

예제 2.8 **LGBMRegressor를 사용한 회귀 모델**

```python
# https://github.com/moseskim/building-ml-system/blob/develop/chapter2_demand_
forecasting_with_ml/stage0/ml/src/models/base_model.py

from abc import ABC, abstractmethod
from typing import Dict, Optional

import pandas as pd

# 베이스 클래스
class BaseDemandForecastingModel(ABC):
    def __init__(self):
        self.name: str = "base_beverage_sales_forecasting"
        self.params: Dict = {}
        self.model = None

    # 모델 초기화
    @abstractmethod
    def reset_model(
        self,
        params: Optional[Dict] = None,
    ):
        raise NotImplementedError

    # 학습
    @abstractmethod
    def train(
        self,
        x_train: Union[np.ndarray, pd.DataFrame],
        y_train: Union[np.ndarray, pd.DataFrame],
        x_test: Optional[Union[np.ndarray, pd.DataFrame]] = None,
        y_test: Optional[Union[np.ndarray, pd.DataFrame]] = None,
    ):
        raise NotImplementedError

    # 추론
    @abstractmethod
    def predict(
        self,
        x: Union[np.ndarray, pd.DataFrame],
    ) -> Union[np.ndarray, pd.DataFrame]:
        raise NotImplementedError
```

```python
    @abstractmethod
    def save(
        self,
        file_path: str,
    ):
        raise NotImplementedError

    @abstractmethod
    def load(
        self,
        file_path: str,
    ):
        raise NotImplementedError


# https://github.com/moseskim/building-ml-system/blob/develop/chapter2_demand_
forecasting_with_ml/stage0/ml/src/models/light_gbm_regression.py

class LightGBMRegressionDemandForecasting(BaseDemandForecastingModel):
    def __init__(
        self,
        params: Dict = LGB_REGRESSION_DEFAULT_PARAMS,
        early_stopping_rounds: int = 200,
        eval_metrics: Union[str, List[str]] = "mse",
        verbose_eval: int = 1000,
    ):
        self.name = "light_gbm_regression"
        self.params = params
        self.early_stopping_rounds = early_stopping_rounds
        self.eval_metrics = eval_metrics
        self.verbose_eval = verbose_eval

        self.model: LGBMRegressor = None
        self.reset_model(params=self.params)
        self.column_length: int = 0

    def reset_model(
        self,
        params: Optional[Dict] = None,
    ):
        if params is not None:
            self.params = params
        logger.info(f"params: {self.params}")
```

```
        self.model = LGBMRegressor(**self.params)
        logger.info(f"initialized model: {self.model}")

    def train(
        self,
        x_train: Union[np.ndarray, pd.DataFrame],
        y_train: Union[np.ndarray, pd.DataFrame],
        x_test: Optional[Union[np.ndarray, pd.DataFrame]] = None,
        y_test: Optional[Union[np.ndarray, pd.DataFrame]] = None,
    ):
        logger.info(f"start train for model: {self.model}")
        eval_set = [(x_train, y_train)]
        if x_test is not None and y_test is not None:
            eval_set.append((x_test, y_test))
        self.model.fit(
            X=x_train,
            y=y_train,
            eval_set=eval_set,
            early_stopping_rounds=self.early_stopping_rounds,
            eval_metric=self.eval_metrics,
            verbose=self.verbose_eval,
        )

    def predict(
        self,
        x: Union[np.ndarray, pd.DataFrame],
    ) -> Union[np.ndarray, pd.DataFrame]:
        predictions = self.model.predict(x)
        return predictions
```

BaseDemandForecatingModel 클래스에서는 학습에 train 함수, 추론에 predict 함수를
사용합니다.

테스트 데이터는 2021년 2번째 주의 데이터를 사용하며, 그 안에는 각 매장과 각 식료
품의 데이터가 포함되어 있습니다. 평가는 각 매장의 각 식료품에 대해 각각 계산합니
다. 모든 매장, 모든 식료품을 모아서 평가할 수도 있지만, 그렇게 하면 특정 매장이나
식료품의 이상값을 검출하기 어려워집니다. 평가에서는 각 매장의 각 식료품 단위로 평
균 제곱근 오차, 실적 – 추론의 차이를 계산하고 성공 정의와 비교하면서 허용 불가능

한 매장의 식료품을 검출합니다. 학습 평가 시에 성공 정의에 맞지 않는 매장의 식료품에서는 학습 완료 모델의 추론은 사용하기 어려운 것으로 보고, 매장에는 주의해야 할 추론값으로 전개하게 됩니다.

대부분의 매장과 식료품에서 성공 조건을 벗어나는 경우에는 하이퍼파라미터나 모델을 다시 선정합니다.

이제 평가 결과를 확인해봅니다. 먼저 모든 매장의 모든 식료품에 대한 RMSE입니다. 결과는 42.63입니다. 크게 벗어나 있지만, 성공 조건의 범위 안의 값입니다.

각 매장의 각 식료품의 차이는 어떻습니까? 차이 −50부터 +30 사이에 포함되지 않는 추론은 표 2.5가 됩니다. 초과 발주(마이너스가 큰)는 모리오카와 지바의 식료품뿐이나, 품절은 많은 매장과 식료품에서 발생하는 것을 알 수 있습니다. 이 원인은 식료품의 판매량이 한 해 동안 점증漸增하는 경향이 있으며, 과거 같은 기간의 판매량보다 많이 팔렸기 때문입니다.

표 2.5 **차이 −40부터 +20 사이에 수렴하지 않는 추론**

매장명	식료품	실적	추론	차이(실적−추론)
지바	미네랄 워터	300.0	359.270308	−59.270308
모리오카	맥주	74.0	128.812847	−54.812847
모리오카	과일 주스	63.0	128.812847	−65.812847
모리오카	탄산수	70.0	128.812847	−58.812847
지바	커피	325.0	271.908843	53.091157
지바	우유	396.0	306.114857	89.885143
지바	두유	231.0	157.980720	73.019280
긴자	맥주	214.0	170.175565	43.824435
긴자	커피	539.0	453.359060	85.640940
긴자	우유	567.0	514.515468	52.484532
긴자	미네랄 워터	628.0	581.372987	46.627013
긴자	두유	310.0	244.734279	65.265721
긴자	스포츠 드링크	387.0	344.468121	42.531879

표 2.5 차이 −40부터 +20 사이에 수렴하지 않는 추론 (계속)

매장명	식료품	실적	추론	차이(실적−추론)
고베	커피	338.0	306.114857	31.885143
고베	우유	383.0	331.153442	51.846558
고베	두유	230.0	153.428153	76.571847
나고야	커피	388.0	328.239906	59.760095
나고야	우유	448.0	369.595400	78.404600
나고야	스포츠 드링크	286.0	252.340930	33.659070
오사카	커피	505.0	414.722941	90.277059
오사카	우유	532.0	445.398713	86.601287
오사카	미네랄 워터	572.0	519.273664	52.726336
오사카	두유	296.0	219.679974	76.320026
센다이	커피	337.0	281.085082	55.914918
센다이	우유	368.0	322.497923	45.502077
신주쿠	맥주	220.0	184.468846	35.531154
신주쿠	커피	535.0	492.072888	42.927112
신주쿠	우유	610.0	514.515468	95.484532
신주쿠	두유	332.0	263.203193	68.796807
신주쿠	스포츠 드링크	383.0	323.221831	59.778169
우에노	커피	480.0	408.164055	71.835945
우에노	우유	519.0	453.762209	65.237791
요코하마	커피	471.0	351.616255	119.383745
요코하마	우유	502.0	426.726021	75.273979
요코하마	미네랄 워터	523.0	488.315785	34.684215
요코하마	두유	278.0	208.777461	69.222539

이에 대한 대책으로는 하이퍼파라미터나 모델을 바꾸는 것을 고려할 수 있습니다. 하지만 그 전에 이 상태에서 개선할 수는 없는지 검토해봅니다. 크게 벗어나 있는 매장은 주로 긴자, 오사카, 신주쿠, 요코하마이며, 식료품도 우유, 두유, 커피에 치우쳐 있습니다. 잘못된 추론 지원 패턴으로 일부 수치를 수정할 수 없는지 검토해봅니다.

표 2.5에 비추어 다음과 같이 변경한 뒤, 다시 평가해봅니다.

- 모리오카점의 각 식료품을 20개씩 줄인다.
- 긴자점의 각 식료품을 25개씩 추가한다.
- 신주쿠점의 각 식료품을 30개씩 추가한다.
- 요코하마점의 각 식료품을 20개씩 추가한다.
- 오사카점의 각 식료품을 30개씩 추가한다.
- 각 매장의 우유를 40개씩 추가한다.
- 각 매장의 두유를 20개씩 추가한다.
- 각 매장의 커피를 30개씩 추가한다.

변경 후의 RMSE는 27.05, 각 매장의 각 식료품의 큰 차이는 **표 2.6**과 같습니다.

표 2.6 **각 매장의 각 식료품의 큰 차이**

매장명	식료품	실적	추론	차이(실적−추론)
지바	미네랄 워터	300.0	359.270308	−59.270308
긴자	사과 주스	280.0	337.438528	−57.438528
오사카	사과 주스	275.0	328.586376	−53.586376
지바	우유	396.0	346.114857	49.885143
지바	두유	231.0	177.980720	53.019280
긴자	커피	539.0	508.359060	30.640940
고베	두유	230.0	173.428153	56.571847
모리오카	스포츠 드링크	170.0	135.314289	34.685711
나고야	우유	448.0	409.595400	38.404600
나고야	스포츠 드링크	286.0	252.340930	33.659070
오사카	커피	505.0	474.722941	30.277059
우에노	커피	480.0	438.165055	41.834945
요코하마	커피	471.0	401.616255	69.383745

아직 차이가 큰 상품은 있지만 처음 추론보다 개선되었음을 알 수 있습니다. 이 상태에서 실용화해봅니다.

2.3.6 추론 활용과 평가

이것으로 데이터를 준비하고 모델을 학습하고, 평가할 수 있게 되었습니다. 머신러닝의 추론값을 실용화하는 순서에 관해 생각해봅니다. 머신러닝을 실용화하는 첫 번째 주는 2021년 1월 25일 주로 합니다. 현재는 같은 해 1월 12일이며, 같은 해 1월 11일까지의 데이터를 입력할 수 있는 상태라고 가정합니다.

과거의 실적 데이터를 사용해서 수요 예측을 실시하는 순서는 다음과 같습니다(**그림 2.9**).

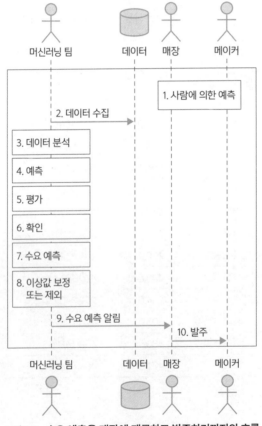

그림 2.9 **수요 예측을 매장에 제공하고 발주하기까지의 흐름**

1. 각 매장이 지금까지와 마찬가지로 1월 25일 주의 수요를 사람이 예측한다.

2. 2017년 1월 1일부터 2021년 1월 17일까지의 데이터를 수집한다.

3. 수집한 데이터 중 2017년 1월 1일부터 2021년 1월 3일까지의 데이터를 학습 데이터로 하고, 2021년 1월 11일부터 2021년 1월 17일까지의 데이터를 테스트 데이터로 한다.

4. 학습 데이터로 전처리 및 학습을 수행한다. 학습 시의 하이퍼파라미터를 저장해둔다.

5. 테스트 데이터로 전처리 및 평가를 한다.

6. **2.3.4절**에서 결정한 성공의 정의를 따라 평가하고, 실용화가 가능한 것을 확인한다. 필요에 따라 추론을 조절한다. 실용화가 불가능한 매장이나 식료품을 결정한다.

7. 학습한 데이터로 2021년 1월 25일 주의 각 매장, 각 식료품 수요를 예측한다.

8. 예측 결과를 확인하고 지금까지의 실적으로부터 크게 벗어난 추론이 존재하지 않음을 확인한다. 벗어난 값을 조정하거나 제외한다.

9. 추론 결과를 각 매장에 통지한다.

10. 각 매장에서 추론값이 납득할 수 있는지 확인하고, 납득할 수 있다면 추론값에 따라 메이커에 발주한다. 납득 가능하지 않다면 1에서 작성한 예측값으로 발주한다.

여기에서 중요한 것은 머신러닝 추론기와 사람의 예측을 비교해서 필요 여부를 판단하는 것입니다. 머신러닝으로 아무리 좋은 모델을 만들었다고 해도 사람의 예측이 정확하다면, 사람이 계속 예측하는 편이 이득일 것입니다. 또한 각 매장의 점장이나 종업원이 머신러닝의 사용을 납득하는 것 역시 중요합니다. 이해관계자가 납득하지 못하는데 일방적으로 머신러닝을 사용하도록 강제함에 따라, 점원의 동기 저하나 책임감 결여(주문이 잘못되어도 자신은 잘못이 없다고 생각) 같은 부정적 상태로 이어지는 것을 피해야 합니다. 머신러닝의 유용성을 실적과 감정이라는 측면에서 모두 증명해야 합니다.

2021년 1월 25일 주의 추론은 판매 실적이 집계된 2월 1일(월)에 평가할 수 있습니다. 여기에서도 **2.3.4절**에서 결정한 성공 정의를 사용해서 각 매장, 각 식료품의 추론값을 평가합니다. RMSE 값은 문제가 없지만 차이가 마이너스 방향으로 어긋난 경향이 있는 경우도 있을 것입니다. 이 경우, 많은 매장에서 재고를 안고 있을 가능성이 있습니다.

반대로 차이가 플러스 방향으로 어긋나는 경향이 있는 경우, 1월 25일 주 후반은 품절 상태가 자주 발생할지도 모릅니다. 머신러닝을 실용화했을 때의 평가는 숫자를 보는 것만으로 끝나서는 안 됩니다. 머신러닝의 추론 결과에 따라 각 매장에 발생할 수 있는 과제를 추출하고, 해결책을 검토해서 실행하는 것까지가 프로젝트 범위입니다.

먼저 각 매장, 각 식료품의 일 단위 판매 실적을 조사하고, 품절 유무를 확인합니다. 각 매장의 점장과 인터뷰를 통해 과제라고 생각한 것을 확인해도 좋습니다. 과제 조사는 2월 1일 이후에 실행할 수 있으므로, 2월 1일 주의 추론에서는 과제 해결의 이니셔티브를 실시하기 어렵습니다. 그러나 그다음 주 혹은 그다음 주에 워크플로나 모델 선정을 포함한 개선책을 실시할 수 있습니다. 머신러닝을 실용화하는 AI 상점의 첫 프로젝트를 성공으로 이끌기 위해, 데이터와 모델을 다루는 것뿐만 아니라 시스템의 워크플로 설계나 점원과의 신뢰 관계 구축, 비즈니스 과제 해결을 목표로 활동해야 합니다.

서론이 길었습니다. 그럼 추론 구조를 확인해봅시다. **그림 2.9**의 워크플로 1부터 6까지는 앞에서 설명한 것과 같습니다. 여기에서는 **그림 2.9**의 7, 수요 예측 구현과 그 추론값을 설명하고, 마지막으로 2021년 1월 25일 이후에 집계한 실적과 추론값을 비교하는 프로그램을 설명합니다. 추론 순서는 다음과 같습니다.

1. 추론 대상 데이터를 생성한다.
2. 데이터 정형과 전처리를 한다.
3. 추론한다.
4. 추론 결과를 정리하고 저장해서, 매장에서 전개가 가능한 상태로 만든다.

가장 먼저 추론 대상 데이터를 생성합니다. 시계열 수요 예측에서는 추론 대상 데이터는 존재하지 않으므로, 데이터를 만들어야 합니다. 여기에서 사용하는 데이터의 특성상, 추론 대상 데이터는 매장, 상품, 상품 가격, 연월일을 조합한 데이터를 만들 수 있습니다. 즉 각 매장과 각 상품의 조합을 만들고, 상품별로 가격을 설정하고, 해당 조합을 대상 연월일(2021년 1월 25일부터 1월 31일까지)만큼 작성합니다. 또한 추론에는 과거의 실적 데이터가 필수이므로, 추론 대상 데이터에 과거 실적 데이터를 결합해서 매장, 상품, 연월일의 오름차순으로 정렬하면 완성입니다. 여기에서 만들어진 데이터는 **그림 2.5**와 같습니다. 이렇게 작성한 데이터를 전처리 합니다. 전처리 항(**2.3.4절**)에서 설명한 것과 같은 순서가 됩니다. 다만, 여기에서는 학습 시 작성한 전처리 파이프라인을 사용합니다. 학습 시에 전처리 파이프라인을 작성했으므로, 해당 파이프라인을 사용해서 학습 시와 추론 시 같은 전처리를 실시할 수 있습니다.

추론 대상 데이터에는 추론 대상이 아닌 과거 데이터가 포함된 상태가 되므로, 전처리한 데이터로부터 추론 대상 기간만 얻습니다. **예제 2.9**에서는 추론기를 Predictor 클래스로 정의하고. filter 함수에서 추론 대상 기간으로의 필터링을 구현합니다.

예제 2.9 **추론 구현**

```
# https://github.com/moseskim/building-ml-system/blob/develop/chapter2_demand_
forecasting_with_ml/stage0/ml/src/jobs/predict.py

from typing import List, Optional

import pandas as pd

class Predictor(object):
    def __init__(self):
        pass

    def filter(
        self,
        df: pd.DataFrame,
        target_year: int,
        target_week: int,
        target_items: Optional[List[str]] = None,
        target_stores: Optional[List[str]] = None,
    ) -> pd.DataFrame:
        # target_year와 target_week으로 데이터를 필터링
        df = df[(df.year == target_year) & \
            (df.week_of_year == target_week)]
        if target_stores is not None and \
            len(target_stores) > 0:
            df = df[df.store.isin(target_stores)]
```

```
        if target_items is not None and \
            len(target_items) > 0:
            df = df[df.item.isin(target_items)]
        return df
```

추론 대상 기간을 필터링했으므로, 계속해서 추론을 실시합니다. 추론은 학습 완료 모델인 predict 함수를 호출해서 실행합니다.

추론 뒤에는 추론 결과를 사람이 인식하고, 매장에 제공할 수 있는 형식으로 변환합니다. 추론 결과는 각 매장, 각 식료품 판매량의 예측이며, 수치를 나열한 것뿐이기 때문에 사람이 추론 결과를 이해할 수는 없습니다. 이 추론 결과가 어떤 매장의 어떤 식료품에 대응하는지 각각의 값을 매핑해야 합니다. Predictor 클래스에서는 그 처리를 postprocess로 정의합니다.

추론 결과 구현으로 Predictor 클래스에 계속해서 프로그램을 기술합니다(예제 2.10).

예제 2.10 **추론 구현 (계속)**

```
/// code here
# https://github.com/moseskim/building-ml-system/blob/develop/chapter2_demand_
forecasting_with_ml/stage0/ml/src/jobs/predict.py

from typing import List, Optional

import numpy as np
import pandas as pd
from src.dataset.schema import (
    BASE_SCHEMA,
    PREPROCESSED_SCHEMA,
    RAW_PREDICTION_SCHEMA,
    WEEKLY_PREDICTION_SCHEMA,
    X_SCHEMA,
)
from src.models.base_model import BaseDemandForecastingModel
from src.models.preprocess import DataPreprocessPipeline


class Predictor(object):
```

```python
def __init__(self):
    pass

def postprocess(
    self,
    df: pd.DataFrame,
    predictions: np.ndarray,
) -> pd.DataFrame:
    # 데이터 정형
    df = df[[
        "year",
        "week_of_year",
        "store",
        "item",
        "item_price"]
    ]
    df["prediction"] = predictions
    # 추론 결과 데이터를 검증
    df = WEEKLY_PREDICTION_SCHEMA.validate(df)
    return df

def predict(
    self,
    model: BaseDemandForecastingModel,
    data_preprocess_pipeline: DataPreprocessPipeline,
    previous_df: pd.DataFrame,
    data_to_be_predicted_df: pd.DataFrame,
    target_year: int,
    target_week: int,
    target_items: Optional[List[str]] = None,
    target_stores: Optional[List[str]] = None,
) -> pd.DataFrame:
    # 과거 데이터 검증
    previous_df = BASE_SCHEMA.validate(previous_df)
    # 추론 대상 데이터 검증
    data_to_be_predicted_df = RAW_PREDICTION_SCHEMA.validate(data_to_be_predicted_df)
    # 과거 데이터와 추론 대상 데이터 결합
    df = pd.concat([previous_df, data_to_be_predicted_df])

    # 데이터의 주별로 집계
    weekly_df = data_preprocess_pipeline.preprocess(x=df)
    # 데이터 전처리
    x = data_preprocess_pipeline.transform(x=weekly_df)
```

```
# 데이터를 대상 연과 대상 주로 필터링
x = self.filter(
    df=x,
    target_year=target_year,
    target_week=target_week,
    target_stores=target_stores,
    target_items=target_items,
)
# 전처리 완료 데이터 검증
x = PREPROCESSED_SCHEMA.validate(x)
# 추론에 필요하지 않은 데이터 삭제
x = (
    x[data_preprocess_pipeline.preprocessed_columns]
    .drop(["sales", "store", "item"], axis=1)
    .reset_index(drop=True)
)
# 추론 대상 데이터 검증
x = X_SCHEMA.validate(x)
# 추론
predictions = model.predict(x=x)

weekly_df = self.filter(
    df=weekly_df,
    target_year=target_year,
    target_week=target_week,
    target_stores=target_stores,
    target_items=target_items,
)
# 주별로 집계한 추론 결과 후처리
weekly_prediction = self.postprocess(
    df=weekly_df,
    predictions=predictions,
)
return weekly_prediction
```

predict 함수 안에서 데이터의 전처리, 로딩, 추론, 후처리라는 일련의 흐름을 조합해서
구현했습니다.

이것으로 머신러닝을 사용한 수요 예측 모델을 작성하고, 학습하고, 추론해서 식료품
판매량 예측을 매장에 제공할 수 있습니다. 제공한 판매량 예측의 좋고 나쁨은 실제로

해당 기간에 매장을 열 때까지 알 수 없습니다. 2021년 1월 25일 주에 어떤 매장에서 얼마나 식료품이 판매되었는지 기대해봅니다.

...

시간이 지나 2021년 2월 1일이 되었습니다. 예측한 식료품 판매량을 실적값과 비교해서 평가하고 싶을 것입니다. 판매량 예측/실적 비교에서는 평가 대시보드 패턴을 활용해 BI 대시보드를 만들어 시각화합니다. BI 도구는 매우 다양하지만 이 책에서는 범용적이고 지명도가 높은 OSS를 사용해 구현함으로써, 시스템을 만드는 허들을 낮추는 방침을 취하고 있습니다. BI 도구는 OSS인 Streamlit[8]을 활용해서 구현합니다. Streamlit은 웹 대시보드를 작성하는 라이브러리이며, 파이썬으로 프로그래밍하는 것만으로 인터랙티브한 대시보드를 작성하고 공개해서 웹 브라우저로부터 접근할 수 있게 되어 있습니다. Streamlit은 일반적으로 웹 UI(풀다운 메뉴나 버튼, 화면 표시, 테이블 표시 등)를 포함하고 있으며 여기에서의 예측 평가도 구현할 수 있습니다. 또한 평가 결과를 알기 쉽게 시각화하기 위해 Plotly[9]로 클래스를 작성합니다. Plotly는 파이썬이나 자바스크립트에서 사용할 수 있는 클래스 작성, 이미지 라이브러리입니다. Plotly를 사용함으로써 그래프를 인터랙티브하게 정렬하거나 확대/축소하면서 분석할 수 있습니다.

평가 결과는 Streamlit 안에 실수를 테이블 형식으로 표시하고, 그래프를 Plotly로 작성해서 Streamlit 안에 배치합니다. 먼저 Streamlit을 사용하기 위한 프로그램을 개발하기 위해, 사용할 라이브러리와 프로그램을 배치할 디렉터리 구성을 결정합니다. 예를 든 것처럼 실행 환경은 도커를 사용하고, 라이브러리는 Poetry로 관리합니다. 프로그램은 `src` 디렉터리 아래 저장합니다. 대시보드 화면을 `view.py`, 데이터 접근은 `model.py`, 데이터 화면용으로 변환할 로직을 `service.py`에 각각 구현하고, `main.py`에서 호출합니다.

디렉터리와 파일 구성은 **그림 2-10**과 같습니다.

---

8   https://streamlit.io/
9   https://plotly.com/python/

```
bi
├── Dockerfile
├── poetry.lock
├── pyproject.toml
├── requirements.txt
└── src
    ├── __init__.py
    ├── configurations.py
    ├── logger.py
    ├── main.py
    ├── model.py
    ├── schema.py
    ├── view.py
    └── service.py
```

그림 2.10 **디렉터리와 파일 구성**

프로그램의 분량이나 파일 수는 많지 않으며, **그림 2-10**과 같이 그 구성은 간단합니다.

model.py와 service.py는 CSV 파일을 읽어 팬더스 DataFrame으로 변환하는 처리만 구현하므로, 책에서는 따로 설명하지 않습니다. view.py에서는 팬더스 DataFrame의 데이터를 대시보드 화면에 표시합니다. Streamlit에서는 **예제 2.11**과 같이 기술함으로써 팬더스 DataFrame을 웹 화면의 테이블로 표시하고, 데이터를 Plotly로 그래프화할 수 있습니다.

예제 2.11 **Streamlit을 사용한 대시보드**

```
# https://github.com/moseskim/building-ml-system/blob/develop/chapter2_demand_
forecasting_with_ml/stage0/bi/src/view.py
# 일부 장황한 처리는 생략함

from typing import List

import pandas as pd
import plotly.graph_objects as go
import streamlit as st
from plotly.subplots import make_subplots
from service import (
    ItemSalesPredictionEvaluationService,
    ItemSalesService,
```

```
    ItemService,
    StoreService
)


# 일별 판매량 데이터 표시
def show_daily_item_sales(
    df: pd.DataFrame,
    stores: List[str],
    items: List[str],
):
    st.markdown("### Daily summary")
    # 매장별로 표시한다.
    for s in stores:
        # 식료품별로 표시한다.
        for i in items:
            # 대상 데이터를 필터링한다.
            _df = (
                df[(df.store == s) & (df.item == i)]
                .drop(["store", "item"], axis=1)
                .reset_index(drop=True)
                .sort_values("date")
            )
            sales_range_max = max(_df.sales.max() + 10, 150)
            with st.expander(
                label=f"STORE {s} ITEM {i}",
                expanded=True,
            ):
                # 테이블을 화면에 표시한다.
                st.dataframe(_df)

                # 그래프를 화면에 표시한다.
                fig = go.Figure()
                sales_trace = go.Bar(
                    x=_df.date,
                    y=_df.sales,
                )
                fig.add_trace(sales_trace)
                fig.update_yaxes(range=[0, sales_range_max])
                st.plotly_chart(fig, use_container_width=True)
                logger.info(f"Daily STORE {s} ITEM {i}")


# 주별 판매량 대 추론값 데이터를 표시한다.
```

```python
def show_weekly_item_sales_evaluation(
    df: pd.DataFrame,
    year_week: str,
    aggregate_by: str,
    sort_by: str,
):
    st.markdown(f"### Weekly evaluation for {year_week}")
    if aggregate_by == "store":
        loop_in = df.store.unique()
        not_aggregated = "item"
    else:
        loop_in = df.item.unique()
        not_aggregated = "store"
    # 선택된 집계 조건(식료품별 또는 매장별)으로 표시한다.
    for li in loop_in:
        _df = (
            df[df[aggregate_by] == li]
            .reset_index(drop=True)
            .sort_values(
                [
                    "year",
                    "month",
                    "week_of_year",
                    sort_by
                ]
            )
        )
        absolute_min = min(_df["diff"].min() - 50, -100)
        absolute_max = max(_df.sales.max(), _df.prediction.max()) + 100

        with st.expander(
            label=f"{aggregate_by} {li}",
            expanded=True,
        ):
            # 테이블을 화면에 표시
            st.dataframe(_df)

            # 그래프를 화면에 표시
            fig = make_subplots(specs=[[{"secondary_y": True}]])
            sales_trace = go.Bar(
                x=_df[not_aggregated],
                y=_df.sales,
                name="sales",
```

```
    )
    prediction_trace = go.Bar(
        x=_df[not_aggregated],
        y=_df.prediction,
        name="prediction",
    )
    diff_trace = go.Bar(
        x=_df[not_aggregated],
        y=_df["diff"],
        name="diff",
    )
    error_rate_trace = go.Scatter(
        x=_df[not_aggregated],
        y=_df["error_rate"],
        name="error_rate",
    )
    fig.add_trace(
        sales_trace,
        secondary_y=False,
    )
    fig.add_trace(
        prediction_trace,
        secondary_y=False,
    )
    fig.add_trace(
        diff_trace,
        secondary_y=False,
    )
    fig.add_trace(
        error_rate_trace,
        secondary_y=True,
    )
    fig.update_yaxes(
        title_text="numeric",
        range=[absolute_min, absolute_max],
        secondary_y=False,
    )
    fig.update_yaxes(
        title_text="rate",
        range=[-1, 1],
        secondary_y=True,
    )
    st.plotly_chart(fig, use_container_width=True)
```

```
            logger.info(f"{aggregate_by} {li}")


def build(
    store_service: StoreService,
    item_service: ItemService,
    item_sales_service: ItemSalesService,
    item_sales_prediction_evaluation_service: ItemSalesPredictionEvaluationService,
):
    st.markdown("# Hi, I am BI by streamlit; Let's have a fun!")
    st.markdown("# Item sales record")

    container = init_container()
    bi = build_bi_selectbox()

    if bi is None:
        return
    # 각 매장, 각 상품의 판매 이력
    elif bi == BI.ITEM_SALES.value:
        show_daily_item_sales(
            df=container.daily_sales_df,
            store=container.stores,
            items=container.items,
        )
    # 실적에 대한 수요 예측 평가
    elif bi == BI.ITEM_SALES_PREDICTION_EVALUATION.value:
        show_weekly_item_sales_evaluation(
            df=container.weekly_sales_eval,
            aggregate_by=container.aggreegate_by,
            sort_by=container.sort_by,
        )
    else:
        raise ValueError()
```

Streamlit은 streamlit 명령어로 대시보드를 기동할 수 있습니다. 포트 번호는 8501번
이 자동으로 할당됩니다. localhost:8501이라는 URL을 Streamlit을 기동하고 있는 단
말에서 열면, Streamlit 대시보드를 확인할 수 있습니다. 화면은 **그림 2.11**과 같습니다.

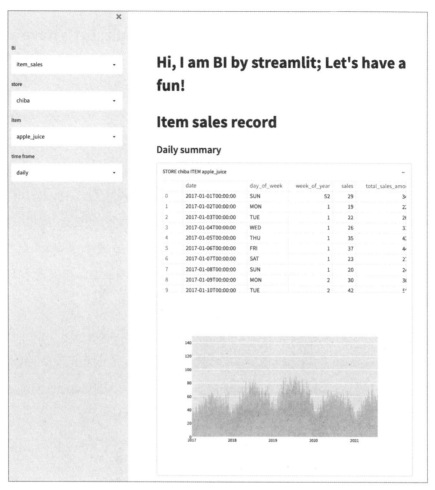

그림 2.11 **Streamlit의 대시보드**

다음 2가지 종류의 대시보드가 제공됩니다(**그림 2.12**).

1. `item_sales`: 각 매장명, 각 상품명의 판매 이력

2. `item_sales_prediction_evaluation`: 실적에 대한 수요 예측 평가

실적에 대한 수요 예측을 평가하기 위해 `item_sales_prediuction_evaluation`을 엽니다. 테이블이나 그래프를 정렬하고, 예측/실적의 차이가 큰 매장이나 식료품을 확인할 수 있습니다.

그림 2.12 보고서 선택

예측/실적의 차이는 실적 – 추론값으로 계산했으므로, 실적이 추론값보다 클수록 플러스 방향으로 커지고, 실적이 추론값보다 작을수록 마이너스 방향으로 커집니다. 바꾸어 말하면, 예측/실적의 차이가 플러그일 때는 추론보다 많이 판매된 것으로, 차이가 클수록 재고 부족이나 기회 손실이 발생할 우려가 있습니다. 반대로 예측/실적의 차이가 마이너스일 때는 추론보다 적게 판매된 것으로 사입된 상품은 재고 또는 유통기한(소비기한)을 초과할 가능성이 있습니다.

예상/실적의 차이를 평갓값으로 하여, 어떤 매장의 어떤 식료품에서 예측/실적의 차이가 플러스 또는 마이너스로 커지고 있는지 확인해봅니다. 모든 매장의 모든 식료품을 일괄 표시하면 값을 보기 어려우므로, 매장별로 필터링해서 표시합니다(**그림 2.13**). 화면 왼쪽의 **store** 풀다운 메뉴에서 하나씩 선택하며 확인해봅니다.

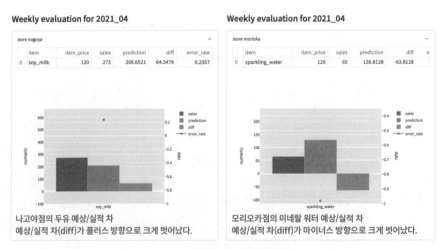

그림 2.13 매장별로 필터링해서 표시

매장 전체에서는 예상/실적 차가 크게 벗어나지 않았지만, 개별 매장에서는 특정한 식료품의 예상/실적 차가 큰 것도 존재합니다. 나고야점의 두유가 그 예로, 실적 – 추론값 = 64로 플러스 방향으로 크게 벗어나 있어 기회 손실이 되었습니다. 또한 모리오카점의 미네랄 워터는 반대로 실적 – 추론값 = −63으로 마이너스 방향으로 크게 벗어나, 재고 과다가 되었습니다. 두 경우 모두 **2.3.5절**의 성공 정의에서 나타낸 '2. 같은 기간에 개별 매장의 개발 식료품에 관해 실적값과 추론값의 차이를 평가하고, 차이가 −50 이상(과다 발주), +30 이상(품절)에 포함된다'에서 벗어나 있습니다. 이번 추론에서 우연히 오차가 커진 것인지, 이후에도 마찬가지로 큰 오차가 발생하는지는 머신러닝으로 계속해서 추론 및 평가해야만 알 수 있습니다. '나고야점의 두유'와 '모리오카점의 미네랄 워터'는 주의해야 할 점으로 두고 모델 개발 개선 대상으로 삼는 것이 좋습니다.

2.4 수요 예측 시스템과 업무 워크플로

> 지금까지 머신러닝을 활용한 수요 예측을 실용화하기 위한 이니셔티브 추진 방법과 프로그램을 설명했습니다. 이번 절에서는 이 이니셔티브를 한층 고도화하고, 자동화하기 위한 시스템 전체 이미지와 업무 플로를 설명합니다.

시스템이나 워크플로를 개발하고 실행하는 데는 시간이 걸립니다. 이와 함께 세상은 물론 비즈니스도 변화합니다. 프로젝트를 진행하고, 성공으로 이끌어가려면 상황의 변화에 맞춰 시스템 워크플로도 변화시켜나가야 합니다. 따라서 이후에는 프로젝트를 초기(2021년 1월~2021년 6월)와 전개할 때(2021년 7월 이후)로 나눠서 각각의 상황과 팀, 시스템, 워크플로를 설명합니다.

2.4.1 프로젝트 초기 팀, 시스템, 워크플로 (2021년 1월~2021년 6월)

프로젝트 초기에는 팀에 머신러닝 엔지니어 1명과 소프트웨어 엔지니어 0.5명만 존재합니다. 머신러닝 엔지니어가 리더십을 가지고 데이터 수집이나 분석, 각 매장과의 커뮤니케이션, 워크플로 정리, 태스크 관리, 소프트웨어 엔지니어에 대한 태스크 의뢰를 수행하게 됩니다. 소프트웨어 엔지니어는 머신러닝 엔지니어가 서투른 소프트웨어 개발(예: 인프라스트럭처나 배치 시스템 개발, 코드 리뷰 등)을 수행하는 것이 좋습니다. 프로젝트 초기에는 모든 시스템을 완벽하게 만들 수는 없습니다. 오히려 정말로 필요한 개발(사람보다 정확하게 수요를 예측할 수 있는 모델을 만들고, 실용화한다)에 주력하고, 그 외의 시스템 개발(머신러닝 기반이나 워크플로 엔진 도입 등)은 프로젝트가 성공했다고 확신한 후의 대응으로도 충분합니다. 머신러닝 인프라스트럭처를 정비하고 사내에 머신러닝을 실용화하지 않은 것은 보물을 썩히는 것입니다. 프로젝트 초기에 개발한 머신러닝 모델은 데이터양, 계산량 모두 플랫폼으로 개발할 수 있는 규모이므로 당분간은 머신러닝 엔지니어가 원하는 개발 환경에서 개발하면 좋습니다. 선택지는 머신러닝 엔지니어의 랩톱을 사용할 것인지, 클라우드에 서버를 두고 원격 접속해서 개발할 것인지 중의 하나가 될 것입니다. 단, 개발한 프로그램은 저장소에서 관리하고, 머신러닝 엔지니어만 프로그램에 접근할 수 있는 상황은 피합니다.

시스템은 기존의 것들을 사용하면서, 추가로 필요한 것만 제공합니다. 우선 필요한 시스템 컴포넌트를 열거해봅니다(표 2.7).

표 2.7 필요한 시스템 컴포넌트

시스템명	기존/신규	설명
데이터 스토어	기존	분석 및 모델 개발을 위한 데이터 보관. 현장에서는 CSV 파일로 사내 공유 저장소에 보존되어 있다.
분석/학습 시스템	신규	데이터를 분석하고, 모델을 개발하기 위한 시스템. 당분간은 머신러닝 엔지니어의 랩톱을 사용하기 위해, 머신러닝 엔지니어의 랩톱에 필요한 라이브러리 등을 설치한다.
추론값, 평가 관리 시스템	신규	학습 완료 모델이나 추론 결과, 실용화 시의 평가를 관리하는 시스템. 당분간은 CSV 파일에 출력해 공유 저장소에 저장해둔다.
저장소	신규	프로그램을 관리하기 위한 저장소. AI 상점에는 깃허브를 사용한다. 깃허브에 신규 저장소를 작성한다.
태스크 관리 도구	신규	개발 태스크를 관리하는 시스템. 기존 태스크 관리 시스템에 워크스페이스를 만든다.
매장과의 커뮤니케이션 도구	기존	사내 커뮤니케이션에서 사용하는 슬랙을 그대로 사용한다.

수요 예측 모델을 개발하고, 각 매장에 추론값을 공유해 평가하기 위해 최소한의 필요한 시스템은 **표 2.7**에 표시한 것과 같습니다. '신규'로 기입한 시스템이 많지만, 실제로는 기존 도구나 인프라스트럭처가 유용하므로 완전히 0부터 만들어야 하는 시스템은 없습니다. 고도의 자동화 및 팀 개발을 목표로 한다면 이런 시스템들은 부족하지만, 엔지니어 1.5명이 매장과 커뮤니케이션하면서 개발하는 PoC 프로젝트라면 충분할 것입니다. 프로젝트 초기의 목표는 머신러닝을 실용화하고 유용하다는 것을 증명하는 것입니다. 그러기 위해 반드시 필요한 태스크는 데이터 분석과 모델 개발, 그리고 추론 결과를 매장에 제공하는 워크플로 운영입니다. 그 외의 시스템이나 태스크는 나중으로 미루어도 괜찮습니다.

그럼 워크플로는 어떨까요? 식료품의 수요를 예측해서 각 매장에 전개하기 위한 시간적 제약은 **2.3.5절**에서 설명한 것처럼 명확합니다. 이번 워크플로의 과제는 최신 데이터는 월요일까지 얻을 수 없다는 점과 시계열 데이터이기 때문에 데이터와 추론 대상의 일정이 떨어져 정확도가 낮아진다는 점입니다. 즉 가장 좋은 추론을 수행하기 위해서는 월요일에 데이터를 얻고, 월요일 안에 다음 주의 수요를 예측하는 것이 바람직할 것입니다. 여기에서 반드시 고려해야 할 점은 프로젝트 멤버가 월요일에 추론해서 추론 결과를 매장에 공유하는 운용을 유지하는 방법과, 유지하지 못했을 때의 백업 계획입니다. 바꾸어 말하면, 월요일이 휴일인 경우와 머신러닝 엔지니어가 휴가 등의 이유로 업무를 할 수 없는 경우에도, 매장이 적정한 수량으로 식료품을 발주할 수 있도록 운용할 수 있어야 합니다. 그 외에도 무언가의 오류로 인해 실적 데이터를 월요일에 수집할 수 없을 때나, 기존 머신러닝 모델에서는 정확하게 예측하지 못했을 때, 사내 커뮤니케이션 도구의 장애로 예측을 매장에 공유하지 못했을 때, 지진 등의 화재로 워크플로를 실행할 여유가 없을 때 등 부득이하게 워크플로를 유지하지 못하는 경우를 생각할 수 있습니다. 수요 예측 시스템이나 AI 상점에서 국소적인 장애가 발생하더라도 식료품을 사러 오는 고객은 각 매장 주변에 존재하며, AI 상점에서 품절이 되면 다른 상점에서 구매하게 될 것입니다. 막을 수 있다면 기회 손실은 미연에 방지하고 싶습니다.

예기치 못한 사태를 가정하고 대책을 만들어두면, 이를 피할 수 있는 경우가 많습니다.

- 특정 월요일이 설날이 되는 것은 해당 연도가 시작될 때 알 수 있습니다. 그 경우에는 다음 날인 화요일에 추론해서 각 매장에 전개하는 스케줄을 넣어둘 수 있습니다. 골든 위크, 연말연시 연휴 등의 경우는 그 전 주에 많은 양을 발주해두거나, 전 주의 수요 예측과 같은 수를 발주하는 등의 대책이 가능합니다. 또는 소매업이므로 설날은 업무를 하고 대체 휴가를 얻는 등의 사내 스케줄을 만들 수도 있습니다. 단, 그 경우는 발주 대상인 메이커가 설날이라도 발주를 받는 것을 사전에 확인해둘 필요가 있습니다.
- 머신러닝 엔지니어가 병가 등으로 부재인 경우에는 순서를 문서에 모아두고, 소프트웨어 엔지니어가 실행할 수 있는 체제를 정비해두는 것이 좋습니다. 환경 구축과 추론을 전개하기까지의 순서를 페어 프로그래밍으로 공유해두는 것도 좋습니다.
- 실적 데이터를 월요일에 수집할 수 없었던 경우나 커뮤니케이션 도구에 장애가 발생한 경우에는 화요일에 복구한다면 화요일에 추론값을 제공하는 것도 좋을 것입니다. 아니면 각 매장에서 사람이 예측해서 발주하는 것도 어쩔 수 없을 것입니다.
- 기존의 머신러닝 모델이 정확하게 예측할 수 없었던 경우, 데이터의 경향이 변화해서(소위 데이터 드리프트$_{data-drift}$나 콘셉트 드리프트$_{concept-drift}$), 추가 데이터나 다른 전처리, 파라미터 튜닝, 모델 개발이 필요하게 된 사태를 생각할 수 있습니다. 이 경우는 추론의 부정확함에 따라 다르지만, 머신러닝 모델을 신규로 개발할 때까지는 기존 모델을 사용하거나 전 주와 같은 수량으로 발주하는 등의 대책을 취할 수 있습니다.
- 큰 화재가 발생한 경우에는 식료품의 발주나 매장의 운영보다 더 중요한 것(인명 등)을 우선해야 합니다.

무슨 일이 발생해도 상품이 품절이 되어 기회를 손실하는 것과 대량으로 가지고 있던 재고가 소비 기한을 넘겨 불량 재고가 되는 사태는 피해야만 합니다. 가장 좋은 것은 아니지만 타협할 수 있는 대책을 강구해서 실행하는 것으로, 최악의 사태는 피할 수 있는 경우가 많습니다. 필요에 따라 각 매장의 발주 담당자가 점장에게 협력을 받아 공동으로 대책을 검토하고 실행하는 것이 좋습니다.

2.4.2 프로젝트 전개 시기의 팀, 시스템, 워크플로 (2021년 7월 이후)

프로젝트의 초기에는 PoC로서 머신러닝으로 수요 예측한 결과를 각 매장에 배포하고, 머신러닝에 따른 수요 예측의 실용화 여부를 판단했습니다. 그렇게 하기 위해 워크플로나 운영 체제를 결정하고, 매장과 협력해 효과를 측정했습니다. 결과로 PoC는 성공하고, 머신러닝을 활용한 수요 예측을 사내의 주요 업무로서 채용하게 되었습니다. 이제부터 나아가야 할 길은 여러 갈래입니다.

1. 워크플로를 자동화하고 더욱 효율적으로 운용하기 위한 시스템을 개발한다.
2. 수요 예측을 식료품 이외의 상품에 적용하고 사내 발주/재고 관리를 개선한다.
3. 수요 예측 이외의 업무에서 머신러닝을 활용한다.
4. 현행 시스템으로 식료품의 수요 예측만 유지한다(현상 유지).

어떤 길을 선택할 것인지는 회사의 방침과 엔지니어 리소스에 따라 다릅니다. 수요 예측보다도 중요한 태스크가 있다면 3번 또는 4번을 선택해 머신러닝 팀은 다른 프로젝트에 참가하게 될 것입니다. 혹여 머신러닝 팀은 해체하고, 멤버들은 각각 다른 팀으로 이동할지도 모릅니다. 워크플로 유지나 개선에 소홀해지는 것입니다. 모처럼 수요 예측을 통해 식료품의 발주 업무를 개선했음에도, 그 운영이 늦어지게 되고, 수요 예측 모델을 개선하지 않고 계속 이용하게 됨에 따라, 릴리스 시점보다 효과가 낮아질 리스크가 있습니다. 프로젝트 중에는 릴리스까지만 목적으로 하고 운용을 고려하지 않고 개발하는 경우가 많습니다. 여기에서 잊어서는 안 되는 사실은 소프트웨어의 경제적 가치는 개발 중이 아니라 운용 중에 발생한다는 점입니다. 즉 소프트웨어가 비즈니스에 녹아들어 사용될 때 매출 증가나 비용 절감이 실현되는 것입니다. 소프트웨어를 만들때는 매출 증가나 비용 절감의 가능성을 목표로 하더라도, 실제로 매출 증가는 물론 비용 절감도 실현되지 않습니다. 소프트웨어를 사용할 때 소프트웨어나 업무에 내재된 과제 발견과 해결을 소홀히 하면, 그 소프트웨어의 효과는 흐려지고, 기술 부채로 남게 됩니다. 이 현상은 머신러닝 실용화에서도 일어납니다. 모처럼 만든 머신러닝 시스템입니다. 개선을 통해 더욱 효과를 발휘하도록 전개합니다.

그러면 1, 2번이 선택지가 됩니다. 물론 둘 중 어느 것을 선택해도 좋습니다. 하지만 양쪽을 동시에 진행하기 위해서는 머신러닝 팀의 리소스가 충분하지 않습니다. 머신러닝 엔지니어 1명과 소프트웨어 엔지니어 0.5명으로 실시할 수 있는 개발에는 한계가 있습니다. 또한 기존 수요 예측 업무는 유지하므로, 당초 개발하던 때처럼 모델 개발에만 집중할 수는 없습니다. 수요 예측의 결과에 관해, 각 매장으로부터 여러 요청이 들어올 것입니다. 개발을 진행하기 위해서는 효율화는 물론 팀을 강화해야 합니다.

● 워크플로 효율화를 고려하자

효율화를 위해서는 현행 워크플로 중 필요하지 않은 태스크를 배제하고 자동화할 수 있는 부분을 자동화하는 것이 효과적일 것입니다. 먼저 사람이 수동으로 실시하고 있는 작업을 수정해갑니다. 현재 상태라면 데이터 스토어에서 데이터를 얻어 학습과 추론을 실행하고, 데이터를 등록하고, 각 매장으로 전개하는 워크플로의 시작부터 마지막까지 모든 엔지니어가 수동으로 실행하고 있습니다. 바꾸어 말하면, 워크플로의 모든 태스크가 자동 실행할 수 있도록 해서 효율화할 수 있습니다.

자동화하기 위해서는 먼저 각 컴포넌트를 서버에 구축해야 합니다. 이제까지는 머신러닝 엔지니어가 자신의 로컬 환경에서 데이터인 CSV 파일을 다운로드하고 학습, 추론해서 추론 결과를 각 매장에 제공했습니다. 하지만 이것으로는 머신러닝 엔지니어가 수동으로 프로그램을 실행해야 워크플로를 실행할 수 있습니다. 태스크 실행 환경을 클라우드 등의 서버로 옮겨서 머신러닝을 활용한 수요 예측 실행을 자동화하고 데이터에 누구라도 접근할 수 있는 상태로 만듭니다.

● 워크플로 실행 환경 구축

워크플로 실행을 마이그레이션하는 환경에 관해 설명합니다. 이 책에서는 클라우드 서비스에 의존하지 않고 범용적으로 사용할 수 있는 환경을 OSS로 구현하는 방침을 추구하기 때문에 쿠버네티스 클러스터를 선택합니다(또한 쿠버네티스 클러스터 활용에 관해서는 **3장**에서도 설명합니다). 물론 다양한 클라우드 서비스는 도커 컨테이너를 기반으로 한 서버리스 서비스(AWS Fargate, 구글 클라우드 런Cloud Run 등)를 제공하고 있으며, 이들을 사용하면 쿠버네티스 클러스터를 운용하지 않고도 간단하게 컨테이너를 실행할 수 있습니다. 하지만 서버리스 서비스는 클라우드에 따라 그 사양이 다르고, 사용 방법에 맞춰 구성을 해야 하므로 이 책의 정책에서 벗어납니다. 이후에는 쿠버네티스 클러스터를 활용한 시스템 구성에 관해 설명합니다. 여러 클라우드 서비스를 활용하더라도 다른 구성으로 동일한 시스템을 만들 수 있다는 점은 유의하기 바랍니다.

쿠버네티스 클러스터로 이행하는 구성을 생각해봅니다. 이제까지는 데이터를 CSV 파일로 얻고, 추론 결과 역시 CSV 파일로 출력했습니다. 이후의 데이터 분석이나 타 업무로의 응용을 위해 CSV 파일로의 관리는 멈추고 데이터베이스에 데이터를 등록합니다. BI 대시보드인 Streamlit은 쿠버네티스 클러스터로 이행해서 웹 애플리케이션으로 사내 사용자가 접근할 수 있도록 합니다. MLflow 역시 마찬가지로 MLflow Tracking Server로서 쿠버네티스 클러스터에 구축합니다. 머신러닝 학습이나 추론은 잡(작업)job으로서 정기적으로 실행하면 좋습니다.

쿠버네티스 클러스터를 이행할 때는 영구적으로 가동하는 컴포넌트와 일시적으로 실행하는 컴포넌트를 구별합니다. 이번 시스템의 경우 데이터베이스, MLflow Tracking Server, BI 대시보드는 영속적으로 가동합니다. 이에 비해, 데이터베이스의 데이터 등록이나 머신러닝 컴포넌트는 필요할 때 일시적으로 실행하는 작업입니다. 쿠버네티스의 리소스의 입장에서 전자는 Deployment와 Service에서 실행하고 후자는 아르고 워크플로Argo Workflows로 실행합니다. 아르고 워크플로 도입 방법은 이후에 설명합니다.

종합하면 **그림 2.14**와 같은 구성이 됩니다.

여기에서는 데이터베이스에 PostgreSQL을 사용합니다. PostgreSQL 서버를 쿠버네티스 클러스터에 배포하는 구성입니다. 하지만 이것은 좋지 않은 프랙티스입니다. 데이터를 영속화해야 하는 컴포넌트는 클라우드 서비스에서 제공하는 데이터베이스 서비스를 사용하거나, 가용성을 담보하는 구성으로 배포할 것을 권장합니다. 여기에서는 단순한 설명을 위해 단일 구성으로 쿠버네티스 클러스터에 구축합니다.

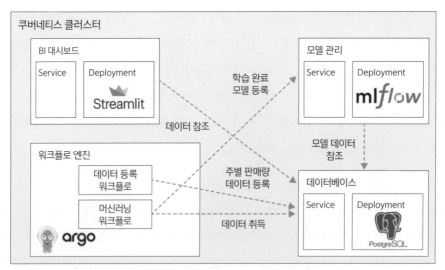

그림 2.14 쿠버네티스를 활용한 워크플로 실행 환경

항상 실행하는 컴포넌트인 쿠버네티스 매니페스트는 **예제 2.12**와 같습니다.

예제 2.12 **항상 실행하는 컴포넌트의 매니페스트(MLflow의 예)**

```
# https://github.com/moseskim/building-ml-system/blob/develop/chapter2_demand_
forecasting_with_ml/stage1/infrastructure/manifests/mlflow/mlflow.yaml


apiVersion: apps/v1
kind: Deployment
metadata:
  name: mlflow
  namespace: mlflow
  labels:
    app: mlflow
spec:
  replicas: 2
  selector:
    matchLabels:
      app: mlflow
  template:
    metadata:
      name: mlflow
      namespace: mlflow
      labels:
        app: mlflow
```

```
      spec:
        containers:
          - name: mlflow
            image: shibui/building-ml-system:beverage_sales_forecasting_mlflow_1.0.0
            imagePullPolicy: Always
            command:
              - "mlflow"
              - "server"
            ports:
              - containerPort: 5000
            resources:
          imagePullSecrets:
            - name: regcred

---
apiVersion: v1
kind: Service
metadata:
  name: mlflow
  namespace: mlflow
  labels:
    app: mlflow
spec:
  ports:
    - port: 5000
  selector:
    app: mlflow
```

이들을 배포하면 자동적으로 기동하고, 가동한 상태를 유지합니다.

이에 비해 데이터 등록 처리나 머신러닝은 아르고 워크플로의 작업으로 실행합니다. 아르고 워크플로의 작업은 쿠버네티스와 마찬가지로 YAML 형식의 매니페스트로 정의됩니다. 아르고 워크플로의 매니페스트는 이번 절 후반의 **예제 2.13**을 참조합니다.

아르고 워크플로에서는 크론_{cron}으로 작업의 실행 시간을 지정할 수 있습니다. 크론을 설정한 작업은 지정한 날짜와 시간이 되면 기동합니다. 식료품 수요 예측에서는 데이터 등록은 매주 월요일 오전 9:00에 실행되고, 각 매장으로부터 집계한 지난 주의 판매량 데이터를 등록합니다. 머신러닝을 활용한 학습과 추론은 같은 주 월요일 13:00에 예정되어 있습니다. 데이터 등록은 대개 수 분 이내에 완료됩니다. 만일 데이터 등록이 실패 또는 지연되는 동안 머신러닝의 잡이 가동하지 않도록, 사이에 4시간의 버퍼를 만들었습니다. 머신러닝을 활용한 추론 결과는 월요일 16:00까지 각 매장에 공유되어야 합니다. 여기에서의 데이터양이라면 머신러닝 학습과 추론 실행은 1시간 이내에 완료되지만, 이 역시 버퍼를 고려해서 13:00에 시작합니다. 물론 수요 예측 결과가 16:00 이전에 각 매장에 제공되어도 아무런 문제가 없습니다. 각 매장은 수요 예측 결과를 얻은 뒤, 그 수치를 납득할 수 있다면 수요 예측값으로 발주하고, 납득할 수 없다면 점장이 발주량을 판단합니다. 데이터베이스에는 머신러닝을 활용한 추론 결과가 등록되며, 다음 주 월요일에 실제 판매량과 비교해 평가할 수 있습니다.

데이터베이스로의 등록 처리는 등록원이 되는 데이터를 CSV로 얻고 파이썬으로 집계해서 PostgreSQL의 각 테이블에 등록합니다. 데이터를 등록하는 테이블 사이의 관계는 **그림 2.15**와 같은 ER 다이어그램으로 나타낼 수 있습니다.

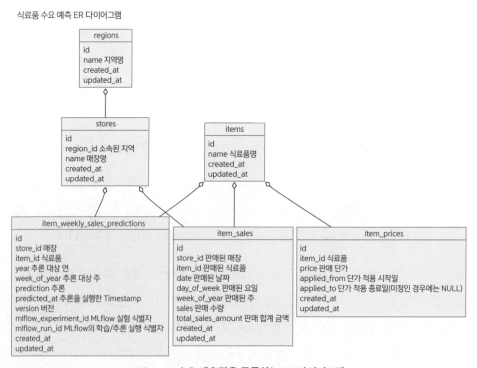

식료품 수요 예측 ER 다이어그램

그림 2.15 **수요 예측값을 등록하는 ER 다이어그램**

판매량(item_sales) 테이블에는 각 매장, 각 식료품의 판매량이 일 단위로 등록됩니다. 이에 비해, 추론(item_weekly_sales_predictions) 테이블에는 각 매장, 각 식료품의 판매 예측량을 주 단위로 등록합니다. 이것은 주 단위로 추론하기 때문입니다. 평가에서는 일 단위의 판매량 테이블을 주 단위로 집계해서 Streamlit에 표시합니다.

머신러닝에서는 판매량 테이블에 등록한 판매량을 얻어서 학습하고 추론합니다. 학습과 추론 프로그램은 초기와 같으므로 설명하지 않습니다. 추론 결과는 추론 테이블에 등록합니다. 추론 테이블에는 version 속성을 제공합니다. 이것은 특정한 주에 관해 추론을 여러 차례 실행하는(수정하는 등) 경우 추론 결과를 유일하게 특정하기 위해서 사용합니다. version 속성은 해당 주에 대해 연속된 번호로 부여합니다. 첫 번째 추론을 0으로 하고, 이후 수정할 때마다 1, 2, 3, …으로 증가합니다. version 값이 가장 큰 추론이 가장 새로운 추론이 됩니다. 또한 추론 테이블에는 MLflow의 experiment_id(MLflow에서 관리하는 실험 단위)와 run_id(MLflow에서 관리하는 실행 단위)를 등록합니다. 이렇게 함으로써 MLflow에 등록되어 있는 로그나 데이터를 추적하면 학습이나 추론 상황을 검증할 수 있습니다.

추론 결과 평가는 다음 주 월요일에 얻는 판매량으로 판명합니다. 이 판매량은 다음 번의 학습 데이터인 동시에 추론 결과를 평가하는 데이터가 됩니다. 평가에는 계속해서 Streamlit을 통한 대시보드를 사용합니다. Streamlit은 판매량 데이터와 추론 데이터를 얻어 매장, 식료품, 주를 참조해서 예측/실적 차를 시각화합니다. 데이터원이 달라져도 대시 보드 화면은 프로젝트 초기와 동일하게 시각화되는 것을 확인할 수 있습니다 (그림 2.16).

이것으로 워크플로를 쿠버네티스 클러스터에 배포하고, 프로그램을 실행해서 다양한 컴포넌트를 사용할 수 있음을 확인했습니다. 로컬 환경에서 개발한 시스템을 쿠버네티스 클러스터나 클라우드로 마이그레이션하는 작업은 많은 소프트웨어 개발 환경에서 실시됩니다. 여기에서는 머신러닝 시스템을 이행하는 방법을 설명했지만 머신러닝이라고 해서 특별한 작업이 필요하지는 않다는 것을 알았을 것입니다.

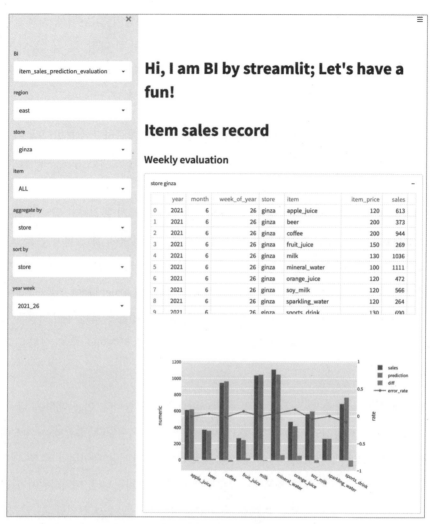

그림 2.16 대시보드 화면

● 워크플로 엔진 구축

계속해서 워크플로 자동화를 구현합니다.

워크플로 자동화에서 중요한 것이 워크플로 엔진 선정과 도입입니다. 워크플로 엔진이란 배치/작업 등의 실행을 관리하는 인프라스트럭처이며 일반적으로 데이터 파이프라인이나 머신러닝 파이프라인은 워크플로 엔진 위에서 구축됩니다. 워크플로 엔진에는 OSS로는 에어플로AirFlow나 아르고Argo, Prefect, Luigi가 있습니다. 클라우드에서 실현된 워크플로우 엔진에는 구글 클라우드 컴포저Google Cloud Composer, AWS Step Functions, 애저 파이프라인Azure Pipeline 등이 있습니다. 머신러닝 파이프라인에 특화한 인프라스트럭처에는 KubeFLow 파이프라인이나 구글 버텍스Google Vertex AI 파이프라인, gokart가 있습니다. 소프트웨어나 서비스에 따라 실행 방법은 다르지만, 모두 워크플로로서 하나 이상의 잡을 연결해서 실행하는 기능을 갖고 있습니다. 식료품 수요 예측 자동화에서도 워크플로 엔진을 사용해서 자동화하면 좋을 것입니다.

어떤 워크플로 엔진을 선정하는 것이 좋은지는 고민을 해봐야 합니다. 여기에서는 데이터 처리부터 머신러닝을 활용한 학습, 추론, 그리고 추론 결과의 등록과 알림이 필요합니다. 또한 이 책에서는 가능한 OSS를 사용해서 구현하므로, 특정한 상용 클라우드 서비스에 의존한 구현을 피하고 있습니다. 이 책은 워크플로 엔진에 관한 설명서가 아니므로, 많은 기능으로 인해 설명이 길어지는 소프트웨어는 가급적 배제합니다. 이런 조건들을 고려해 여기에서는 워크플로 엔진으로 아르고 워크플로[10]를 채용합니다.

아르고 워크플로는 쿠버네티스 클러스터에서 작동하는 OSS 워크플로 엔진입니다. 워크플로는 쿠버네티스 매니페스트와 비슷한 YAML 형식의 매니페스트를 작성해서 구현할 수 있으며, 워크플로 기동은 argo 명령어[11]를 사용해서 실행할 수 있습니다. 아르고 워크플로의 전체 이미지는 **그림 2.17**과 같습니다.

아르고 워크플로를 활용해서 워크플로 자동화를 구현합니다. 먼저 쿠버네티스 클러스터에 아르고 워크플로를 구축하기 위한 구성에 관해 설명합니다. 아르고 워크플로는 데이터베이스로 PostgreSQL을 사용하고, 화면으로서 웹 UI와 argo 명령어로 조작하는 인터페이스를 제공합니다. 내부에서는 워크플로 관리를 위한 워크플로 컨트롤러가 존재하고, 웹 UI나 argo 명령어로부터 워크플로 잡 실행 요청을 받아 쿠버네티스 pod로 잡을 기동합니다. 이 컴포넌트들은 쿠버네티스 안에서 커스텀 오퍼레이터로 배포됩니다.

---

10 https://argoproj.github.io/argo-workflows/
11 https://github.com/argoproj/argo-workflows/releases

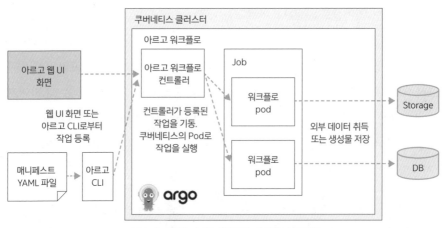

아르고 웹 UI 화면

웹 UI 화면 또는 아르고 CLI로부터 작업 등록

매니페스트 YAML 파일

아르고 CLI

쿠버네티스 클러스터

아르고 워크플로

아르고 워크플로 컨트롤러

컨트롤러가 등록된 작업을 기동. 쿠버네티스의 Pod로 작업을 실행

argo

Job

워크플로 pod

워크플로 pod

외부 데이터 취득 또는 생성물 저장

Storage

DB

그림 2.17 아르고 워크플로의 대략적인 구성도

Argo Workflows - The workflow engine for Kubernetes

URL https://argoproj.github.io/argo-workflows/architecture/

아르고 워크플로를 쿠버네티스에 배포하는 방법은 공식 깃허브 저장소에 설명되어 있습니다.

argoproj/argo-workflows

URL https://argoproj.github.io/argo-workflows/quick-start

아르고 워크플로를 쿠버네티스에 설치하면 다음과 같은 리소스가 쿠버네티스 클러스터에 배포됩니다.

명령어

```
$ pwd
~/building-ml-system/chapter2_demand_forecasting_with_ml/stage1

$ kubectl \
    -n argo apply \
    -f infrastructure/manifests/argo/argo_clusterrolebinding.yaml
```

```
$ kubectl \
    -n argo apply \
    -f https://github.com/argoproj/argo-workflows/releases/download/v3.3.1/
quick-start-postgres.yaml

$ kubectl -n argo get pods,deploy,svc
NAME                                        READY    STATUS
pod/argo-server-89b4c97d-czk84              1/1      Running
pod/minio-79566d86cb-65jsq                  1/1      Running
pod/postgres-546d9d68b-wl8bd                1/1      Running
pod/workflow-controller-59d644ffd9-j2cls    1/1      Running

NAME                                   READY    UP-TO-DATE
deployment.apps/argo-server            1/1      1
deployment.apps/minio                  1/1      1
deployment.apps/postgres               1/1      1
deployment.apps/workflow-controller    1/1      1

NAME                                    TYPE        PORT(S)
service/argo-server                     ClusterIP   2746/TCP
service/minio                           ClusterIP   9000/TCP
service/postgres                        ClusterIP   5432/TCP
service/workflow-controller-metrics     ClusterIP   9090/TCP
```

여기에서는 쿠버네티스 클러스터의 아르고 워크플로 사용자 인터페이스를 인터넷에 공
개하기 위한 설정을 추가하지 않습니다. 따라서 쿠버네티스 클러스터에 구축한 아르고
워크플로로 접속할 때는 아르고 워크플로 서비스에 `port-forward`로 접속합니다.

명령어

```
$ kubectl -n argo port-forward service/argo-server 2746: 2746 &
```

아르고 워크플로의 웹 UI는 포트 번호 2746에 공개됩니다. 아르고 워크플로의 웹 UI에
웹 브라우저로 접근합니다.

아르고 워크플로의 웹 UI
URL https://localhost:2746/

이것으로 워크플로 엔진으로 아르고 워크플로를 구축하고 접근할 수 있게 되었습니다. 계속해서 아르고 워크플로에 수요 예측 워크플로를 탑재합니다.

● 수요 예측 워크플로 자동화

수요 예측의 상시 실행 컴포넌트는 쿠버네티스 클러스터에 배포했습니다. 아르고 워크플로에는 잡을 실행하는 컴포넌트(데이터 등록 처리와 머신러닝)를 탑재합니다.

데이터 등록 처리와 머신러닝은 모두 도커 컨테이너에서 실행하는 구성입니다. 이 도커 컨테이너를 쿠버네티스 잡으로 기동하고 실행하는 흐름을 아르고 워크플로로 구현합니다. 즉 머신러닝 태스크가 데이터 등록 처리 태스크에 의존하는 관계입니다. 따라서 아르고 워크플로에서는 데이터 등록 처리 태스크 실행 후에 머신러닝 태스크를 실행하는 워크플로를 구현합니다(예제 2.13).

예제 2.13 데이터 등록과 머신러닝 워크플로 매니페스트

```
# 데이터 등록
# https://github.com/moseskim/building-ml-system/blob/develop/chapter2_
demand_forecasting_with_ml/stage1/infrastructure/manifests/argo/workflow/data_
registration.yaml

apiVersion: argoproj.io/v1alpha1
kind: CronWorkflow
metadata:
  generateName: data-registration-pipeline-
spec:
  # 데이터 등록은 월요일 9시에 실행
  schedule: "* 9 * * 1"
  concurrencyPolicy: "Forbid"
  startingDeadlineSeconds: 0
  workflowSpec:
    entrypoint: pipeline
    templates:
      - name: pipeline
        steps:
          - - name: data-registration
              template: data-registration
      - name: data-registration
        initContainers:
```

```yaml
      - name: data-registration-init
        image: shibui/building-ml-system:beverage_sales_forecasting_data_
registration_1.0.0
        imagePullPolicy: Always
        command:
          - bash
          - -c
          - |
            mkdir -p /opt/data/
            wget https://storage.googleapis.com/beverage_sales_forecsting/
data/item_sale_records_202107_202112.csv -P /opt/data/
        volumeMounts:
          - mountPath: /opt/data/
            name: data
    container:
        image: shibui/building-ml-system:beverage_sales_forecasting_data_
registration_1.0.0
        imagePullPolicy: Always
        command:
          - "python"
          - "-m"
          - "src.main"
          - "--item_sales_records_path"
          - "/opt/data/item_sale_records_202107_202112.csv"
          - "--latest_week_only"
        env:
          # 생략
        volumeMounts:
          - mountPath: /opt/data/
            name: data
    volumes:
      - name: data
        emptyDir: {}


---
# 머신러닝을 사용한 학습과 추론
# https://github.com/moseskim/building-ml-system/blob/develop/chapter2_
demand_forecasting_with_ml/stage1/infrastructure/manifests/argo/workflow/ml.yaml

apiVersion: argoproj.io/v1alpha1
kind: CronWorkflow
metadata:
  generateName: ml-pipeline-
spec:
  # 머신러닝은 월요일 13시에 실행
```

```
      schedule: "* 13 * * 1"
      concurrencyPolicy: "Forbid"
      startingDeadlineSeconds: 0
      workflowSpec:
        entrypoint: pipeline
        templates:
          - name: pipeline
            steps:
              - - name: ml
                  template: ml
          - name: ml
            container:
              image: shibui/building-ml-system:beverage_sales_forecasting_ml_1.0.0
              imagePullPolicy: Always
              command:
                - "python"
                - "-m"
                - "src.main"
              env:
                # 생략
```

이 워크플로는 실행일에 따라 학습, 추론 대상의 시기를 변경해야 합니다. 예를 들어 실행일(한국 시간으로 월요일)을 얻고, 해당일의 2주 전까지의 데이터를 학습 데이터, 1주일 전의 데이터를 평가 데이터로 얻어서, 2주 후의 주를 추론하는 구성입니다.

워크플로는 다음 명령어로 아르고 워크플로에 등록할 수 있습니다.

명령어

```
$ pwd
~/building-ml-system/chapter2_demand_forecasting_with_ml/stage1

# 데이터 작업 등록
$ argo cron create infrastructure/manifests/argo/workflow/data_registration.yaml
Name:                        data-registration-pipeline-rfk5h
Namespace:                   default
Created:                     Sat May 28 16:24:07 +0900 (now)
Schedule:                    * 9 * * 1
Suspended:                   false
StartingDeadlineSeconds:     0
ConcurrencyPolicy:           Forbid
```

```
NextScheduledTime:            Sat May 28 16:30:00 +0900 (5 minutes from now)
(assumes workflow-controller is in UTC)

# 머신러닝 작업 등록
$ argo cron create infrastructure/manifests/argo/workflow/ml.yaml
Name:                         ml-pipeline-64ndj
Namespace:                    default
Created:                      Sat May 28 16:24:07 +0900 (now)
Schedule:                     * 13 * * 1
Suspended:                    false
StartingDeadlineSeconds:      0
ConcurrencyPolicy:            Forbid
NextScheduledTime:            Sat May 28 16:30:00 +0900 (5 minutes from now)
(assumes workflow-controller is in UTC)
```

데이터 등록, 머신러닝의 워크플로는 모두 CronWorkflow로 구성되어 있으므로 잡은
자동으로 기동합니다.

학습 로그와 추론 결과는 MLflow Tracking Server와 Streamlit으로 확인할 수 있습
니다. 모두 port-forward에 등록하고 웹 브라우저로 열어서 데이터를 열람할 수 있습
니다. MLflow Tracking Server는 다음과 같이 확인할 수 있습니다(**그림 2.18**).

명령어

```
$ kubectl -n mlflow port-forward serv1ce/mlflow 5000: 5000 &
```

그림 2.18의 predict_year와 predict_week 파라미터에서 2021년 26번째 주(6월 28일
부터 7월 4일)를 추론한 모델임을 알 수 있습니다.

그림 2.18 **MLflow Tracking Server**에 기록된 학습과 추론 로그

추론 결과와 실적의 비교는 Streamlit으로 확인할 수 있습니다. Streamlit도 마찬가지로 `port-forward`로 접속합니다.

```
$ kubectl -n beverage-sales-forecasting port-forward service/bi 8501:8501
```

그림 2.19와 같은 화면에서 확인할 수 있습니다. 예측/실적의 차이는 다소 있지만, 실적과 추론 결과에서 크게 벗어나지 않았음을 알 수 있습니다.

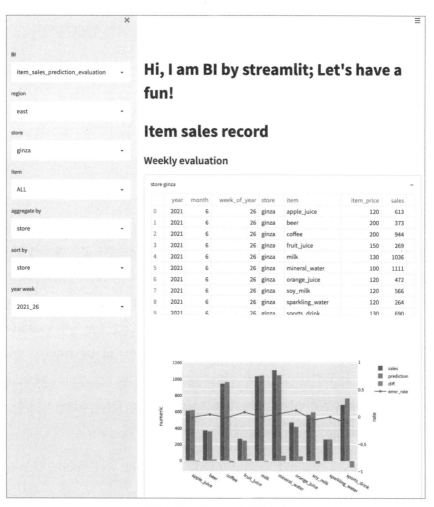

그림 2.19 **추론 결과와 실적 비교**

이 워크플로는 아르고 워크플로로 매주 월요일에 실행하도록 크론에 등록했습니다. 이후에는 다음 월요일에 잡이 실행되고, 데이터 등록 처리와 머신러닝이 성공하는 것을 확인합니다.

● 머신러닝 팀을 증강한다

여기까지 워크플로를 자동화해서 작업을 효율화하는 방법에 관해 설명했습니다. 이번 장의 마지막으로, 머신러닝 팀을 증강하는 방법에 관해 간단하게 설명합니다.

1. 외부에서 채용한다.
2. 사내에서 이동한다.
3. 업무를 위탁한다.

이 방법은 모두 팀 멤버를 늘리는 것이지만, 진행 방법과 팀 관리 방법에는 차이가 있습니다.

외부에서 채용하는 경우 엔지니어를 모집하고 채용을 고려해야 합니다. 모집할 때는 구직 웹 서비스 플랫폼이나 SNS를 활용해서 정보를 퍼뜨리고, 보다 많은 우수한 엔지니어에게 AI 상점 머신러닝 팀의 매력을 전달해야 합니다. 자사에서의 밋업Meetup 같은 이벤트를 개최하거나, 외부 컨퍼런스에서 등단하는 것도 효과적입니다. AI 상점의 지명도에 따라 다르지만, 모르는 기업으로 이직하는 사람은 드뭅니다. 특히 능력이 뛰어난 엔지니어라면 이직 장소를 엄선하는 것이 당연합니다. AI 상점의 머신러닝 팀에서 일하는 매력이나 가치를 전달하는 것이 매우 중요한 채용 활동이 됩니다. 유망한 엔지니어를 알고 있는 사람이 사내에 있다면, 그 사람으로부터 그 엔지니어를 소개받아 접근하는 것도 좋은 방법입니다.

지원을 했다면 서류를 검토하고, 면접 등을 통해 심사합니다. 프로그래밍 테스트 등으로 기술력을 평가하는 것도 좋습니다. 가능하면 곧바로 전력으로 사용할 수 있는 엔지니어를 채용하고 싶겠지만 그렇게 간단히 채용할 수 있으리라 단정할 수 없습니다. 심사숙고 후에 오퍼를 전달해도, 지원자가 거절할 수도 있습니다. 실제 채용 시에는 지원부터 오퍼를 전달하고 실제로 이직할 때까지 3~6개월 정도의 기간이 필요한 경우가 많습니다. 그리고 이직 후에도 사내에 익숙해지고 시스템을 이해해야 하므로, 머신러닝 프로젝트에 기여하기까지는 입사 후 몇 주에서 수개월 정도의 시간이 필요합니다. 그때까지 프로젝트 상황이 멈춰 있는 것도 아닙니다. 엔지니어의 외부 등용은 중요한 태스크이지만, 사람의 손이 즉시 필요한 경우에는 외부 등용에만 의존하는 것은 좋은 전략이 아닐 수도 있습니다.

사내에서 부서나 팀 이동을 모집하는 것은 어떨까요? 사내에 엔지니어가 충분하다면 이동 희망자를 모집하는 것도 좋은 선택입니다. 이동의 구조는 조직마다 다르지만, 많은 경우 모집하는 측과 응모하는 측이 면담을 하고 매칭하면 원 소속 팀에서 업무 인계를 하고 이동을 완료하게 될 것입니다. 회사에 따라서는 팀들이 서로 개방적이고, 쉽게 이동하기도 합니다. 또 인원이 부족한 경우에는 이동이 아닌 겸무의 형태로 머신러닝에 흥미가 있는 엔지니어가 머신러닝 팀의 태스크를 도울 수도 있습니다. 어느 쪽이든 머신러닝 팀에서 부족한 멤버를 사내에서 보충할 수 있다면, 외부로부터의 채용보다는 간단하게 완료될 것입니다.

업무 위탁에서는 외부로부터 위탁의 형태로 엔지니어가 프로젝트에 참가하게 됩니다. 업무 위탁은 프리랜서가 참가하기도 하며, 위탁 전문 회사로부터 파견되기도 합니다. 다른 기업에 소속되어 있는 엔지니어가 부업으로 프로젝트에 참가하기도 합니다. 어떤 형태가 되었든 경험을 가진 엔지니어가 업무 위탁으로 참여하게 되면, 기존 멤버로서도 마음이 든든합니다. 업무 위탁에서 해결해야 할 과제가 있다면 그것은 해당 인원이 풀타임으로 프로젝트에 기여하지 못한다는 점입니다. 부업인 경우 본업 중 짬이 나는 시간에 일을 하게 되므로, 실제 업무 시간이 밤이나 휴일이 되는 경우가 많습니다. 그러면 머신러닝 팀 멤버는 업무 위탁자가 효율적으로 일할 수 있도록 지원해야 합니다. 머신러닝 팀의 업무 중 일부로 업무 위탁자에게 정보를 공유하거나 태스크를 할당하는 등의 프로젝트 관리를 수행해야 합니다. 업무 위탁이라면 채용이 어려운 우수한 엔지니어가 프로젝트에 참가할 가능성이 있지만, 그 관리에 시간을 할당해야 하는 점을 고려해야 합니다.

머신러닝 팀의 증강에 관해 다양하게 썼지만, 어떤 방법으로든 멤버를 늘리지 않으면 새로운 프로젝트나 제품 개발에 뛰어들 수 없는, 심지어는 머신러닝 도입이 중단되는 위험에 직면하는 것에는 변함이 없습니다. 회사의 방침이나 예산으로 정사원의 등용이나 업무 위탁이라는 선택지를 결정하기도 할 것입니다. 엔지니어 채용은 채용하고자 할 때 곧바로 채용할 수 있는 것이 아닙니다. 채용을 위한 활동과 선택 플로, 그리고 오퍼라는 다양한 태스크를 통해 채용을 하게 됩니다. 채용 태스크는 개발과 달리 기술을 다루는 것이 아니기 때문에, 서투른 엔지니어도 많을 것입니다. 하지만 지속적으로 채용 활동을 하지 않으면, 필요할 때 인원 부족으로 새로운 이니셔티브를 실시할 수 없는 상황이 될 것입니다. 머신러닝뿐만 아니라, 엔지니어 팀의 인재 전략과 등용에 관한 활동은 많든 적든 계속해서 지속해야 하는 태스크입니다.

2.5 정리

이번 장에서는 AI 상점에서의 첫 머신러닝 도입 프로젝트에서 머신러닝을 실용화하기 위한 워크플로의 정의와 머신러닝 시스템 개발, 그리고 팀 구성 방법에 관해 설명했습니다. 머신러닝을 비즈니스에서 활용하기 위해서는 머신러닝 이외의 다양한 태스크가 필요하다는 것은 자주 듣는 설명이지만, 그 실태의 일부는 지금 어느 정도 알게 되었을 것이라고 생각합니다. 첫 머신러닝 프로젝트나 배치에 의한 머신러닝 시스템 개발 시 참고가 될 것입니다.

다음 장부터는 또 다른 비즈니스에서의 머신러닝 실용화 방법에 관해 설명합니다.

3

동물 이미지 애플리케이션의
위반 감지 시스템 만들기

머신러닝을 사용하는 상황은 다양합니다. 그 한 가지가 스마트폰 애플리케이션입니다. 스마트폰이 보급되고 다양한 도구를 스마트폰에서 사용할 수 있게 된 지금은 스마트폰 애플리케이션의 편리성이나 안전성의 확보, 개선을 위해 머신러닝이 사용됩니다. 3장과 4장에서는 동물 이미지를 공유하는 가공의 스마트폰 애플리케이션 'AIAnimals'를 머신러닝으로 안전하고 편리하게 개발합니다. AIAnimals는 사용자가 동물 이미지를 게시, 열람하는 애플리케이션입니다. 사용자 중에는 미풍양속에 반하는 이미지를 게시하는 사용자도 있습니다. 그런 행위는 AIAnimals의 사용자 경험을 악화시킵니다. AIAnimals의 운영 팀은 그런 행위를 금지하고 있으며, 이런 위반 행위를 발견하는 즉시 대응하고 있습니다. 3장에서는 머신러닝을 사용해서 AIAnimals에 게시된 위반 이미지를 감지하는 시스템을 구현합니다. 위반 감지 시스템의 요건 정의와 워크플로 작성 방법, 모델 및 소프트웨어 개발 방법, 그리고 평가 순서에 관해 설명합니다.

3.1 동물 이미지 애플리케이션 개요

> 3장과 4장에서는 머신러닝을 스마트폰 애플리케이션과 조합해서 사용하는 방법에 관해 설명합니다. 스마트폰 애플리케이션을 소재로 다루지만, 시스템 구성에는 스마트폰은 물론 웹 API나 워크플로 엔진, 머신러닝 인프라스트럭처가 포함되어 있어, 일반적인 웹 서비스나 스마트폰 애플리케이션에서 널리 활용할 수 있습니다.

샘플 애플리케이션으로 스마트폰에서 이미지를 공유하는 애플리케이션 AIAnimals[1]를 개발합니다. AIAnimals는 이 책에서 머신러닝 시스템을 구축하기 위해 만든 샘플 안드로이드 애플리케이션입니다. AIAnimals는 현 시점에서는 안드로이드 버전만 제공합니다(iOS 버전, 웹 버전은 존재하지 않습니다). 안드로이드의 플레이 스토어에는 공개되어 있지 않습니다. AIAnimals에서 다루는 데이터 역시 필자가 작성한 것이나 공개되어 있는 데이터를 기반으로 필자가 커스터마이즈한 것입니다. 데이터셋의 일부로 The Oxford-IIIT Pet Dataset을 사용합니다.

The Oxford-IIIT Pet Dataset
`URL` https://www.robots.ox.ac.uk/vgg/data/pets/

The Oxford-IIIT Pet Dataset은 개와 고양이 이미지 7,000장 이상을 제공하는, 이미지 인식을 위한 데이터셋입니다. 각 이미지에 개와 고양이의 품종(랙돌(래그돌)ragdoll 등) 라벨이 붙어 있습니다. 여기에 필자가 일본어 타이틀과 설명문을 추가했습니다(**그림 3.1**). 또한 가공의 애플리케이션 사용자나 사용자의 행동 로그(동물 이미지에 대한 접근 로그), '좋아요'를 추가했습니다.

---

1 https://github.com/moseskim/building-ml-system/tree/develop/chapter3_4_aianimals

데이터	
ID	ccf57b7bdcfb4792ade8b159d3998f09
파일명	ccf57b7bdcfb4792ade8b159d3998f09.jpg
종별	ネコ(고양이)
품종	ラグドール(랙돌)
게시 사용자	stevenson_ai
게시 제목	めろめろ(헤롱헤롱)
설명문	偶然見つけたかわいい猫ちゃんです！ めろめろです！ (우연히 발견한 귀여운 고양이입니다! 헤롱헤롱합니다!)
이미지 URL	https://storage.googleapis.com/aianimals/images/ccf57b7bdcfb4792ade8b159d3998f09.jpg
게시 일자	2021-02-16T04:22:47.579674
좋아요	13

그림 3.1 **AIAnimals의 데이터 예**

동물 이미지 애플리케이션 AIAnimals와 데이터셋을 사용해서 프로덕션 서비스에서의 머신러닝 시스템 구축에 관해 설명합니다.

3.1.1 AIAnimals

AIAnimals는 사용자가 동물 이미지와 설명을 게시해 다른 사용자에게 공개하는 게시판 형태의 애플리케이션입니다(**그림 3.2**).[2] 사용자는 자신의 애완동물이나 길에서 촬영한

---

2 [옮긴이] 이 애플리케이션의 현지화는 사실상 불가능해 부득이하게 일본어를 그대로 사용했습니다. 이 그림에 대한 소개문의 일본어 번역은 다음과 같습니다. "안녕하세요. 이 아이는 마루입니다. 귀여운 랙돌이예요!! 냐냐~라고 말하고 있습니다. 언제나 예뻐요!"

귀여운 동물들의 이미지를 게시할 수 있습니다. 게시된 동물 이미지는 애플리케이션에 공개되며, 열람할 수 있게 됩니다. AIAnimals는 2021년 1월에 공개한 애플리케이션으로, 2021년 10월을 기준으로 총사용자 수는 3,000여 명, 활성 사용자는 500명 정도 됩니다. 게시된 동물 이미지는 주로 개나 고양이이며 총 7,000장을 넘습니다. 사용자 수는 물론 이미지 수도 적지만 이후 성장이 기대되는 애플리케이션입니다.

그림 3.2 **AIAnimals**

AIAnimals의 비즈니스는 애플리케이션 안에 광고를 삽입하고 광고 수입을 얻는 모델입니다. 광고 수입은 광고 클릭 수에 따릅니다. 많은 사용자가 광고를 클릭하면 AIAnimals의 수입은 늘어나지만, 사용자는 광고가 아니라 동물의 이미지를 보러 온다는 것을 잊어서는 안 됩니다. 애플리케이션 안에 표시된 광고 수나 빈도가 늘어나면 사용자 이탈로 이어질 위험이 있습니다. 광고가 삽입되는 위치를 늘리지 않더라도 활성 사용자 수가 늘어나면 광고 수입도 그에 비례해서 늘어나는 것을 확인할 수 있습니다. 따라서 사용자가 보다 편리하고 쾌적하게 사용할 수 있는 애플리케이션이 될 수 있도록 사용자 경험을 개선하면 비즈니스도 개선됩니다. 이 책에서는 머신러닝을 사용해서 AIAnimals의 사용자 경험을 향상시키고, 보다 많은 사용자가 안심하고 즐겁게 사용할 수 있는 서비스로 성장시켜나가는 것을 목표로 합니다.

AIAnimals를 개발하는 팀에 관해 설명합니다(**그림 3.3**).

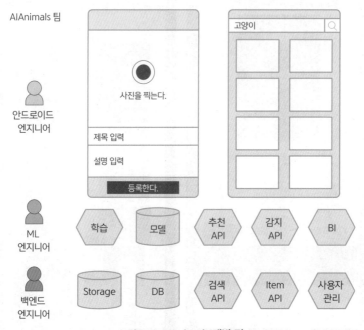

그림 3.3 **AIAnimals 개발 팀**

AIAnimals 개발 팀에는 안드로이드 엔지니어, 백엔드 엔지니어, 머신러닝 엔지니어가 1명씩 포함되어 있습니다. 각각이 전문 영역에서 개발하면서, 필요에 따라 다른 엔지니어의 개발을 지원합니다. 안드로이드 엔지니어는 안드로이드에 의한 스마트폰 애플리케이션 개발을 메인으로 담당하면서, 백엔드 개발에도 일부 참가하고 있습니다. 백엔드 엔지니어는 웹 API와 인프라스트럭처를 담당하면서, 일부 머신러닝 인프라스트럭처나 검색 인프라스트럭처의 개발에도 참가합니다. 필요에 따라 안드로이드나 백엔드에 데이터 수 기능을 추가하기도 합니다. 머신러닝 엔지니어는 데이터를 사용해서 AIAnimals의 작업 자동화나 A/B 테스트, 머신러닝 개선을 실시합니다. 머신러닝 도입에 필요한 경우 안드로이드나 백엔드에 머신러닝을 사용하는 프로그램을 포함할 수 있습니다. 적은 수의 멤버로 멀티 태스크로 개발하고 있는 상태지만, 서로의 전문성이나 자신의 역할을 이해하고 AIAnimals의 성장에 기여하는 팀입니다.

3.1.2 동물 이미지 애플리케이션과 시스템

동물 이미지 애플리케이션과 시스템 구성에 관해 설명합니다.

동물 이미지 애플리케이션은 앞에서 설명한 것처럼 안드로이드에서 개발한 스마트폰 애플리케이션으로 제공하고 있습니다. 애플리케이션에서는 사용자가 사용자 등록을 하고 기존 동물 이미지를 열람하거나, 자신이 가지고 있는 동물 이미지를 게시할 수 있습니다. 구체적으로 사용자는 다음 행동을 할 수 있습니다.

- 사용자 로그인
- 동물 이미지 검색 및 필터링
- 동물 이미지 열람
- 동물 이미지에 '좋아요' 누르기
- 동물 이미지와 설명 게시

AIAnimals에서는 이미지 게시 계열의 애플리케이션을 사용할 때 필요한 최소한의 기능을 제공하고 있습니다.

이 애플리케이션을 지탱하는 백엔드(**그림 3.4**)는 사용자 정보나 동물 이미지 정보를 데이터베이스로 등록하고 있으며, 필요에 따라 데이터를 애플리케이션으로 전송합니다. 백엔드는 REST API를 통한 서비스를 제공하고 있으며, 동물 이미지 애플리케이션으로부터의 요청에 따라 필요한 데이터를 응답하는 구성으로 되어 있습니다. 백엔드 전체 이미지는 다음과 같습니다.

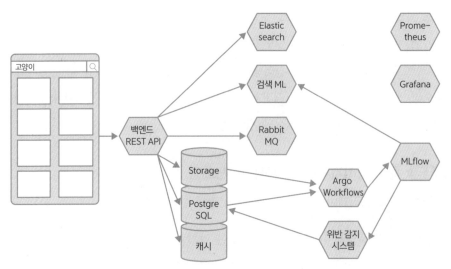

그림 3.4 **애플리케이션을 지탱하는 백엔드**

백엔드에는 동물 이미지 애플리케이션으로부터 요청받을 수 있는 REST API 서비스(이후, 백엔드 API로 표기)가 존재합니다. 백엔드 API는 요청 내용에 따라 데이터베이스나 저장소, 검색 서비스, 머신러닝 서비스 등으로부터 데이터를 얻어서 동물 이미지 애플리케이션에 응답합니다. 백엔드에 대한 접근은 백엔드 API를 모두 경유합니다. 백엔드 API는 파이썬으로 작성되어 있으며, 웹 프레임워크는 FastAPI, 서버 실행에는 Uvicorn과 Gunicorn을 조합해서 사용합니다.

백엔드 API가 연동하는 서비스의 자세한 내용은 이번 장과 **4장**에서 시스템에 관해 살펴볼 때 함께 설명합니다. 대략적인 형태는 다음과 같습니다.

데이터베이스는 사용자 데이터와 동물 이미지 데이터를 저장하는 관계형 데이터베이스 relational database입니다. 데이터베이스에는 PostgreSQL을 사용합니다. 사용자가 게시한 데이터나 '좋아요'는 데이터베이스의 해당 테이블에 저장됩니다. 테이블 구성은 **그림 3.5** 와 같습니다.

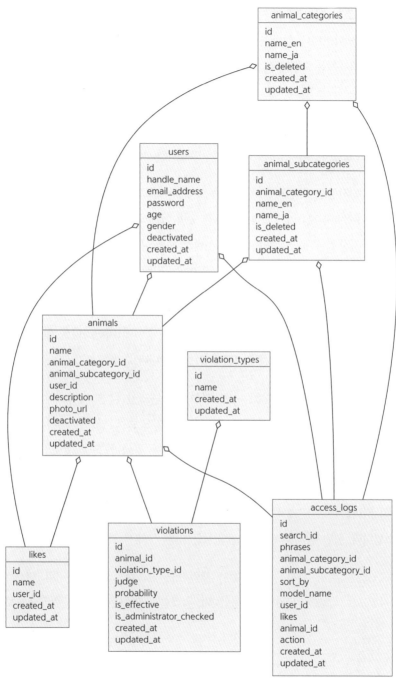

그림 3.5 **테이블 구성**

저장소는 비구조화 데이터(이미지나 머신러닝 모델)를 저장하기 위해 사용합니다. 사용자가 게시한 동물 이미지나 위반 이미지, 개발 팀이 학습한 머신러닝 모델은 저장소에 저장됩니다. 이 책에서는 여러분이 샘플 애플리케이션에서 사용하는 데이터에 접근할 수 있도록 저장소는 구글 클라우드 스토리지를 열람 가능한 설정으로 제공합니다.

캐시 서비스는 데이터를 인메모리 캐시에 등록하고, 고속으로 데이터를 얻을 수 있게 하는 인프라스트럭처입니다. 캐시 서비스는 Redis Cache로 구축합니다.

검색 서비스는 저장한 데이터를 검색하는 인프라스트럭처입니다. 게시한 동물 이미지 이외의 데이터(이미지 제목이나 설명문, 동물의 종별, '좋아요' 수 등)는 데이터베이스에서 검색 서비스에 저장됩니다. 필터링은 검색 서비스에서 실시하며, 백엔드 API를 경유해서 사용자에게 콘텐츠를 제공합니다. 검색 서비스는 일래스틱서치Elasticsearch를 사용해서 구축합니다.

검색 머신러닝 서비스는 검색하는 콘텐츠 선정이나 정렬에 머신러닝을 활용한 검색 인프라스트럭처입니다. 자세한 내용은 **4장**에서 설명합니다.

메시징 큐 서비스messaging queue service는 게시된 콘텐츠를 각종 서비스에 제공하는 인프라스트럭처입니다. 콘텐츠 정보를 메시지로 등록함으로써, 필요한 서비스(위반 감지나 검색 등록 등)가 비동기로 메시지를 얻어 위반 감지나 검색 등록을 실행합니다. 메시징 큐 서비스는 RabbitMQ로 구축합니다.

위반 감지 서비스는 콘텐츠 위반을 감지하고, 공개 정지 등의 처리를 실행하는 인프라스트럭처입니다. 위반 감지 서비스에 관해서는 이번 장에서 자세히 설명합니다.

워크플로 엔진은 각종 배치 처리 실행을 제어하는 인프라스트럭처입니다. 머신러닝 모델을 정기적으로 학습하기 위해 사용합니다. 워크플로 엔진은 아르고 워크플로로 구축합니다.

모델 관리 서비스는 학습한 머신러닝 모델을 저장하고, 이력을 관리하는 인프라스트럭처입니다. 인프라스트럭처는 MLflow라는 도구를 기반으로 구축합니다. MLflow에서는 Tracking Server라는 서버 기능을 제공합니다. 이를 사용하면 웹 API와 데이터베이스를 조합해서 모델 아티팩트artifact나 평가를 보존하고 얻을 수 있는 환경을 구축할 수 있습니다.

백엔드 서비스는 이상입니다. 동물 이미지 애플리케이션을 제공하기 위해 이 벡엔드 서비스들과 연동해서 가동합니다.

3.1.3 AIAnimals를 기동한다

안드로이드 애플리케이션과 백엔드는 다음 방법으로 기동할 수 있습니다.

- 안드로이드 애플리케이션 기동은 다음 방법 중 하나로 가능합니다.
  - 선택지 1: 안드로이드 스튜디오의 에뮬레이터에서 실행(개발 환경)
  - 선택지 2: 안드로이드 스마트폰 단말에 설치 후 실행(프로덕션 환경)

- 백엔드 인프라스트럭처 기동은 다음 방법 중 하나로 가능합니다.
  - 선택지 1: 도커 컴포즈(단, 머신러닝 관련 서비스는 제외. 개발 환경)
  - 선택지 2: 쿠버네티스 클러스터(프로덕션 환경)

AIAnimals 애플리케이션은 안드로이드 스마트폰에서 작동합니다. 프로그램은 안드로이드 스튜디오를 사용하고, 코틀린으로 작성했습니다. 이 프로그램은 `chapter3_4_aianimals/AIAnimals`에서 확인할 수 있습니다. 안드로이드 스튜디오는 공식 홈페이지[3]에서 다운로드해서 설치할 수 있습니다. 맥, 윈도우, 리눅스 등의 각종 OS용으로 설치 파일을 제공하므로 여러분의 환경에 맞춰 설치하기 바랍니다.

---

3   https://developer.android.com/studio

백엔드 인프라스트럭처는 모두 도커 컨테이너로 가동하도록 만들어져 있습니다. 도커는 공식 홈페이지[4]를 통해 설치할 수 있습니다. 도커 컴포즈Docker Compose도 마찬가지로 공식 홈페이지[5]를 통해 설치할 수 있습니다.

여기까지 설치되었다면 최소한의 애플리케이션과 백엔드를 기동할 수 있습니다. 애플리케이션의 작동을 확인하기 위해 곧바로 기동해봅니다.

● 도커 컴포즈로 백엔드를 기동

도커 컴포즈로 백엔드를 기동할 때는 다음 순서로 백엔드 컴포넌트를 기동합니다.

1. PostgreSQL, Redis, RabbitMQ 등의 데이터 계열 미들웨어
2. 일래스틱서치와 Kibana
3. 초기 데이터 등록 잡
4. 일래스틱서치로의 검색 데이터 등록 잡
5. 백엔드 API

백엔드 컴포넌트 사이의 의존 관계는 다음과 같습니다(**그림 3.6**).

백엔드 API는 PostgreSQL, Redis, RabbitMQ, 일래스틱서치 모두에 접근합니다. 백엔드 API가 참조하는 데이터는 초기 데이터 등록 작업과 일래스틱서치로의 검색 데이터 등록 작업이며 각 데이터 레이어에 등록됩니다. 초기 데이터 등록 작업은 PostgreSQL에 테이블과 인덱스를 작성하고, 초기 데이터를 등록합니다. 초기 데이터는 이제까지 AIAnimals에 등록된 데이터입니다. 초기 데이터는 다음 JSON 파일로 제공합니다.

> **초기 데이터 JSON**
> URL https://github.com/moseskim/building-ml-system/tree/develop/chapter3_4_aianimals/dataset/data

---

4 https://docs.docker.com/get-docker/
5 https://docs.docker.com/compose/install/

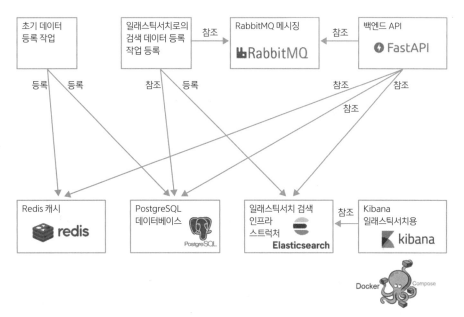

그림 3.6 **백엔드 컴포넌트 사이의 의존 관계**

일래스틱서치로의 검색 데이터 등록 작업에서는 초기 데이터 등록에서 PostgreSQL에
기록한 동물 이미지 콘텐츠(animals 테이블에 기록)를 일래스틱서치로 전송해서 검색할
수 있도록 합니다.

백엔드 API는 일래스틱서치와 PostgreSQL에 등록된 데이터를 참조해서 검색을 실행합
니다. 또한 일부 검색 결과는 쿼리와 함께 Redis에 캐시되어, 일정 시간 동안에는 캐시
로부터 검색 결과를 응답함으로써 PostgreSQL과 일래스틱서치로의 접근 부하를 줄입
니다. 자세한 내용은 **4장**에서 설명합니다. 검색에 머신러닝을 응용하는 곳은 특징량이
나 머신러닝 추론 결과를 캐시하고 머신러닝 전처리나 추론 부하를 낮추는 구조도 도
입했습니다.

도커 컴포즈로 백엔드를 기동하는 명령어는 다음과 같습니다.

```
# 도커 컴포즈로 백엔드를 기동하는 명령어
$ make up
docker-compose -f docker-compose.yaml up -d
Creating network "aianimals" with the default driver
Creating postgres ... done
Creating rabbitmq ... done
Creating redis   ... done
Creating es                      ... done
Creating initial_data_registry ... done
Creating kibana                  ... done
Creating api                     ... done
Creating search_registry         ... done

# 기동하고 있는 도커 컨테이너를 표시(일부 생략)
$ docker ps -a
CONTAINER ID  STATUS                  NAMES
fdd769f88f6a  Up 29 minutes           search_registry
40904537ac98  Exited (0) 26 minutes ago  initial_data_registry
4f2bccae8456  Up 29 minutes           api
561d84b9f95f  Up 29 minutes           kibana
7ed2c9df3f05  Up 29 minutes           postgres
7d958946729b  Up 29 minutes           rabbitmq
756ea219c1ed  Up 29 minutes           redis
453f5104b0c6  Up 29 minutes           es
```

initial_data_registry는 초기 데이터 등록 작업이므로 데이터 등록이 완료되면 도커 컨테이너는 정지합니다.

● **안드로이드 스튜디오에서 AIAnimals를 기동**

안드로이드 스마트폰 애플리케이션 기동은 안드로이드 스튜디오에서 실시합니다. 안드로이드 스튜디오에서는 개발 중인 애플리케이션을 실행하기 위한 에뮬레이터를 제공하며, AIAnimals도 에뮬레이터에서 가동을 확인합니다.

먼저 안드로이드 스튜디오를 열고, 'AIAnimals' 프로젝트를 선택합니다(그림 3.7).

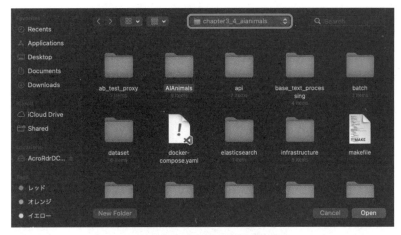

그림 3.7 'AIAnimals 프로젝트'를 선택

계속해서 에뮬레이터를 설치합니다. 여기에서는 Pixel 5를 에뮬레이터로 사용합니다. 안드로이드 스튜디오 위쪽의 'No Devices'(그림 3.8❶) 풀다운에서 'Device Manager'를 선택합니다(그림 3.8❷).

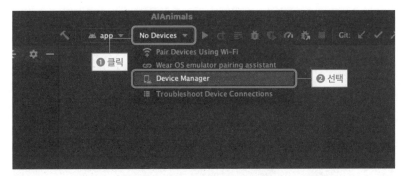

그림 3.8 'No Devices' 풀다운에서 'Device Manager'를 선택

에뮬레이터 작성 화면으로 이동합니다. 'Create Device'를 선택하고(그림 3.9 ❶) Phone 의 Pixel 5를 선택한 뒤(그림 3.9❷) 'Next' 버튼을 클릭해서 다음 화면으로 진행합니다 (그림 3.9 ❸).

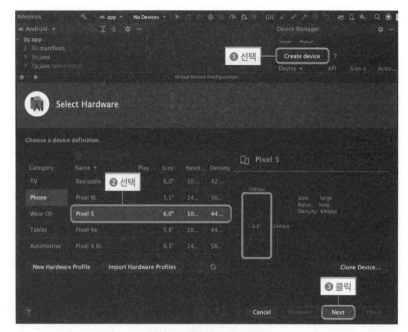

그림 3.9 에뮬레이터 작성 화면

API는 'API 33'을 선택합니다(그림 3.10).

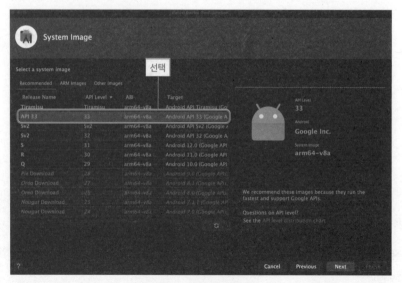

그림 3.10 'API 33'을 선택

확인 화면으로 이동하므로 'Finish' 버튼을 클릭해서 완료합니다(**그림 3.11**).

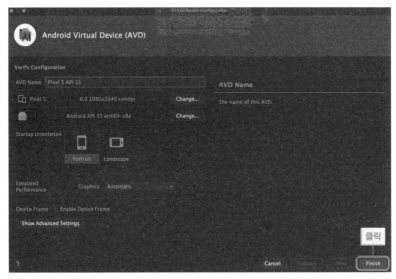

그림 3.11 'Finish' 버튼을 클릭

디바이스/에뮬레이터를 얻기 위해 수 GB의 데이터가 다운로드됩니다. 데이터가 다운로드된 후에는 'Pixel 5 API 33'을 에뮬레이터로 선택할 수 있습니다(**그림 3.12**).

그림 3.12 'Pixel 5 API 33'을 에뮬레이터로 선택할 수 있게 된다.

에뮬레이터에서 AIAnimals를 기동합니다. 위쪽 디바이스에서 'Pixel 5 API 33'을 선택하고(**그림 3.13❶**), 삼각형 버튼을 클릭해서 기동합니다(**그림 3.13❷**).

에뮬레이터는 안드로이드 스튜디오의 일부로 가동합니다. 에뮬레이터를 가동하는 단말에 도커 컴포즈로 백엔드 API를 기동하면, 에뮬레이터에서 도커 컴포즈의 백엔드 API로 접속해서 사용할 수 있습니다.

그림 3.13 에뮬레이터에서 AIAnimals를 기동

안드로이드 스튜디오의 에뮬레이터에서 AIAnimals를 기동하면 **그림 3.14**와 같은 로그 인 화면이 표시됩니다.

로그인 사용자 이름과 비밀번호는 초기 데이터 JSON 파일의 `user.json`에 기재되어 있 습니다. 이 파일은 AIAnimals를 사용하는 사용자로 작성한 가공의 사용자입니다. 어떤 사용자로든 로그인해서, AIAnimals를 사용할 수 있습니다. 모든 사용자가 같은 작동을 하게 되므로, 에뮬레이터에서 어떤 사용자를 사용해도 관계없습니다. 여기에서는 사용 자 이름 `dog_leigh`, 비밀번호 `password`로 로그인합니다(당연한 말이지만 `password`라는 비밀번호는 보안상 문제가 있습니다. 여러분이 프로덕션 시스템을 만들 때는 더 복잡한 비밀번호 를 설정하기 바랍니다).

사용자 데이터 리스트

URL https://github.com/moseskim/building-ml-system/blob/develop/chapter3_4_aianimals/dataset/data/ user.json

그림 3.14 로그인 화면

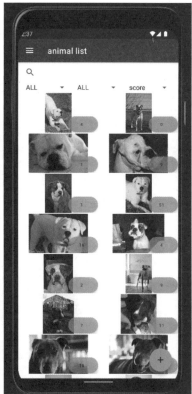

그림 3.15 로그인 후의 화면

사용자 이름에 dog_leigh, 비밀번호에 password를 입력하면 로그인할 수 있습니다(그림
3.15). 첫 화면은 동물 목록 화면입니다. 과거에 게시된 동물 이미지는 이 화면에서 검색
할 수 있습니다. 검색에서는 자유 텍스트, 동물의 종별(고양이, 개), 품종(랙돌, 불독 등)으
로 필터링하거나 순서를 각 종류에 지정해서 정렬할 수 있습니다. 각 이미지 오른쪽 아
래의 숫자는 이제까지 받은 '좋아요'의 숫자입니다.

예를 들어 종별에 'cat', 품종에 'ragdoll'을 선택하면 고양이, 랙돌로 필터링되어 표시됩
니다(그림 3.16).

동물 이미지를 선택하면, 해당 동물의 이미지에 대한 상세 정보 화면으로 이동합니다 (그림 3.17).[6]

그림 3.16 종별에 'cat', 품종에 'ragdoll'을 선택한 경우

그림 3.17 동물 이미지의 상세 화면

동물 이미지 그룹 화면을 왼쪽부터 오른쪽으로 스와이프 하면 검색 화면으로 돌아갑니다(그림 3.18). 검색 화면 오른쪽 아래의 '+' 버튼을 클릭하면 이미지를 게시할 수 있습니다. AIAnimals에서 열람할 수 있는 동물 이미지는 모두 필자가 계약한 구글 클라우드 플랫폼Google Cloud Platform, GCP의 클라우드 스토리지에 저장되어 있으며 AIAnimals

---

6　[옮긴이] 그림 3.2와 동일한 화면입니다.

는 이 스토리지의 이미지에 접근해서 화면에 표시합니다. 단, 이 책의 샘플로 제공하는 이미지의 변경이나 삭제, 새로운 이미지 추가를 방지하기 위해 AIAnimals 이미지 게시 기능은 필자의 스토리지에 이미지를 업로드할 수 없도록 되어 있습니다. AIAnimals 게시 화면에서 실행된 업로드는 가짜로 처리되는 점 양해 부탁합니다.

GCP의 클라우드 스토리지에 저장된 이미지 URL 예

`URL` https://storage.googleapis.com/aianimals/images/000da08168194ab19428ec9154863364.jpg

그림 3.18 게시 화면

이것으로 도커 컴포즈로 백엔드를 기동하고 안드로이드 스튜디오로 스마트폰 애플리케이션 AIAnimals를 설치했습니다. 이 상태에서도 AIAnimals를 사용해 동물 이미지를 검색 및 열람할 수 있습니다. 하지만 머신러닝을 포함해서 가동하기 위해서는 쿠버네티스 클러스터에 백엔드 인프라스트럭처를 구축해야 합니다. 도커 컴포즈에서는 리소스 문제로 머신러닝 관련 서비스를 기동할 수 없습니다. AIAnimals 프로덕션 시스템은 쿠버네티스 클러스터에서 기동하는 구성으로 되어 있습니다. 쿠버네티스 클러스터를 사용하는 이유는 아르고 워크플로와 같은 쿠버네티스에서 작동하는 것을 전제로 한 리소스를 활용하기 위해서입니다. 그리고 도커 컨테이너의 웹 프로덕션 시스템을 작동하는 경우에는 쿠버네티스를 많이 사용하기 때문입니다. 물론 아마존의 AWS Fargate나 GCP의 클라우드 런과 같은 독자 컨테이너 실행 인프라스트럭처를 사용해도 도커 컨테이너를 프로덕션 시스템으로서 작동할 수 있습니다. 하지만 특정한 클라우드 서비스를 사용하게 되면 해당 클라우드에서만 작동하는 시스템을 만들게 되어 이 책을 벗어납니다. 이 책에서는 프로덕션 시스템의 가동 환경으로 쿠버네티스를 사용합니다.

● **쿠버네티스로 백엔드를 기동**

쿠버네티스를 사용하기 위해서는 쿠버네티스를 구축해야 합니다. 쿠버네티스 클러스터를 구축하기 위해 리눅스 서버나 각종 클라우드 서비스를 사용할 수 있습니다. 온프레미스에 쿠버네티스 클러스터를 구축하는 데 익숙하다면 직접 서버를 준비하고 쿠버네티스 클러스터를 구축하는 것이 좋을 수도 있습니다. 그러나 일반적으로는 선호하는 클라우드 서비스를 사용하는 편이 간단하게 쿠버네티스를 사용할 수 있습니다. 이 책에서는 쿠버네티스 클러스터 구축 방법을 설명하지 않으므로, 상세한 설명은 생략합니다. 다음을 참고해 쿠버네티스 클러스터를 준비하기 바랍니다.

쿠버네티스 클러스터 구축을 위한 공식 문서

`URL` https://kubernetes.io/ko/docs/setup/production-environment/tools/

Google Kubernetes Engine(GKE)

`URL` https://cloud.google.com/kubernetes-engine

Amazon Elastic Kubernetes Service(EKS)

`URL` https://aws.amazon.com/ko/eks/

Azure Kubernetes Service(AKS)

`URL` https://azure.microsoft.com/ko-kr/products/kubernetes-service/

또한 쿠버네티스 클러스터를 사용하는 데 비용이 발생할 수도 있으므로 주의하기 바랍니다.

쿠버네티스 클러스터를 가동한 뒤, 백엔드 리소스를 배포합니다. 백엔드는 서로 의존하도록 구성되어 있으므로 다음 순서에 따라 기동해야 합니다.

1. PostgreSQL, Redis, RabbitMQ 등 데이터 계열 미들웨어

2. 일래스틱서치와 Kibana

3. 아르고 워크플로

4. 프로메테우스Prometheus와 그라파나Grafana 등 모니터링 계열

5. MLflow

6. 초기 데이터 등록 잡

7. 일래스틱서치로의 데이터 등록 잡

8. 동물 이미지 특징량 등록 잡

9. 백엔드 API

10. 위반 감지를 위한 머신러닝과 포털

11. 검색을 위한 머신러닝

12. 아르고 워크플로에서 실행하는 배치 잡

기동 명령도 앞의 항목들을 각각 순서대로 실행합니다. 주요 기동 명령어는 Makefile에 모아두었습니다.

먼저 쿠버네티스에 필요한 네임스페이스namespace와 최소한의 리소스를 작성합니다.

명령어

```
# 최소한의 리소스를 추가
$ make initialize_deployment
kubectl apply -f ~/building-ml-system/chapter3_4_aianimals/infrastructure/manifests/
kube_system/pdb.yaml
poddisruptionbudget.policy/event-exporter-gke created
poddisruptionbudget.policy/konnectivity-agent created
poddisruptionbudget.policy/kube-dns-autoscaler created
poddisruptionbudget.policy/kube-dns created
poddisruptionbudget.policy/glbc created
poddisruptionbudget.policy/metrics-server created
namespace: default
kubectl apply -f ~/building-ml-system/chapter3_4_aianimals/infrastructure/manifests/
data/namespace.yaml
namespace/danamespace: data
kubectl apply -f ~/building-ml-system/chapter3_4_aianimals/infrastructure/manifests/
aianimals/namespace.yaml
namespace/aianimals created
namespace: aianimals
kubectl apply -f ~/building-ml-system/chapter3_4_aianimals/infrastructure/manifests/
violation_detection/namespace.yaml
namespace/violation-detection created
namespace: violation-detection
kubectl apply -f ~/building-ml-system/chapter3_4_aianimals/infrastructure/manifests/
elasticsearch/namespace.yaml
namespace/elastic-search created
namespace: elastic-search
kubectl apply -f ~/building-ml-system/chapter3_4_aianimals/infrastructure/manifests/
mlflow/namespace.yaml
namespace/mlflow created
namespace: mlflow
kubectl apply -f ~/building-ml-system/chapter3_4_aianimals/infrastructure/manifests/
argo/namespace.yaml
namespace/argo created
namespace: argo
kubectl apply -f ~/building-ml-system/chapter3_4_aianimals/infrastructure/manifests/
search/namespace.yaml
```

```
namespace/search created
namespace: search
kubectl apply -f ~/building-ml-system/chapter3_4_aianimals/infrastructure/manifests/
monitoring/namespace.yaml
namespace/monitoring created
namespace: monitoring
kubectl -n aianimals create secret generic auth-secret --from-file=infrastructure/
secrets/secret.key
secret/auth-secret created

# 추가된 namespace 확인
$ kubectl get ns
NAME                   STATUS   AGE
aianimals              Active   50m
argo                   Active   50m
data                   Active   50m
default                Active   55m
elastic-search         Active   50m
elastic-system         Active   79s
kube-node-lease        Active   55m
kube-public            Active   55m
kube-system            Active   55m
mlflow                 Active   50m
monitoring             Active   50m
search                 Active   50m
violation-detection    Active   50m
```

계속해서 PostgreSQL, Redis, RabbitMQ 등의 데이터 계열 미들웨어 및 일래스틱서치,
아르고 워크플로, 프로메테우스, 그라파나를 각각 네임스페이스에 추가합니다. 또한 일
래스틱서치와 아르고 워크플로는 쿠버네티스 커스텀 오퍼레이터를 설치해서 구축하므
로, 다양한 리소스가 추가됩니다. 일래스틱서치와 아르고 워크플로의 커스텀 오퍼레이
터에 관해서는 다음 공식 문서를 참조하기 바랍니다.

Argo Workflows
URL https://argoproj.github.io/argo-workflows/quick-start/

Elasticsearch
URL https://www.elastic.co/kr/elastic-cloud-kubernetes

```
# 인프라스트럭처 추가
$ make deploy_infra
# PostgreSQL, Redis, RabbitMQ 추가
kubectl apply -f ~/building-ml-system/chapter3_4_aianimals/infrastructure/manifests/
data/postgres.yaml && \
 kubectl apply -f ~/building-ml-system/chapter3_4_aianimals/infrastructure/manifests/
data/redis.yaml && \
 kubectl apply -f ~/building-ml-system/chapter3_4_aianimals/infrastructure/manifests/
data/rabbitmq.yaml
deployment.apps/postgres created
# 일부 생략

# 일래스틱서치 추가
kubectl apply -f https://download.elastic.co/downloads/eck/2.1.0/crds.yaml && \
 kubectl apply -f https://download.elastic.co/downloads/eck/2.1.0/operator.yaml && \
 kubectl apply -f ~/building-ml-system/chapter3_4_aianimals/infrastructure/manifests/
elasticsearch/deployment.yaml
customresourcedefinition.apiextensions.k8s.io/agents.agent.k8s.elastic.co created
# 일부 생략

# 아르고 워크플로 추가
kubectl -n argo apply -f ~/building-ml-system/chapter3_4_aianimals/infrastructure/
manifests/argo/argo_clusterrolebinding.yaml && \
 kubectl -n argo apply -f https://github.com/argoproj/argo-workflows/releases/
download/v3.3.1/quick-start-postgres.yaml
serviceaccount/user-admin created
# 일부 생략

# 프로메테우스 추가
kubectl -n monitoring apply -f ~/building-ml-system/chapter3_4_aianimals/
infrastructure/manifests/monitoring/prometheus.yaml
clusterrole.rbac.authorization.k8s.io/prometheus created
# 일부 생략

# 그라파나 추가
kubectl -n monitoring apply -f ~/building-ml-system/chapter3_4_aianimals/
infrastructure/manifests/monitoring/grafana.yaml
configmap/grafana-datasources created
# 일부 생략

# PostgreSQL, Redis, RabbitMQ 기동 확인
$ kubectl -n data get deploy,svc
```

```
NAME                            READY
deployment.apps/postgres        1/1
deployment.apps/rabbitmq        1/1
deployment.apps/redis           1/1

NAME                      TYPE        CLUSTER-IP      PORT(S)
service/postgres          ClusterIP   10.84.13.44     5432/TCP
service/rabbitmq-amqp     ClusterIP   10.84.5.173     5672/TCP
service/rabbitmq-http     ClusterIP   10.84.3.228     15672/TCP
service/redis             ClusterIP   10.84.15.40     6379/TCP
```

아르고 워크플로 기동 확인
```
$ kubectl -n argo get deploy,svc
NAME                                    READY
deployment.apps/argo-server             1/1
deployment.apps/minio                   1/1
deployment.apps/postgres                1/1
deployment.apps/workflow-controller     1/1

NAME                                      TYPE .      CLUSTER-IP      PORT(S)
service/argo-server                       ClusterIP   10.84.12.25     2746/TCP
service/minio                             ClusterIP   10.84.2.203     9000/TCP
service/postgres                          ClusterIP   10.84.9.110     5432/TCP
service/workflow-controller-metrics       ClusterIP   10.84.14.67     9090/TCP
```

일래스틱서치의 기동 확인
```
$ kubectl -n elastic-search get deploy,svc
NAME                            READY   UP-TO-DATE      AVAILABLE
deployment.apps/kibana-kb       1/1     1               1

NAME                                        TYPE        CLUSTER-IP      PORT(S)
service/elastic-search-es-default           ClusterIP   None            9200/TCP
service/elastic-search-es-http              ClusterIP   10.84.3.21      9200/TCP
service/elastic-search-es-internal-http     ClusterIP   10.84.2.92      9200/TCP
service/elastic-search-es-transport         ClusterIP   None            9300/TCP
service/kibana-kb-http                       ClusterIP   10.84.4.20      5601/TCP
```

프로메테우스와 그라파나 기동 확인
```
$ kubectl -n monitoring get deploy,svc
NAME                            READY
deployment.apps/Grafana         1/1
deployment.apps/prometheus      1/1
deployment.apps/pushgateway     1/1
```

```
NAME                    TYPE        CLUSTER-IP      PORT(S)
service/grafana         ClusterIP   10.84.1.11      3000/TCP
service/prometheus      ClusterIP   10.84.15.221    9090/TCP
service/pushgateway     ClusterIP   10.84.3.102     9091/TCPa
```

계속해서 초기 가동에 필요한 MLflow와 초기 데이터 등록 잡을 배포합니다.

명령어

```
# MLflow와 초기 데이터 등록 잡을 추가
$ make deploy_init
kubectl apply -f ~/building-ml-system/chapter3_4_aianimals/infrastructure/manifests/
mlflow/mlflow.yaml
deployment.apps/mlflow created
service/mlflow created
kubectl apply -f ~/building-ml-system/chapter3_4_aianimals/infrastructure/manifests/
aianimals/data_configmap.yaml
configmap/data-paths created
kubectl apply -f ~/building-ml-system/chapter3_4_aianimals/infrastructure/manifests/
aianimals/initial_data_registry.yaml
job.batch/initial-data-registry created

# MLflow 기동 확인
$ kubectl -n mlflow get deploy,svc
NAME                      READY
deployment.apps/mlflow    2/2

NAME              TYPE        CLUSTER-IP      PORT(S)
service/mlflow    ClusterIP   10.84.1.21      5000/TCP

# 초기 데이터 등록 작업 기동 확인
$ kubectl -n aianimals get pods,jobs
NAME                               READY   STATUS      RESTARTS
pod/initial-data-registry-lvf22    0/1     Completed   0

NAME                                COMPLETIONS   DURATION
job.batch/initial-data-registry     1/1           2m39s
```

마지막으로 백엔드 API와 일래스틱서치로의 데이터 등록 작업, 특징량 등록 작업을 추
가합니다.

```
# 백엔드 API, 일래스틱서치로의 데이터 등록 작업, 특징량 등록 잡 추가
$ make deploy_base
kubectl apply -f ~/building-ml-system/chapter3_4_aianimals/infrastructure/manifests/
aianimals/api.yaml
deployment.apps/api created
service/api created
kubectl apply -f ~/building-ml-system/chapter3_4_aianimals/infrastructure/manifests/
aianimals/search_registry.yaml
deployment.apps/search-registry created
kubectl apply -f ~/building-ml-system/chapter3_4_aianimals/infrastructure/manifests/
aianimals/animal_feature_registration.yaml
deployment.apps/animal-feature-registry-registration created

# 백엔드 API, 일래스틱서치로의 데이터 등록 작업, 특징량 등록 작업 기동 확인
$ kubectl -n aianimals get deploy,svc
NAME                                                    READY
deployment.apps/animal-feature-registry-registration   1/1
deployment.apps/api                                     1/1
deployment.apps/search-registry                         1/1

NAME          TYPE        CLUSTER-IP    PORT(S)
service/api   ClusterIP   10.84.6.147   8000/TCP
```

위반 감지 리소스는 이번 장 후반, 검색 리소스는 **4장**에서 추가합니다.

쿠버네티스 클러스터로의 접속은 `port-forward`로 터미널로부터 쿠버네티스에 배포한 서비스의 포트에 직접 접속하거나, 클라우드에서 가동하는 쿠버네티스 클러스터라면 Ingress라는 클라우드 로드 밸런서를 조합해 공개할 수 있습니다. 전자는 인터넷에 공개하지 않고 로컬 터미널로부터 API에 접속하는 방법입니다. 후자는 프로덕션 서비스로서 인터넷에 공개하기 위한 방법으로, 직접 도메인을 얻어 DNS에 등록하는 등의 대응이 필요합니다. 여기에서는 전자로 스마트폰 애플리케이션 AIAnimals로부터 백엔드 API에 접속합니다. `port-forward`로 쿠버네티스의 각종 서비스에 접속하는 명령은 다음과 같이 제공합니다.

```
# https://github.com/moseskim/building-ml-system/blob/develop/chapter3_4_aianimals/
infrastructure/port_forward.sh
$ cat infrastructure/port_forward.sh

#!/bin/sh

kubectl -n mlflow port-forward service/mlflow 5000:5000 &
kubectl -n aianimals port-forward service/api 8000:8000 &
kubectl -n argo port-forward service/argo-server 2746:2746 &
kubectl -n elastic-search port-forward service/elastic-search-es-http 9200:9200 &
kubectl -n elastic-search port-forward service/kibana-kb-http 5601:5601 &

$ ./infrastructure/port_forward.sh
Forwarding from 127.0.0.1:5000 -> 5000
Forwarding from [::1]:5000 -> 5000
Forwarding from 127.0.0.1:2746 -> 2746
Forwarding from [::1]:2746 -> 2746
Forwarding from 127.0.0.1:5601 -> 5601
Forwarding from [::1]:5601 -> 5601
Forwarding from 127.0.0.1:9200 -> 9200
Forwarding from [::1]:9200 -> 9200
Forwarding from 127.0.0.1:8000 -> 8000
Forwarding from [::1]:8000 -> 8000
```

이것으로 터미널에서 localhost를 지정해서 쿠버네티스에 배포한 백엔드 API를 포함한 리소스에 접속할 수 있습니다.

백엔드를 도커 컴포즈로 기동하는 것과 쿠버네티스 클러스터로 기동하는 것의 차이는 머신러닝 실행 여부입니다. 머신러닝은 쿠버네티스 클러스터에서만 기동하도록 구성되어 있습니다. 머신러닝이 실행되고 있는 위치의 구조는 이번 장의 **3.5절** 이후와 **4장**에서 자세히 설명합니다.

이번 장에서는 사용자가 동물 이미지 애플리케이션에 동물 이미지를 게시했을 때, 머신러닝의 위반 감지를 활용해 해당 이미지의 공개 여부를 판단하는 시스템에 관해 설명합니다.

3.1.4 동물 이미지 애플리케이션에 위반 감지가 필요해졌다

AIAnimals를 운영한 지 10개월 정도가 지났으며, 그 사이 사용자 수는 약 3,000명 정도, 동물 이미지 수는 7,000장 정도까지 성장했다고 앞에서 설명했습니다. 애플리케이션이 유명해져 성장함에 따라 그 정책에 위배되는 행동을 하는 사용자도 늘어납니다. AIAnimals는 동물 이미지를 게시하고 공유하는 애플리케이션입니다. 바꾸어 말하면, 동물이 찍혀 있지 않은 사진을 게시하는 것은 정책으로 금지하고 있습니다. 또한 사람의 얼굴이 찍힌 이미지를 게시하는 것도 금지되어 있습니다. 사람도 동물이기는 하지만, 개인 정보 보호 관점에서 사람의 얼굴을 배제하는 정책을 세우고 있습니다. 동물이 찍혀 있더라도 질이 나쁜 이미지(예: 동물의 사체나 비속어 등 사람을 불쾌하게 하는 내용이 담긴 이미지)나, 저작권 위반에 해당하는 이미지를 게시하는 것 또한 금지입니다. 이미지의 제목이나 설명문에 비속어나 동물과 관계없는 내용이 포함되어 있는 것도 금지입니다. 이러한 금지된 이미지를 감지하고, 사용자가 열람할 수 없도록 공개 정지 처리를 해야 합니다.

이번 장에서는 AIAnimals에서 위반이 되는 콘텐츠를 머신러닝을 사용해서 감지하고 공개를 금지하는 구조를 개발합니다. 머신러닝으로 위반 감지 시스템을 만드는 방법을 구현하고 워크플로와 함께 설명합니다. 또 개발, 운용 방법론에 관해서도 설명합니다.

3.2 위반 감지의 목적

> 게시판형 서비스에서는 위반 콘텐츠의 게시와 검열이 문제가 됩니다. 서비스 품질을 유지하고, 사용자가 안심하고 사용할 수 있는 상태를 확보하기 위해서는 항상 위반 콘텐츠를 감지하고, 공개 정지 등으로 제한하여 운영해야 합니다.

위반 감지의 목적은 AIAnimals의 정책에 맞지 않는 콘텐츠를 발견하고, 사용자가 열람하지 못하도록 공개를 정지하는 것입니다. AIAnimals에서 위반 대상이 되는 콘텐츠는 다음과 같습니다.

- 사람의 얼굴이 찍힌 이미지
- 동물이 찍히지 않은 이미지
- 동물의 사진이 아닌 그림 게시
- 동물이 찍혀 있더라도 품질이 나쁜 내용의 이미지
- 개인 정보나 윤리적/법적으로 문제가 되는 내용의 제목이나 설명문
- 저작권 위반 콘텐츠

위에 포함되지 않은 미지의 위반 콘텐츠가 나중에 더 발견될 가능성을 부정할 수는 없지만, 지금까지 AIAnimals을 운영해오면서 발견한 위반 카테고리는 위와 같습니다.

게시되는 콘텐츠 수가 적을 때는 사람이 위배되는 이미지들을 보고 배제할 수 있습니다. AIAnimals도 초기에는 월간 100건 이하로 게시가 되었기 때문에 사람이 직접 살펴보고 위반 감지를 해왔습니다. 하지만 게시 건수가 비약적으로 증가함에 따라, 가까운 미래에는 게시되는 모든 콘텐츠를 사람이 보고 판단할 수 없게 됩니다. 초기에 위반 콘텐츠의 감지를 자동화해야 합니다.

정책에 위반되는 유형 이미지가 부적절하거나, 텍스트(제목과 설명문)가 위반 내용을 담은 것으로 나눌 수 있습니다. 두 가지 데이터 모두 머신러닝을 활용한 분류 모델을 개발해서 대처할 수 있을 것으로 보입니다.

위반 콘텐츠를 감지했을 때 개발 팀은 어떤 행동을 하면 좋을까요? 위반 감지 후에는 여러 가지 방법으로 대처할 수 있습니다. 위반 콘텐츠를 감지했다면 자동으로 공개 정지를 할 수 있으며, 위반 콘텐츠를 개발 팀에 알린 뒤 팀에서 재확인을 통해 공개 유지/정지를 판단할 수도 있습니다. 어느 방법이든 위반이라는 판단이 잘못되었을 때의 후속 조치는 필수입니다. 사람이 보고 위반 콘텐츠를 감지했다 하더라도, 다른 멤버가 재확인을 해야 하는 경우도 있습니다. 즉 위반 콘텐츠라고 판단했지만, 사실은 위반이 아닌 콘텐츠의 경우 콘텐츠를 재공개하는 구조가 필요합니다. 이런 '위반 감지 ➡ 공개 정지 ➡ 필요에 따라 재공개'라는 워크플로를 자동화할 수 있는 정도는 머신러닝을 활용한

위반 감지 시스템의 품질에 따라 그 운용 여부가 나뉩니다. 위반 감지는 위반인지 아닌지를 나누는 이진 분류입니다. 위반 감지 분류 모델은 정확도accuracy뿐만 아니라 정밀도precision(위반이라고 분류된 콘텐츠 중 실제 위반 콘텐츠의 비율)와 재현율recall(실제 위반인 콘텐츠 중에서 위반으로 분류된 콘텐츠의 비율) 같은 지표로 평가됩니다. 정밀도와 재현율은 은 일반적으로 트레이드오프 관계에 있습니다. 머신러닝 위반 감지 모델이 어떤 지표(혹은 그 조합)로 평가하는가에 따라 실행할 수 있는 워크플로가 달라집니다.

머신러닝을 사용해서 위반 콘텐츠 감지를 구현하는 목적은 인적 자원 효율화와 사용자 경험 향상입니다. 사람이 수행하는 위반 감지를 머신러닝으로 자동화함으로써 인적 자원의 효율화를 실현합니다. 한편, 이 효율화에 드는 비용이 사람에 의한 감지 비용을 넘어서면 아무런 의미가 없습니다. 반대로 말하면, 머신러닝을 사용한 위반 감지 운영에 드는 비용이 사람이 직접 감지하는 비용보다 낮아야 합니다. 즉 위반 감지의 비즈니스 지표 중 하나는 비용 대 효과입니다.

위반 감지에 의한 사용자 경험 향상에서는 사용자에 따라 목적을 벗어나거나 불쾌하게 만드는 콘텐츠의 제공을 배제하는 것을 실현합니다. 위반은 법적 위반과 정책 위반으로 구성됩니다. 법적 위반(저작권 위반이나 개인 정보 보호 위반)은 절대로 용인할 수 없지만 정책적 위반(사람의 얼굴이나 동물의 그림 게시)은 AIAnimal의 비즈니스적 판단에 따라 용인할 수도 있습니다. 바꾸어 말하면 정책적인 위반이라고 판정한 콘텐츠가 사실은 사용자에게 유익한 동시에 AIAnimals의 정책을 크게 벗어나지 않았다면, 일부 위반을 위반이 아닌 것으로 정책을 변경하는 것도 좋습니다. 예를 들어 사람의 얼굴이 찍혀 있는 이미지는 현시점에서는 위반 대상이지만, 게시하는 사용자 본인이 공개를 승인하거나 애완동물과 함께 찍은 사람의 사진 쪽이 열람자들에게 가치가 있을 때는 사람의 얼굴을 게시하는 것을 허용해도 좋습니다.

이런 상황을 조건으로 AIAnimals의 위반 콘텐츠 감지 시스템을 개발합니다. 주요한 개발 멤버는 머신러닝 엔지니어이지만 앞에서 설명한 것처럼 머신러닝 엔지니어는 필요에 따라 안드로이드 애플리케이션이나 백엔드, 데이터 인프라스트럭처도 개발할 수 있습니다.

위반 콘텐츠 감지 시스템 개발은 다음의 순서로 진행합니다.

1. 감지할 대상의 위반을 정의한다.
2. 필요한 데이터를 수집한다.
3. 위반 감지 모델을 개발한다.
4. 모델 평가에 따라 워크플로를 정의한다.
5. 워크플로를 실현하는 시스템을 개발한다.
6. 실용화하고 평가한다.
7. 평가에 맞춰 위반 감지 모델 개발이나 다른 위반 감지를 수집한다.

3.2.1 머신러닝을 사용해 감지할 위반을 결정한다

머신러닝으로 모든 위반을 감지할 수는 없습니다. 그 이유는 다양하지만, 일반적으로 1. 데이터가 부족하고, 2. 법칙성이 없는 위반은 머신러닝으로는 감지할 수 없기 때문입니다. '데이터가 부족하다'는 것은 정상적인 콘텐츠양에 비해 위반 콘텐츠양이 적은 상태를 말합니다. '법칙성이 없다'는 것은 데이터는 존재하지만 무작위의 위반으로만 보이기 때문에, 머신러닝에서 학습할 수 없는(또는 학습하더라도 과하게 학습해서 사용할 수 없는) 상태를 말합니다. 머신러닝을 사용해 위반을 감지하기 위해서는 위반 데이터가 충분히 존재하고, 법칙성이 있는 위반을 선택해야 합니다.

머신러닝으로 모든 위반 감지를 한 번에 개발할 필요는 없습니다. 머신러닝을 활용한 위반 감지에는 위와 같이 가능한 것과 불가능한 것이 있습니다. 머신러닝으로 어느 정도 정확하게 판단할 수 있는 위반이 아니라면, 머신러닝을 사용해서 얻을 수 있는 장점은 없을 것입니다. 위반에는 중요도가 있습니다. 즉 반드시 감지해서 사용자에게 페널티(예: 위반 콘텐츠를 게시한 사용자는 게시를 금지한다)가 필요한 중요한 위반과 서비스 관점에서는 위반이지만 중요하지 않은 위반이 있습니다. 그 선을 긋는 것은 서비스 운영 정책에 따라 다르므로, 어떤 위반이 얼마나 중요한지 한 마디로 결정할 수는 없습니다. 하지만 실제로 서비스를 제공할 때는 그 규칙을 만들어둠으로써, 서비스 운영에 관해서 멤버에게 기획 개발이나 운용 지침을 제시할 수 있습니다.

이 책에서는 '동물이 찍히지 않은 이미지'에 대한 위반 감지를 다룹니다. 앞에서 설명한 것처럼 AIAnimals에서 위반이라고 판정할 수 있는 행동은 다양합니다. '개인 정보나 윤리적/법적으로 문제가 있는 내용의 제목이나 설명문' 또는 '저작권을 위반하는 콘텐츠' 같은 리스크가 높은 위반도 있습니다. 이런 위반이 중요하지 않다는 것이 아닙니다. 하지만 이 책을 쓰면서 여러분에게 재현 가능한 데이터와 프로그램을 제공하는 것을 목표로 했으므로, 이 책에서 제공 가능한 데이터(이 책 자체가 법적으로 위반하지 않는 데이터)를 고려해, '동물이 찍혀 있지 않은 이미지'를 대처하는 위반으로 결정합니다. '동물이 찍혀 있지 않은 이미지' 감지 시스템을 구현하는 내용은 다른 위반 감지를 구현할 때도 유용한 지식이 됩니다.

3.3 위반 감지에 필요한 데이터를 정의한다

> 머신러닝을 하기 위해서는 데이터의 양과 변형이 충분해야 합니다. AIAnimals 위반 감지를 머신러닝으로 실현하기 위해, 정상 콘텐츠와 위반 콘텐츠 모두에 충분한 양의 변형이 있는 데이터를 정의합니다.

'동물이 찍혀 있지 않은 이미지'의 위반 감지 방법을 생각합니다. '동물이 찍혀 있지 않은 이미지'는 문자 그대로의 의미로, 게시한 이미지에 동물이 찍혀 있지 않은 것은 위반으로 다루게 됩니다. AIAnimals는 동물 이미지를 공유하는 서비스이므로, 동물이 찍혀 있지 않은 이미지가 게시되어 공개되는 것은 서비스 정책에 반합니다. '동물이 찍혀 있지 않은 이미지'를 감지하고, 해당하는 이미지는 공개 정지하는 처리를 합니다.

머신러닝에서 위반 감지 시스템을 만들기 위해서는 정상 데이터와 위반 데이터를 정의하고, 수집해야 합니다. AIAnimals에서 정상 데이터란 1) 동물 이미지가 찍혀 있고, 2) 동물의 매력을 표현하는 제목과 설명문이 기재되어 있고, 3) 피사체의 종별이나 품종(고양이, 개, 랙돌, 불독 등)이 올바르게 선택되어 있고, 4) 위반에 해당하지 않는 것입니다.

'동물이 찍혀 있지 않은 이미지'란 1) 동물 이미지가 찍혀 있는 것에 반하는 상태입니다. 즉 이미지 안에 동물이 찍혀 있지 않은 이미지는 위반 대상이 됩니다(물론 매우 작은 크기로 동물이 찍혀 있으므로 위반이 아니다 같은 이미지도 존재하지만, 어디까지나 많은 사람이 눈으로 볼 수 있는 크기와 모양으로 동물이 찍혀 있는 것을 의미합니다).

'동물이 찍혀 있지 않은 이미지'의 위반 감지는 한 이미지에 대해 동물이 찍혀 있는지 아닌지를 판정하면 구현할 수 있을 것 같습니다. 이 문제는 머신러닝에서는 이진 분류라고 해석할 수 있습니다. 이진 분류 모델을 만들기 위해서는 동물이 찍혀 있는 이미지와 찍혀 있지 않은 이미지를 준비하고 이미지 분류 계열의 머신러닝 모델로 학습해야 합니다. 먼저 동물이 찍혀 있는 이미지와 찍혀 있지 않은 이미지를 준비합니다.

동물이 찍혀 있는 이미지는 AIAnimals에 게시된 이미지를 사용하는 것이 좋습니다. 반대로 '동물이 찍혀 있지 않은 이미지'를 모으는 몇 가지 방법을 소개합니다.

1. AIAnimals에 게시된 '동물이 찍혀 있지 않은 이미지'를 사용한다.
2. 인터넷에서 무료 저작권으로 얻을 수 있는 이미지를 사용한다.

두 방법 모두 '동물이 찍혀 있지 않은 이미지'는 얻을 수 있지만 효율성은 다릅니다. 1번의 방법에서는 먼저 AIAnimals에 대량의 '동물이 찍혀 있지 않은 이미지'가 게시되는 것을 기다려야 합니다. 하지만 '동물이 찍혀 있지 않은 이미지' 위반 감지 머신러닝을 개발할 때까지 '동물이 찍혀 있지 않은 이미지'를 방치하는 것은 좋은 대책은 아닙니다. 2번의 방법이라면 최근에는 머신러닝 개발용으로 다양한 데이터가 무료 저작권인 동시에 무료로 공개되어 있으므로, '동물이 찍혀 있지 않은 이미지' 데이터를 곧바로 손에 넣을 수 있습니다. 그런 이유로 '인터넷에서 무료 저작권으로 얻을 수 있는 이미지를 사용한다'의 방법으로 '동물이 찍혀 있지 않은 이미지'를 수집합니다.

물론 1번의 방법이 항상 쓸모없는 것은 아닙니다. 사용자 수가 늘어 다양한 게시물이 올라오면 위반 내용도 세분화됩니다. '동물이 찍혀 있지 않은 이미지' 위반 또한 인터넷에서 얻은 이미지의 경향을 벗어나 머신러닝 위반 감지 시스템을 회피하는 사용자들도

생길 것입니다. 그 시점에서는 AIAnimals에 게시된 '동물이 찍혀 있지 않은 이미지'를 모아서 머신러닝으로 학습하면 됩니다.

여기에서는 2번의 데이터를 Open Images Dataset이라는 이미지 데이터셋으로부터 수집했습니다. Open Images Dataset은 이미지 인식 계열의 머신러닝 연구에서 사용하기 위해 공개되어 있는 이미지 데이터셋으로, 다양한 이미지가 9,000개 이상의 분류로 제공됩니다. 그중에서 동물 이외의 카테고리로 분류된 이미지의 일부를 수집해서 '동물이 찍혀 있지 않은 이미지'로서 사용합니다.

Open Images Dataset V6 + Extensions
URL https://storage.googleapis.com/openimages/web/index.html

Open Images Dataset의 이미지에는 라벨이 붙어 있으므로, 이미지에 찍혀 있는 피사체는 라벨로 판별할 수 있지만 이미지에 피사체만 찍혀 있다고는 단정할 수 없습니다. 이미지에 따라서는 여러 피사체가 찍혀 있고, 그중에 동물이 포함되어 있는 것도 있습니다. 물론 어떤 이미지에 동물이 포함되어 있다는 정보는 어디에도 없습니다. 직접 분류해서 동물이 찍혀 있는 이미지를 배제해야 합니다. Open Images Dataset은 수백만 장의 이미지를 제공합니다. 동물 이외의 라벨이 붙은 이미지를 필터링해도 수백만 장에 달합니다. 모든 이미지를 선택해서 분류하는 것은 비효율적입니다. 다음 순서로 이미지를 선별합니다.

1. 동물 이외의 라벨이 붙은 이미지를 무작위 샘플링한다.
2. 샘플링한 이미지의 목록을 클라우드 스토리지(AWS의 Amazon S3, GCP의 Cloud Storage 등)에 인터넷에 공개한 상태로 저장한다.
3. 구글 스프레드시트나 마이크로소프트의 엑셀에 각 이미지의 URL을 `IMAGE` 함수로 호출해서 표시한다.
4. 이미지의 옆 셀에 동물이 찍혀 있는지에 관한 플래그를 입력한다.

5. 동물이 찍혀 있는 이미지를 배제하고, '동물이 찍혀 있지 않은 이미지' 목록으로 한다.

'1. 동물 이외의 라벨이 붙은 이미지를 무작위 샘플링한다.'에서는 Open Images Dataset 으로부터 이미지를 다운로드한 뒤 '동물' 이외의 라벨이 붙어 있는 이미지로부터 1% 정도를 무작위로 샘플링하고, 그 파일 경로를 기록합니다. 이것으로 수백만 장의 이미지를 얻었습니다.

'2. 샘플링한 이미지의 목록을 클라우드 스토리지(AWS의 Amazon S3, GCP의 Cloud Storage 등)에 인터넷에 공개한 상태로 저장한다.'에서는 1번에서 얻은 파일을 클라우드 스토리지에 업로드합니다. 스토리지는 3번에서 접근하기 위해 인터넷에 공개한 상태로 저장합니다. 그리고 스토리지의 설정에 따라 같은 스토리지에 저장한 파일도 인터넷에 공개될 가능성이 있으므로 인터넷에 공개하고 싶지 않은 데이터가 섞이지 않도록 주의합니다.

'3. 구글 스프레드시트나 마이크로소프트의 Excel에 각 이미지의 URL을 IMAGE 함수로 호출해서 표시한다.'에서 이미지의 목록을 표시합니다. 구글 스프레드시트에는 IMAGE 함수에 URL을 지정해서 =IMAGE("https://storage.googleapiscom/aianimals/not_animal_images/046_0106.jpg")와 같은 방식으로 셀에 입력하면 해당 셀에 이미지를 표시할 수 있습니다. 이미지는 인터넷에서 접근 가능한 상태여야 하므로 2번에서 인터넷 공개 상태의 스토리지를 지시했습니다. 이미지는 구글 스프레드시트에 **그림 3.19**와 같은 상태로 표시됩니다.

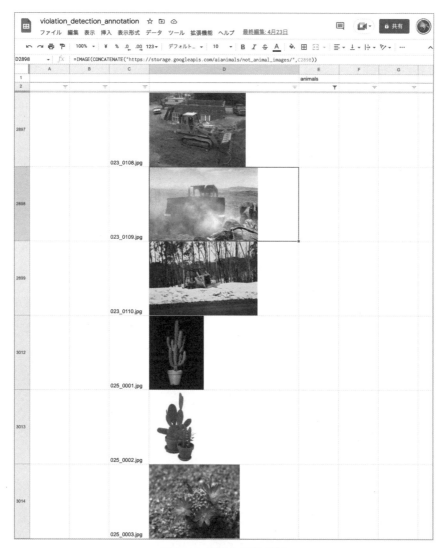

그림 3.19 **구글 스프레드시트**

이 상태에서 '4. 이미지의 옆 셀에 동물이 찍혀 있는지에 관한 플래그를 입력한다.'에서
이미지 옆에 동물이 찍혀 있는 경우에는 '1'과 같은 값을 넣음으로써, 동물이 찍혀 있는
이미지의 목록을 준비할 수 있습니다.

마지막으로 '5. 동물이 찍혀 있는 이미지를 배제하고, '동물이 찍혀 있지 않은 이미지' 목록으로 한다.'에서 플래그에 '1'이 붙어 있지 않은 이미지 목록을 위반 이미지 학습 데이터로 사용합니다.

이런 데이터 분류는 애너테이션annotation이라고 불리는 작업입니다. 머신러닝에서 사용하는 학습/평가 데이터를 작성하기 위해 실시합니다. 머신러닝에서는 올바른 데이터를 제공하지 않으면 유효한 모델을 학습할 수 없으므로, 애너테이션은 머신러닝에서 모델을 만들기 위한 매우 중요한 준비 태스크입니다. 그리고 애너테이션 작업은 대부분 사람이 눈으로 보고 판단해야 하기 때문에 시간과 비용이 듭니다. 애너테이션 작업을 효율적으로 실시하면 머신러닝 프로젝트의 비용이나 소요 시간을 줄일 수 있습니다.

애너테이션 작업을 효율적으로 실시하기 위해서는 작업 환경을 정비하는 것이 중요합니다. 이번 구글 스프레드시트를 사용한 방법에서는 1개의 셀에 표시된 이미지를 보고, 동물 이미지라면 그 옆의 셀에 '1'을 넣고, 그렇지 않으면 무시하는 것을 반복했습니다. 문자로 쓰면 복잡하게 들릴지도 모르지만, 실제로는 키보드의 아래 방향 키(또는 Enter 키)와 1키만을 사용하는 작업이므로, 매우 간단하고 빠르게 진행할 수 있습니다. 실제로 필자가 '동물이 찍혀 있지 않은 이미지'를 수집하기 위해 애너테이션을 했을 때는, 약 3만 장의 이미지를 3시간 정도에 걸쳐 선별했습니다. 여기에서는 동물이 찍혀 있는가만 판별하기 때문에, 전문성도 필요하지 않으며 판단 기준을 망설일 것도 없습니다.

애너테이션 작업에는 이번과 같은 이미지 분류 애너테이션 이외에도 물체를 감지하기 위해 바운딩 박스를 그리거나, 세그멘테이션을 위해 물체가 찍혀 있는 위치를 감싸기도 합니다. 이런 작업이라면 3만 장을 3시간 안에 처리할 수 없을 것이며 구글 스프레드시트를 사용하기도 어렵습니다. 그런 경우에는 애너테이션 전문 도구나 서비스를 사용하거나, 외부의 애너테이션 회사에 의뢰합니다. 이 책은 애너테이션 전문서가 아니므로, 도구 선정이나 추천 애너테이션 회사에 관해서는 설명하지 않습니다. 어떤 방법을 선택하든 머신러닝 모델을 만들기 위해서는, 애너테이션을 활용해 부족한 데이터를 만들어야 한다는 점을 강조하고 다음 절로 넘어갑니다.

3.4 위반 감지 시스템과 워크플로 설계

머신러닝을 활용한다고 해서 모든 작업을 효율적으로 자동화할 수 있는 것은 아닙니다. 서비스 특성에 따라서는 일부 작업은 사람이 하도록 남겨두기도 합니다. 이렇게 머신러닝과 사람의 작업을 조합해 과제를 해결하는 것을 휴먼 인 더 루프라고 합니다.

머신러닝을 사용한 위반 감지를 실현하는 것만으로 과제가 해결되지는 않습니다. 과제를 해결하기 위해서는 과제 해결 태스크를 워크플로에 조합해야 합니다. AIAnimals에서는 사용자가 게시한 이미지에 대해 위반 감지를 조합하고, 감지된 위반 이미지에 대처해야 합니다. 머신러닝 위반 감지가 AIAnimals에서 발생하는 위반 감지의 모든 태스크를 자동화하는 것이 아닙니다. 실제로는 위반 감지 태스크 중, 이미지를 판정하는 부문만 머신러닝에서 실시합니다. 그 이외의 태스크는 현재 상태에서의 처리 방법을 유지하거나, 머신러닝을 조합한 변화에 맞춰 수정해야 합니다. 머신러닝을 구현하기 전에 이런 위반 감지 워크플로를 설계하는 것이 중요합니다.

먼저 현재 상태의 위반 감지 워크플로를 간략하게 확인해봅니다. 현재 상태에서는 사내의 멤버가 시간이 있을 때 게시된 이미지를 보고 있으며, 위반에 해당하는 것의 공개를 정지하고 있습니다. 구체적으로는 다음 순서로 위반 감지 태스크를 실행하고 있습니다 (그림 3.20).

1. 사용자가 게시한 이미지가 공개된다. 동시에 시스템에 이미지를 위반 감지 대기 리스트에 넣는다.
2. 시간이 있는 멤버가 리스트에 기재된 이미지를 확인한다.
3. 이미지가 위반으로 판단되면 데이터베이스의 위반 목록에 추가하고, 공개를 정지한다. 위반이 아니면 공개를 유지한다.
4. 위반인 것을 게시한 사용자에게 알린다.

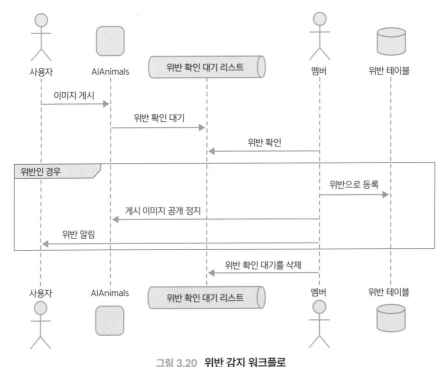

AIAnimals 사람 기반 위반 감지 워크플로

사용자   AIAnimals   위반 확인 대기 리스트   멤버   위반 테이블

이미지 게시

위반 확인 대기

위반 확인

위반인 경우

위반으로 등록

게시 이미지 공개 정지

위반 알림

위반 확인 대기를 삭제

그림 3.20 위반 감지 워크플로

이번 위반 감지 시스템에서는 앞의 1, 2, 3을 시스템에 조합했습니다. 머신러닝은 2번의 '이미지를 확인한다'는 부분에서 실행됩니다. 머신러닝이 이미지를 분류하기 위해서는 게시된 이미지를 머신러닝으로 위반 감지하는 시스템에 전송해야 합니다. 이와 함께 위반이라고 판단하고 데이터베이스에 등록하는 기능도 필요합니다. 이런 머신러닝을 실용화하기 위한 시스템을 설계해서 구축하는 것이 이 책의 주제입니다.

위반 감지 시스템의 설계에서는 다음 3가지를 검토합니다.

1. 게시한 이미지가 공개되기 전에 위반 판정을 할 것인가?
2. 머신러닝이 위반이라고 판정한 이미지를 사람이 재확인할 것인가?
3. 위반 감지율이나 위반 수가 비정상적으로 많았을 때 어떻게 대처할 것인가?

1번의 목적은 콘텐츠를 어떤 시점에서 공개할 것이라는 과제가 됩니다. 모든 콘텐츠를 사전에 위반 판정한 뒤 공개할 것인가, 그렇지 않으면 게시 후 즉시 공개하고 병행해서 위반 판정을 할 것인가를 결정해야 합니다. 사람이 모든 게시를 판정하는 현재 상태의 워크플로에서는 후자의 입장에서 위반 감지를 설계하고 있습니다. 이것은 게시 이후 사람에 의한 판정까지 시간이 있으며 그때까지 사용자를 기다리게 하는 것은 사용자 경험을 손상시킨다는 판단에 따른 것입니다. 특히, 늦은 밤 등 AIAnimals의 운영자가 일하지 않는 시간대에 게시를 하는 경우에는 사람이 확인할 때까지 공개를 허가하지 않게 되면, 사용자의 게시물이 몇 시간이나 공개 대기 상태에 머물게 되므로 사용자 경험은 크게 좋지 않게 됩니다. 물론 늦은 밤 시간에 게시된 위반 콘텐츠는 운영자가 일어나 확인하는 업무 개시 시간까지 방치되지만 품질이 나쁜 위반 콘텐츠의 게시가 적은 현재 상태에서는 허용할 수 있는 리스크라고 판단하고 있습니다.

'모든 콘텐츠를 사전에 위반 판정한 뒤 공개한다'는 것은 위반 판정이 충분히 올바르다면 좋지만, 잘못될 가능성이 높을 때는 공개 여부를 다시 판단해야 합니다. 사용자에게 위반 콘텐츠를 보여주지 않는다는 점에서는 뛰어나지만 정상 콘텐츠가 공개될 때까지 시간이 걸리는 것은 물론, 그 판정이 잘못되었을 때에 상당한 시간 차가 발생하며 사용자 경험의 악화가 예상됩니다. 후자인 '게시 후 즉시 공개하고, 병행해서 위반을 판정한다'의 입장에서는 위반 콘텐츠라도 사용자가 보게 되므로, 위반 콘텐츠의 비율에 따라서는 서비스의 건전성에 문제를 일으킬 수도 있습니다. 하지만 정상 콘텐츠를 게시하는 선량한 사용자에게는 좋은 사용자 경험을 제공할 수 있습니다. 이런 선택은 어느 한쪽이 올바르다고 간단히 결정할 수 없으므로, 비즈니스적 가치나 리스크에 기반해 판단해야 합니다. 그 판단에 따라서 만드는 시스템이 달라집니다. 여기에서는 '게시 후 즉시 공개하고, 병행해서 위반을 판정한다'의 입장에서 '동물이 찍혀 있지 않은 이미지'의 위반 감지 시스템을 만듭니다.

2번의 목적은 머신러닝 정확도가 낮아졌을 때의 대처입니다. 물론 모든 머신러닝이 항상 100% 올바르게 판정할 수는 없기 때문에, 잘못된 판정에 대한 대처는 항상 정해두어야 합니다. 그 예방선으로서 사람의 체크를 넣은 것도 생각할 수 있습니다. 물론 사람이 체크한다는 것은 그만큼의 인건비와 시간이 소요됩니다. 위반 감지 결과를 실시간으로 AIAnimals에 반영하기가 어려워집니다. 품질과 속도를 저울질해서, 사람이 체크하지 않아도 되도록 하는 것도 합리적인 선택지일 것입니다. 이 또한 비즈니스적 가치나 리스크를 기반으로 판단해야 하는 문제입니다.

1번과 2번의 대응을 매트릭스로 나타내면 **표 3.1**이 됩니다.

표 3.1 1번과 2번의 대응을 나타낸 매트릭스

		1. 게시한 이미지가 공개되기 전에 위반 판정을 해야 하는가?	
		사전에 위반 판정한 뒤 공개	게시 후 즉시 공개하고, 위반 감지 병행
2. 머신러닝이 위반이라고 판단한 이미지를 사람이 재확인해야 하는가?	사람이 확인한다.	공개 전에 머신러닝과 사람으로 확인하므로, 위반 이미지 공개 리스크는 적지만 속도가 떨어진다.	공개 후에 머신러닝과 사람으로 확인한다. 일시적으로 위반 이미지가 공개되나, 잘못된 감지를 할 리스크는 적다.
	사람이 확인하지 않는다.	머신러닝에만 의존해서 확인하므로, 위반 이미지를 공개할 리스크와 정상 이미지를 위반이라고 판정할 수 있는 리스크가 남는다.	속도가 빠르고 효율적이지만, 잘못된 감지를 할 리스크가 높다.

표를 보면 무엇을 선택해도 장단점이 있음을 알 수 있습니다. 여기에서 1번은 '게시 후 즉시 공개하고, 위반 감지 병행'을 선택합니다. 다소 리스크는 있지만 현재 상태의 AIAnimals 사용자 수와 위반율을 기준으로 한다면 문제없을 것이라는 판단입니다. 그리고 2번은 '사람이 확인한다'를 선택합니다. 즉 위반 감지에서는 머신러닝으로 판정하면서 사람이 재확인을 합니다. 이 순서라면 머신러닝에서 위반이라고 판정한 경우 일시적으로 이미지를 공개 정지한 뒤 사람이 확인해서 정상 이미지라면 다시 공개하고 위반이라면 그대로 공개 정지하는 플로를 만들 수 있습니다.

마지막으로 3번에서는 머신러닝은 높은 정확도로 추론함에도 불구하고 위반 게시율이 높고, 많은 콘텐츠가 위반으로 취급되는 사태를 생각해봅니다. 그 경우 위반 감지와 동시에 서비스 자체가 무너지는 원인을 밝혀내야 합니다. 그 방법의 하나는 발생하는 위반의 경향을 조사하는 것이고, 다른 하나는 그 원인을 조사하는 것입니다. 어떤 상황이 되면(위반율이 몇 % 이상, 또는 1일 위반 발생 수가 몇 건 이상과 같이 정량적으로 판단한다),

서비스 유지가 곤란해지는 수준의 위반 게시인지, 이를 해결하기 위한 조사와 이니셔티브가 필요한지를 미리 결정해두어야 합니다.

임곗값으로 하는 위반율이나 위반 수 등의 수치를 결정하는 방법에는 베스트 프랙티스가 없습니다. AIAnimals는 수천 건 이상의 이미지를 공개하고 있으며 매일 수백 장의 이미지가 게시되는 서비스로 성장하고 있습니다. 수백 장이라는 수치는 매일 여러 번 로그인하고 있는 열성 사용자라면 모든 이미지를 볼 수 있지만, 매일은 아니지만 정기적으로 사용하는 많은 일반 사용자들이 모든 이미지를 본다고는 단정할 수 없는 수준입니다. 위반 감지에서 위반 이미지는 공개 정지하므로, 일반 사용자가 실제로 위반 이미지를 열람할 가능성은 낮을 것입니다. 먼저 임시로 매일 게시물 중 위반율이 10% 이상이 되는 것을 조사의 임곗값으로 설정합니다. 이 운용 방식에 따라 문제가 없는가, 사용자 수와 게시 수가 늘어나는 도중에 새로운 과제가 발생하지 않는가를 확인하기 위해 3개월 단위로 임곗값을 수정하면서 운영합니다.

이것으로 게시 이미지의 위반을 감지하기 위한 규칙과 워크플로를 대략적으로 결정했습니다. 이미지가 게시된 후 위반을 감지하고, 공개 정지를 결정할 때까지의 순서를 정리하면 다음과 같습니다.

1. 이미지가 게시되고 공개된다.
2. 병행해서 머신러닝에 의한 위반 감지를 실시하고, 위반이라고 판단되면 공개를 정지한다.
3. 공개 정지된 이미지를 사람이 재확인한다.
4. 위반이 아니라면 다시 공개한다. 위반이라면 공개 정지를 유지하고, 위반인 것을 게시한 사용자에게 알린다.
5. 3개월 단위로 임곗값과 운용을 수정한다.

또한 여기에서 구현하는 위반 감지 시스템은 '동물이 찍혀 있지 않은 이미지' 위반만을 대상으로 합니다. 즉 '동물이 찍혀 있지 않은 이미지' 이외의 위반은 현재 상태를 유지하며, 사람이 게시 이미지를 보고 판단합니다. 바꾸어 말하면, 모든 이미지를 사람이 보는 운용은 변하지 않으며, 그 과정에서 '동물이 찍혀 있지 않은 이미지'도 사람이 감지할 것입니다. 하지만 게시 수가 늘어난다면, 모든 위반 감지를 머신러닝에 따라 감지하고 효율화할 필요성이 대두됩니다. 우선 '동물이 찍혀 있지 않은 이미지' 위반 감지를 머신러닝으로 대체함으로써, 현재 사람에 의한 위반 감지에 드는 노력을 얼마나 줄이는가에 따라 평가하는 것을 목표로 합니다.

3.5 위반 감지 모델을 개발한다

> 지금까지 위반 감지 중에서 머신러닝으로 해결하는 부분과 그 주변 순서를 결정했습니다. 계속해서 머신러닝 작성 방법에 관해 설명합니다.

서론이 길었습니다. 이제 머신러닝을 활용한 위반 감지를 개발하는 단계로 들어갑니다.

여기에서 만드는 위반 감지 모델의 학습 프로그램은 다음의 깃허브 저장소에 있습니다. 또한 이 책에 게재한 프로그램은 저장소에서 발췌한 것으로 일부 내용이 생략되어 있습니다. 프로그램 전체는 저장소의 것을 참조하기 바랍니다.

moseskim/building-ml-system

URL https://github.com/moseskim/building-ml-system/tree/develop/chapter3_4_aianimals/violation_detection/model_development/no_animal_violation

학습 프로그램은 **그림 3.21**과 같이 구성되어 있습니다.

```
no_animal_violation
├─ Dockerfile: 학습을 실행하는 Dockerfile
├─ data: 데이터의 리스트가 위치하는 디렉터리
├─ hydra: 학습 파라미터가 위치하는 디렉터리
├─ outputs: 학습 후의 아티팩트(모델 등)를 저장하는 디렉터리
├─ poetry.lock: Poetry로 라이브러리를 정의하는 파일
├─ pyproject.toml: Poetry로 라이브러리를 정의하는 파일
├─ requirements.txt: Poetry로 정의한 라이브러리 리스트
```

```
└─ src: 학습 프로그램이 위치하는 디렉터리
   ├─ dataset: 데이터 형식을 정의하는 프로그램이 위치하는 디렉터리
   ├─ jobs: 실행하는 작업이 위치하는 디렉터리
   ├─ main.py: 프로그램 실행 파일
   ├─ middleware: 범용적으로 사용하는 프로그램이 위치하는 디렉터리
   └─ models: 모델 정의가 위치하는 디렉터리
```

그림 3.21 **학습 프로그램 파일 구성**

머신러닝 모델의 파라미터를 설정하기 위해 Hydra라는 라이브러리를 사용하고, 파라미터는 YAML 파일로 저장합니다. 학습 데이터는 이미지 파일로의 경로를 목록으로 해서 `data` 디렉터리에 저장합니다. 프로그램은 `src` 디렉터리 아래에 배치합니다. 데이터 형식을 정의하는 프로그램, 모델을 정의하는 프로그램, 실행하는 잡을 작성하는 프로그램을 각각 `dataset` 디렉터리, `models` 디렉터리, `jobs` 디렉터리로 나눔으로써 프로그램의 역할을 명확히 합니다. 프로그램은 Dockerfile로 도커 이미지를 빌드하고 컨테이너를 기동해서 실행합니다.

3.5.1 데이터를 결정한다

위반 감지에서 사용하는 이미지 데이터는 **3.3절**에서 준비한 것을 사용합니다. 위반 이미지는 Open Images Dataset에서 무작위 샘플링한 약 3만 장의 이미지, 위반이 아닌 정상 이미지는 AIAnimals에 게시된 7,000장의 이미지를 사용합니다. 먼저 데이터를 학습 데이터와 테스트 데이터로 나눕니다. 전체 데이터 중 70%를 학습 데이터, 30%를 테스트 데이터로 합니다. 정상 이미지와 위반 이미지를 각각 7:3으로 나눕니다. AIAnimals에서는 동물의 종별(개, 고양이 등)과 품종(랙돌, 불독 등) 라벨이 붙어 있습니다. 정상 이미지 학습 데이터와 테스트 데이터의 균형을 맞추기 위해 품종을 각각 7:3으로 나누어 학습 데이터와 테스트 데이터로 합니다. 위반 이미지는 무작위로 얻은 것이므로, 학습 데이터와 테스트 데이터의 분할도 무작위로 합니다. 합계 학습 데이터에 19,850장(정상 이미지 5,161장, 위반 이미지 14,689장), 테스트 데이터 8,502장(정상 이미지 2,227장, 위반 이미지 6,275장)을 준비했습니다. 분할한 이미지의 파일 경로는 텍스트 파일에 기재해서 저장합니다.

```
$ pwd
building-ml-system/chapter3_4_aianimals/violation_detection/model_development/no_
animal_violation

$ cat data/train_animal.txt
https://storage.googleapis.com/aianimals/images/00172d4b80134982834ac9fd76e59abf.jpg
https://storage.googleapis.com/aianimals/images/00242b6847d24d4d870ec361bdfdc73b.jpg
https://storage.googleapis.com/aianimals/images/0039bf22c62c491393212d9d49749f45.jpg
```

이렇게 해서 학습 데이터 파일 단위로 관리하고, 변경이 필요할 때는 리뷰한 뒤 기록할 수 있습니다. 물론 DVC[7]라는 데이터 버전 관리 도구를 사용해도 좋지만 구조를 책이라는 형태에서 공개하기 불편하기 때문에 여기에서는 모두 깃허브 저장소에서 학습 데이터 파일 경로를 관리하는 방식을 사용했습니다.

학습 데이터는 이미지이므로 머신러닝 학습, 평가 시에는 이미지를 다운로드해서 처리해야 합니다. 이 책에서는 여러분이 이미지를 쉽게 얻을 수 있도록 위반 감지의 정상 데이터, 위반 데이터를 모두 구글 클라우드 플랫폼의 구글 클라우드 스토리지에 열람 허가 설정을 해서 제공하고 있습니다. 정상 데이터는 AIAnimals에서 애플리케이션으로서 접근하는 데이터와 같으므로, 일반적인 이미지 계열 애플리케이션(책에서 설명하는 목적이 아닌 영리 목적의 애플리케이션)에서도 열람 허가 설정으로 공개하고 CDN content delivery network에서 호스팅하는 것이 일반적입니다. 반면, 위반 데이터는 개발 용도의 데이터이므로 공개하는 경우는 희박합니다. 여러분이 책과 별도로 프로덕션 애플리케이션을 개발할 때는 클라우드 스토리지의 공개 설정에 주의하기 바랍니다.

3.5.2 모델을 만든다

학습 데이터로 사용하는 이미지 목록은 **3.5.1절**에서 설명한 것처럼 관리하며, 머신러닝 잡 도중에 사용하는 데이터 형식은 **src/dataset** 디렉터리의 **schemas.py**로 관리합니다.

---

7   https://dvc.org/

위반 감지를 위해 정상 이미지와 위반 이미지를 분류하는 머신러닝 모델을 개발합니다. 이미지 분류 모델은 여러 가지가 있지만, 여기에서는 학습이 빠르고 안정적인 MobileNet v3[8]를 사용합니다. MobileNet v3는 스마트폰 등의 장치에서 고속으로 작동하는 것을 목적으로 개발된 이미지 분류 딥러닝 모델입니다. '동물이 찍혀 있지 않은 이미지'를 감지하는 시스템은 서버 사이드에서 작동하므로, 스마트폰 등의 장치만큼 컴퓨팅 리소스가 엄격하지는 않습니다. 하지만 풍부한 리소스를 사용할 수 있다고 해서, 정확도가 높지만 무거운 모델을 다룰 필요는 없습니다. 무거운 모델은 그만큼 학습이 느리고, 추론 시에도 대량의 CPU, GPU, 메모리를 필요로 합니다. 클라우드의 사용이 일반적인 오늘날의 IT 인프라스트럭처에서, CPU나 메모리 리소스는 클라우드 사용료에 그대로 반영됩니다. 또한 속도가 느리면 그만큼 엔지니어가 개발(모델 학습이나 디버그 등)에 들이는 시간이 길어지므로, 위반 감지 개발 지연이나 인건비 증가의 원인이 됩니다. 사용 방법에 따라서는 추론 시에 레이턴시가 악화되는 요인이 되기도 할 것입니다. 이번 위반 감지뿐만 아니라 머신러닝에서 모델을 개발할 때는, 먼저 가볍고 합리적인 모델에서 시험해보는 것이 중요합니다. 가벼운 모델로 충분한 정확도를 얻을 수 있다면 다른 무거운 모델이나 과도한 개발이 필요하지 않게 됩니다. 이런 이유로 먼저 이미지 분류에 가벼운 MobileNet v3로 학습해서 충분한 정확도를 얻을 수 있는지 확인합니다.

이와 같은 이유에서 딥러닝 학습 시에는 학습이 완료된 모델을 사용하는 것을 권장합니다. 딥러닝은 목적에 따라 다양한 뉴럴 네트워크의 아키텍처를 조합할 수 있습니다. 대부분의 아키텍처는 아무것도 없는 상태에서 프로그램을 작성하고, 아무것도 없는 상태에서 학습하면 상당히 오랜 시간이 필요합니다. 인터넷에는 딥러닝 라이브러리용으로 학습이 완료된 모델 파일들이 공개되어 있습니다. 텐서플로라면 텐서플로 허브 TensorFlow Hub[9]에 다양한 모델이 공개되어 있으며, 특정한 라이브러리에 국한되지 않은 공개 사이트로는 사람들이 자발적으로 학습 모델을 올리는 허깅 페이스Hugging Face[10]나

---

8   https://arxiv.org/abs/1905.02244
9   https://tfhub.dev/
10 https://huggingface.co

모델 주Model Zoo[11]가 있습니다. 학습을 완료한 모델을 활용함으로써 프로그램의 양과 학습에 필요한 시간을 크게 줄일 수 있습니다. 사용하고자 하는 라이브러리와 목적에 맞는 학습 완료 모델이 공개되어 있다면, 먼저 그것을 사용해서 검증하지 않을 이유가 없습니다. 그래서 여기에서는 텐서플로 허브에서 MobileNet v3의 학습 완료 모델[12]을 다운로드해서 사용하고 '동물이 찍혀 있지 않은 이미지'의 머신러닝 모델을 개발합니다.

MobileNet v3에서 '동물이 찍혀 있지 않은 이미지'의 위반 감지를 학습하기 위한 학습 파이프라인에 관해 생각해봅니다. 학습 파이프라인에서는 데이터를 얻고, 전처리를 통해 MobileNet v3로 전이 학습을 한 뒤, 학습을 완료한 모델을 평가하고 모델을 저장합니다.

1. 데이터 얻기: 데이터는 **3.5.1절**에서 설명한 것처럼 `building-ml-system/chapter3_4_aianimals/violation_detection/model_development/no_animal_violation/data` 디렉터리에 정상 이미지와 위반 이미지 각각의 URL이 학습용 데이터와 테스트용 데이터로 나눠져 목록으로 저장되어 있다. 파일 경로에 접근해서 학습 환경에 데이터를 다운로드한다.

2. 전처리: 데이터를 MobileNet v3에서 학습할 수 있도록 전처리를 수행한다. MobileNet v3에서는 이미지를 폭 224픽셀, 높이 224픽셀, RGB 컬러로 변환하고, 픽셀값을 0부터 1 사이의 부동 소수점 수(`float32`)로 배열해야 한다.

3. 학습: 전처리된 이미지 데이터와 각 이미지에 해당되는 라벨(정상과 위반)을 MobileNet v3의 입력으로 학습한다.

4. 평가: 모델 평가는 테스트 데이터의 정확도accuracy, 위반 이미지의 정밀도precision, 재현율recall로 평가한다. 정확도는 테스트 데이터를 정상, 위반 모두 정확하게 판정한 비율이다. 정밀도는 위반이라고 판정한 이미지 중 실제로 위반인 이미지의 비율이다. 재현율은 실제 위반 이미지 중 위반이라고 판단한 이미지의 비율이다. 각각 다음의 식으로 계산할 수 있다.

---

11 https://modelzoo.co/
12 https://tfhub.dev/google/imagenet/mobilenet_v3_large_100_224/classification/5

- True Positive(TP): 정상이라고 판정한 실제 정상 이미지
- True Negative(TN): 위반이라고 판정한 실제 위반 이미지
- False Positive(FP): 정상이라고 판정했지만, 실제로는 위반 이미지
- False Negative(FN): 위반이라고 판정했지만, 실제로는 정상 이미지
- 정확도 = (TP + TN) / (TP + TN + FP + FN)
- 정밀도 = TP / (TP + FP)
- 재현율 = TP / (TP + FN)

5. 저장: 모델과 평가는 MLflow Tracking Server로 구축한 모델 관리 서비스에 저장한다.

일반적으로 정밀도와 재현율은 트레이드오프 관계이며, 정확도를 동일하게 유지하는 경우, 한쪽을 높이면 다른 쪽이 낮아집니다. 따라서 여러 학습 모델을 평가할 때는 정밀도와 재현율 중 어느 쪽으로 우선해서 평가할지 정책을 결정하는 것이 유용합니다. 정밀도를 높이는 경우에는 위반이라고 잘못 평가하는 이미지는 줄어들지만 위반임에도 위반이 아니라고 판단하는 이미지가 증가합니다. 반대로 재현율을 높이는 경우에는 위반임에도 위반이 아니라고 판단하는 이미지는 줄어들지만, 위반이라고 잘못 평가하는 이미지가 증가합니다. 어느 쪽을 우선할지에 관한 정책은 위반 게시 수나 비즈니스 목적에 따라 다릅니다. 여기에서는 원래 전체에 대한 위반 이미지의 비율이 적으므로 재현율을 우선해서 위반 이미지를 놓치지 않는 것을 정책으로 합니다. 특히 '동물이 찍혀 있지 않은 이미지' 위반은 AIAnimals의 첫 머신러닝을 활용한 위반 감지이며, 다른 위반은 지속적으로 사람이 감지합니다. 사람이 수행하는 작업이 남아 있으므로, 머신러닝이 놓친 '동물이 찍혀 있지 않은 이미지' 위반을 사람이 확인할 수 있습니다. 누락률을 평가함으로써, 머신러닝을 활용한 '동물이 찍혀 있지 않은 이미지'의 위반 감지 유효성을 평가하고, 다른 위반 감지를 머신러닝으로 구현할지의 여부를 검토할 수 있습니다.

이것으로 머신러닝 파이프라인을 만들고 모델을 작성하는 순서를 결정했습니다. 이제 프로그램을 보면서 개발 방법에 관해 설명합니다.

● 데이터 얻기

데이터 얻기에서는 데이터 목록 파일을 읽고, 이미지가 공개되어 있는 URL에 접근해서 이미지를 다운로드합니다. 이미지가 많으므로 다운로드는 병행 처리(비동기)async로 실행합니다.

예제 3.1의 프로그램에서는 download_dataset 함수에서 파일 경로 목록을 500개 파일 단위로 나누고, 파이썬 표준 병행 처리 라이브러리인 asyncio와 REST 클라이언트 라이브러리인 httpx를 사용해서 다운로드를 실행합니다. 500개 파일 단위로 나눈 것은 대량의 이미지를 한 번에 병행 처리로 다운로드하면, 실행 환경에서 가능한 동시 처리량을 넘어설 수 있기 때문입니다. 500개 파일도 많은 경우가 있으므로, 필요에 따라 값을 조정하기 바랍니다. 다운로드 처리는 download_files 함수와 download_file 함수에서 실행합니다. download_files 함수에서는 httpx를 사용해서 REST 클라이언트를 만들고, download_file 함수에서는 다운로드한 뒤 RGB 컬러 이미지로 개발 환경에 저장합니다.

예제 3.1 **이미지 데이터 다운로드**

```
# https://github.com/moseskim/building-ml-system/blob/develop/chapter3_4_aianimals/
violation_detection/model_development/no_animal_violation/src/jobs/retrieve.py

import asyncio
import os
from io import BytesIO
from typing import List, Optional

import httpx
from PIL import Image


def download_dataset(
    filepaths: List[str],
    destination_directory: str,
) -> List[str]:
    _filepaths = []
    _f = []
```

```
    for i, f in enumerate(filepaths):
        _f.append(f)
        # 500장씩 처리
        if i != 0 and i % 500 == 0:
            _filepaths.append(_f)
            _f = []
    _filepaths.append(_f)
    destination_paths = []
    for fs in _filepaths:
        # asyncio로 비동기 처리
        loop = asyncio.get_event_loop()
        _destination_paths = loop.run_until_complete(
            download_files(
                filepaths=fs,
                destination_directory=destination_directory,
            )
        )
        destination_paths.extend(_destination_paths)
    # 다운로드한 이미지의 파일 경로 리스트를 반환
    destination_paths = [f for f in destination_paths if f is not None]
    return destination_paths


async def download_files(
    filepaths: List[str],
    destination_directory: str,
) -> List[str]:
    tasks = []
    async with httpx.AsyncClient() as client:
        # 파일 리스트를 비동기 태스크로 채운다.
        for f in filepaths:
            basename = os.path.basename(f)
            d = os.path.join(destination_directory, basename)
            tasks.append(download_file(client, f, d))
        destination_paths = await asyncio.gather(*tasks)
    return destination_paths


async def download_file(
    client: httpx.AsyncClient,
    source_path: str,
    destination_path: str,
) -> Optional[str]:
```

```
# 이미지 데이터를 취득
res = await client.get(source_path)
if res.status_code != 200:
    return None
img = Image.open(BytesIO(res.content))
# 이미지 파일을 저장
img.save(destination_path)
return destination_path
```

● 전처리

이미지 다운로드가 완료되었다면 전처리를 실행합니다. 전처리에서는 앞에서 다운로드한 이미지 파일을 메모리가 읽어, 픽셀값을 0부터 1 사이의 부동 소수점 수(float32)의 배열로 변환합니다. 그다음 정상 이미지에 0 라벨, 위반 이미지에 1 라벨을 부여합니다.

예제 3.2에서는 load_dataset 함수에서 학습 데이터와 테스트 데이터 로딩 및 전처리를 호출합니다. load_images_and_labels 함수에서는 데이터와 라벨을 넣기 위해 넘파이NumPy 배열(x와 y)를 만들고, load_images_and_labels 함수에서 이미지를 한 장씩 읽어 픽셀을 부동 소수점 [0, 1] 사이의 값으로 변환합니다.

예제 3.2 이미지 데이터 전처리

```
# https://github.com/moseskim/building-ml-system/blob/develop/chapter3_4_aianimals/
violation_detection/model_development/no_animal_violation/src/jobs/load_data.py

from typing import Any, List, Optional, Tuple

import numpy as np
from nptyping import NDArray
from PIL import Image
from src.dataset.schema import ImageShape, TrainTestDataset


def load_dataset(
    dataset: TrainTestDataset,
    image_shape: ImageShape,
) -> Tuple[
    Tuple[
```

```
            NDArray[(Any, Any, Any, Any), float],
            NDArray[(Any, 2), int],
        ],
        Tuple[
            NDArray[(Any, Any, Any, Any), float],
            NDArray[(Any, 2), int],
        ],
    ]:
        x_train, y_train = load_images_and_labels(
            negative_filepaths=dataset.train_dataset.negative_filepaths,
            positive_filepaths=dataset.train_dataset.positive_filepaths,
            image_shape=image_shape,
        )
        x_test, y_test = load_images_and_labels(
            negative_filepaths=dataset.test_dataset.negative_filepaths,
            positive_filepaths=dataset.test_dataset.positive_filepaths,
            image_shape=image_shape,
        )
        # 학습 데이터와 테스트 데이터를 각각 반환
        return (x_train, y_train), (x_test, y_test)


def load_images_and_labels(
    negative_filepaths: List[str],
    positive_filepaths: List[str],
    image_shape: ImageShape,
) -> Tuple[NDArray[(Any, Any, Any, Any), float], NDArray[(Any, 2), int],]:
    x = np.zeros(
        (
            len(negative_filepaths) + len(positive_filepaths),
            image_shape.height, image_shape.width, image_shape.depth,
        )
    ).astype(np.float32)
    y = np.zeros(
        (len(negative_filepaths) + len(positive_filepaths), 2)
    ).astype(np.uint8)

    i = 0
    # 정상 데이터 취득
    for f in negative_filepaths:
        arr, label = load_image_and_label(
            filepath=f, label=0, image_shape=image_shape,
        )
```

```
        if arr is not None and label is not None:
            x[i] = arr
            y[i, 0] = 1
            i += 1
    # 위반 데이터 취득
    for f in positive_filepaths:
        arr, label = load_image_and_label(
            filepath=f, label=1, image_shape=image_shape,
        )
        if arr is not None and label is not None:
            x[i] = arr
            y[i, 1] = 1
            i += 1
    return x, y


def load_image_and_label(
    filepath: str,
    label: int,
    image_shape: ImageShape,
) -> Tuple[Optional[NDArray[(Any, Any, Any, Any), float]], Optional[int]]:
    # 이미지를 RGB 컬러로 변경하고 크기를 폭 224픽셀, 높이 224픽셀로 수정한 뒤 픽셀값을
    0부터 1 사이의 부동 소수점 수(float32) 배열로 변환한다.
    img = Image.open(filepath).convert(image_shape.color)
    img = img.resize((image_shape.height, image_shape.width))
    arr = np.array(img).astype(np.float32) / 255.0
    return arr, label
```

● 학습

이어서 학습을 합니다. 먼저 모델을 정의합니다. MobileNet v3를 사용하지만, 다른 아키텍처를 사용해야 할 필요가 발생했을 경우를 대비해 모델을 다루는 인터페이스를 추상 클래스로 미리 정의합니다.

평가는 데이터 클래스로서 Evaluation 클래스를 정의합니다. Evaluation 클래스에는 평가에서 사용할 지표로 threshold(임곗값), accuracy(정확도), precision(정밀도), recall(재현율)을 준비합니다. AbstractionModel 클래스는 ABC 클래스를 상속한 추상 클래스이며 필요한 함수와 그 인수를 정의합니다. 이렇게 머신러닝 모델의 인터페이스 정의는 사용하는 라이브러리에 따라 적절한 변수명과 함수는 바뀔 것입니다. 여기에서는 텐서플로의 Keras를 사용해서 개발할 것이므로 텐서플로의 Keras 구조체를 사용하기 쉽도록 인터페이스를 정의합니다. AbstractModel 클래스에는 모델을 학습하기 위해 필요한 함수들을 정의하고 있습니다. define_base_model 함수에서 모델, define_augmemtation 함수에서 데이터 확장을 정의하고 train 함수에서 학습을 실행합니다. evaluate 함수는 평가, predict 함수는 추론을 수행합니다. 모델은 save_as_saved_model 함수에서 텐서플로의 SaveModel 형식으로 저장합니다.

공통 인터페이스를 정의함으로써 MobileNet v3가 아닌 모델을 사용해 학습하게 되더라도, AbstractModel 클래스를 상속해서 모델을 개발할 수 있으므로 구체 클래스만 교체해서 학습을 실행할 수 있습니다. 모델이 바뀔 때마다 학습 실행이나 평가 방법까지 재구현할 필요가 없으므로 개발을 효율적으로 진행할 수 있습니다(예제 3.3).

예제 3.3 머신러닝 모델의 추상 클래스

```python
# https://github.com/moseskim/building-ml-system/blob/develop/chapter3_4_aianimals/
violation_detection/model_development/no_animal_violation/src/models/abstract_model.py

from abc import ABC, abstractmethod
from typing import Any, List

from nptyping import NDArray
from pydantic import BaseModel


class Evaluation(BaseModel):
    threshold: float
    accuracy: float
    positive_precision: float
    positive_recall: float
    negative_precision: float
    negative_recall: float


class AbstractModel(ABC):
    def __init__(
        self,
```

```python
    num_classes: int = 2,
):
    self.num_classes = num_classes

@abstractmethod
def define_base_model(
    self,
    trainable: bool = True,
    lr: float = 0.0005,
    loss: str = "categorical_crossentropy",
    metrics: List[str] = ["acc"],
):
    raise NotImplementedError

@abstractmethod
def define_augmentation(
    self,
    rotation_range: int = 10,
    horizontal_flip: bool = True,
):
    raise NotImplementedError

@abstractmethod
def train(
    self,
    x_train: NDArray[(Any, 224, 224, 3), float],
    y_train: NDArray[(Any, 2), int],
    x_test: NDArray[(Any, 224, 224, 3), float],
    y_test: NDArray[(Any, 2), int],
    artifact_path: str,
    batch_size: int = 32,
    epochs: int = 100,
    early_stopping: bool = True,
):
    raise NotImplementedError

@abstractmethod
def evaluate(
    self,
    x: NDArray[(Any, 224, 224, 3), float],
    y: NDArray[(Any, 2), int],
    threshold: float = 0.5,
) -> Evaluation:
```

```
    raise NotImplementedError

@abstractmethod
def predict(
    self,
    x: NDArray[(Any, 224, 224, 3), float],
) -> NDArray[(Any, 2), float]:
    raise NotImplementedError

@abstractmethod
def save_as_saved_model(
    self,
    save_dir: str,
    version: int = 0,
) -> str:
    raise NotImplementedError
```

AbstractModel 클래스를 상속해서 MobileNet v3의 구체 클래스로 MobilenetV3 클래
스를 구현합니다. define_base_model 함수에서는 텐서플로 허브로부터 학습을 완료한
MobileNet v3를 읽고, 분류층(Softmax층)을 추가합니다. define_augmentation 함수
에서는 이미지 반전과 이동, 확대 축소를 정의합니다. train 함수에서 학습 실행을 구
현합니다.

예제 3.4 **MobileNet v3의 구체 클래스**

```
# https://github.com/moseskim/building-ml-system/blob/develop/chapter3_4_aianimals/
violation_detection/model_development/no_animal_violation/src/models/mobilenetv3.pyls/
mobilenetv3.py


from typing import Any, List

import tensorflow as tf
import tensorflow_hub as hub
from nptyping import NDArray
from sklearn.metrics import accuracy_score, precision_score, recall_score
from src.middleware.logger import configure_logger
from src.models.abstract_model import AbstractModel, Evaluation
from tensorflow import keras
```

```python
class MobilenetV3(AbstractModel):
    def __init__(
        self,
        num_classes: int = 2,
        tfhub_url: str = "https://tfhub.dev/google/imagenet/mobilenet_v3_
large_100_224/classification/5",
    ):
        super().__init__(num_classes=num_classes)
        self.tfhub_url = tfhub_url
        self.hwd = (224, 224, 3)

    # 모델 정의
    def define_base_model(
        self,
        trainable: bool = True,
        lr: float = 0.0005,
        loss: str = "categorical_crossentropy",
        metrics: List[str] = ["acc"],
    ):
        self.model = keras.Sequential(
            [
                hub.KerasLayer(self.tfhub_url, trainable=trainable),
                tf.keras.layers.Dense(self.num_classes, activation="softmax"),
            ],
        )
        self.model.build([None, *self.hwd])
        self.model.compile(
            optimizer=keras.optimizers.Adam(lr=lr),
            loss=loss,
            metrics=metrics,
        )

    # 데이터 확장
    def define_augmentation(
        self,
        rotation_range: int = 10,
        horizontal_flip: bool = True,
    ):
        self.train_datagen = ImageDataGenerator(
            rotation_range=rotation_range,
            horizontal_flip=horizontal_flip,
        )
        self.test_datagen = ImageDataGenerator()
```

```python
# 학습
def train(
    self,
    x_train: NDArray[(Any, 224, 224, 3), float],
    y_train: NDArray[(Any, 2), int],
    x_test: NDArray[(Any, 224, 224, 3), float],
    y_test: NDArray[(Any, 2), int],
    artifact_path: str,
    batch_size: int = 32,
    epochs: int = 10,
    early_stopping: bool = True,
):
    callbacks: List[keras.callbacks] = []
    # 생략
    train_generator = self.train_datagen.flow(
        x_train,
        y_train,
        batch_size=batch_size,
        seed=1234,
    )
    test_generator = self.test_datagen.flow(
        x_test,
        y_test,
        batch_size=batch_size,
        seed=1234,
    )
    self.model.fit(
        train_generator,
        validation_data=test_generator,
        validation_steps=1,
        steps_per_epoch=len(x_train) / batch_size,
        epochs=epochs,
        callbacks=callbacks,
    )

# 이하 생략
```

● 평가

계속해서 평가입니다. MobilnetV3 클래스의 evaluate 함수와 predict 함수를 구현합니다. 이전 항과 마찬가지로 파일을 참조하므로 중복된 부분은 생략합니다(예제 3.5).

평가를 실시하는 evaluate 함수에서는 predict 함수를 실행하고 테스트 데이터의 추론을 얻어, 임곗값 이상의 확률로 위반 라벨이라고 추론한 것을 위반으로 판정합니다. 평가를 위한 Evaluation 클래스에서는 임곗값, 정확도, 정상 이미지 정밀도와 재현율, 위반 이미지의 정밀도와 재현율을 얻습니다. 이 값들은 모두 관리 서버에 저장합니다.

예제 3.5 **평가의 정의**

```
# https://github.com/moseskim/building-ml-system/blob/develop/chapter3_4_aianimals/
violation_detection/model_development/no_animal_violation/src/models/mobilenetv3.pyls/
mobilenetv3.py

# 생략

class MobilenetV3(AbstractModel):
    # 생략

    def evaluate(
        self,
        x: NDArray[(Any, 224, 224, 3), float],
        y: NDArray[(Any, 2), int],
        threshold: float = 0.5,
    ) -> Evaluation:
        # 추론 취득
        predictions = self.model.predict(x).tolist()
        y_pred = [1 if p[1] >= threshold else 0 for p in predictions]
        y_true = y.argmax(axis=1).tolist()
        # 정확도
        accuracy = accuracy_score(y_true, y_pred)
        # 위반 이미지의 정밀도
        positive_precision = precision_score(
            y_true,
            y_pred,
            pos_label=1
        )
        # 위반 이미지의 재현율
        positive_recall = recall_score(
            y_true,
            y_pred,
            pos_label=1
        )
        # 정상 이미지의 정밀도
```

```python
            negative_precision = precision_score(
                y_true,
                y_pred,
                pos_label=0
            )
            # 정상 이미지의 재현율
            negative_recall = recall_score(
                y_true,
                y_pred,
                pos_label=0
            )
            evaluation = Evaluation(
                threshold=threshold,
                accuracy=accuracy,
                positive_precision=positive_precision,
                positive_recall=positive_recall,
                negative_precision=negative_precision,
                negative_recall=negative_recall,
            )
            logger.info(f"evaluated: {evaluation}")
            return evaluation

    def predict(
        self,
        x: NDArray[(Any, 224, 224, 3), float],
    ) -> NDArray[(Any, 2), float]:
        predictions = self.model.predict(x)
        return predictions

    # 생략
```

● 저장

마지막으로 저장입니다. 텐서플로의 모델은 추론을 실행하는 환경에 따라 저장 포맷이 달라집니다. 서버 사이드에서 추론하는 경우 텐서플로에서는 텐서플로 서빙 TensorFlow Serving이라는 추론 서버를 사용합니다. 텐서플로 서빙에서는 SavedModel이라는 Protocol Buffers 형식으로 저장된 학습 완료 모델을 읽어서, REST API 또는 gRPC 서버로 기동할 수 있습니다. 한편 스마트폰 등의 기기 사이드에서 추론하는 Edge AI

에서는 텐서플로에서 텐서플로 Lite라는 라이브러리를 제공합니다. 텐서플로 Lite에서는 학습 완료 모델을 전용 바이너리 형식으로 저장합니다. SavedModel과 텐서플로 Lite에 따라 저장 형식과 방법이 다릅니다. 또한 이번에는 서버 사이드에서 추론하므로 SavedModel로 저장한 파일을 사용합니다(예제 3.6).

예제 3.6 **모델 저장**

```
# src/models/mobilenetv3.py
# https://github.com/moseskim/building-ml-system/blob/develop/chapter3_4_aianimals/
violation_detection/model_development/no_animal_violation/src/models/mobilenetv3.py

# 생략

class MobilenetV3(AbstractModel):
    # 생략

    def save_as_saved_model(
        self,
        save_dir: str = "/opt/outputs/saved_model/0",
        version: int = 0,
    ) -> str:
        saved_model = os.path.join(save_dir, "no_animal_violation_mobilenetv3",
str(version))
        keras.backend.set_learning_phase(0)
        tf.saved_model.save(self.model, saved_model)
        logger.info(f"SavedModel: {saved_model}")
        return saved_model
```

학습해서 작성한 모델 파일과 평가 결과는 MLflow Tracking Server에 저장합니다. MLflow Tracking Server로 저장할 때는 `mlflow` 라이브러리를 사용합니다. `mlflow`에서는 `tracking_url`에 MLflow Tracking Server의 URL을 지정함으로써, MLflow Tracking Server에 로그나 아티팩트를 전송할 수 있습니다.

예제 3.7에 데이터를 얻어 전처리, 학습, 평가, 저장까지의 일련의 흐름을 실행하는 `main.py`를 기재합니다. 프로그램이 길기 때문에, 장황한 부분은 생략합니다.

예제 3.7 머신러닝 흐름

```
# https://github.com/moseskim/building-ml-system/blob/develop/chapter3_4_aianimals/
violation_detection/model_development/no_animal_violation/src/main.py

# 생략

@hydra.main(
    config_path="../hydra",
    config_name=os.getenv("MODEL_CONFIG", "mobilenet_v3"),
)
def main(cfg: DictConfig):
    cwd = os.getcwd()
    task_name = cfg.get("task_name")
    experiment_name = task_name
    now = datetime.now().strftime("%Y%m%d_%H%M%S")
    run_name = f"{task_name}_{now}"

    mlflow.set_tracking_uri(os.getenv("MLFLOW_TRACKING_URI", "http://mlflow:5000"))
    mlflow.set_experiment(experiment_name=experiment_name)
    with mlflow.start_run(run_name=run_name) as run:
        # 파일 리스트 취득
        negative_train_files = read_text(filepath=cfg.dataset.train.negative_file)
        # 생략: 마찬가지로 positive_train_files, negative_test_files, positive_test_
files 취득

        # 이미지 파일 다운로드
        downloaded_negative_train_files = download_dataset(
            filepaths=train_test_dataset.train_dataset.negative_filepaths,
            destination_directory="/opt/data/train/images",
        )
        # 생략: 마찬가지로 downloaded_positive_train_files, downloaded_negative_test_
files, downloaded_positive_test_files 취득
        train_test_dataset = TrainTestDataset(
            train_dataset=Dataset(
                negative_filepaths=downloaded_negative_train_files,
                positive_filepaths=downloaded_positive_train_files,
            ),
            test_dataset=Dataset(
                negative_filepaths=downloaded_negative_test_files,
                positive_filepaths=downloaded_positive_test_files,
            ),
        )
```

```python
# 학습 및 테스트 데이터를 메모리에 로딩
(x_train, y_train), (x_test, y_test) = load_dataset(
    dataset=train_test_dataset,
    image_shape=ImageShape(
        height=cfg.dataset.image.height,
        width=cfg.dataset.image.width,
        depth=3,
        color="RGB",
    ),
)

# MobileNet v3 모델 초기화
model = initialize_model(
    num_classes=2,
    tfhub_url=cfg.jobs.train.tfhub_url,
    trainable=cfg.jobs.train.train_tfhub,
    lr=cfg.jobs.train.learning_rate,
    loss=cfg.jobs.train.loss,
    metrics=cfg.jobs.train.metrics,
)
# 학습 및 평가 실행
evaluation = train_and_evaluate(
    model=model,
    x_train=x_train,
    y_train=y_train,
    x_test=x_test,
    y_test=y_test,
    # 일부 파라미터 생략
)

# 모델 저장
save_as_saved_model(
    model=model,
    save_dir=os.path.join(cwd, cfg.task_name),
    version=0,
)
shutil.make_archive(
    "saved_model",
    format="zip",
    root_dir=os.path.join(cwd, cfg.task_name),
)
saved_model_zip = shutil.move("./saved_model.zip", "/opt/outputs/saved_model.zip")
```

```
        # 모델 파일을 MLflow Tracking Server에 저장.
        mlflow.log_artifact(saved_model_zip, "saved_model")
        # 생략


if __name__ == "__main__":
    main()
```

3.5.3 작업 실행

이것으로 머신러닝으로 학습하기 위한 일련의 흐름을 작성했습니다. 계속해서 이 프로그램을 실행해서 위반 감지 모델을 학습합니다.

학습에 사용하는 파라미터는 Hydra에서 관리합니다. Hydra에서는 YAML 형식으로 다양한 파라미터를 저장하고, 파이썬의 **hydra** 라이브러리를 통해 파라미터를 읽어 프로그램 안에서 사용할 수 있습니다. 이번 MobileNet v3를 활용한 위반 감지 모델의 파라미터는 **예제 3.8**과 같습니다.

예제 3.8 **MobileNet v3의 파라미터**

```
# hydra/mobilenet_v3.yaml
# https://github.com/moseskim/building-ml-system/blob/develop/chapter3_4_aianimals/
violation_detection/model_development/no_animal_violation/hydra/mobilenet_v3.yaml

task_name: violation_detection_no_animal_violation_detection
dataset:
  train:
    negative_file: /opt/data/train_animal.txt
    positive_file: /opt/data/train_no_animal.txt
  test:
    negative_file: /opt/data/test_animal.txt
    positive_file: /opt/data/test_no_animal.txt
  image:
    height: 224
    width: 224
  bucket: aianimals

jobs:
  train:
```

```
    model_name: mobilenet_v3
    tfhub_url: "https://tfhub.dev/google/imagenet/mobilenet_v3_large_100_224/
classification/5"
    train_tfhub: true
    batch_size: 32
    epochs: 3
    learning_rate: 0.0005
    loss: categorical_crossentropy
    metrics:
      - acc
    threshold: 0.5
    augmentation:
      rotation_range: 10
      horizontal_flip: True
      height_shift_range: 0.2
      width_shift_range: 0.2
      zoom_range: 0.2
      channel_shift_range: 0.2
    callback:
      checkpoint: true
      early_stopping: true
      tensorboard: true
    save_as:
      saved_model: true
      tflite: true
```

여기에서는 이전 항의 `main.py`를 실행할 때 필요한 여러 파라미터를 정의합니다. Hydra에서 YAML 파일로 파라미터를 관리함으로써, 머신러닝 학습을 실행하기 위한 파라미터를 모아서 관리할 수 있습니다. 그리고 `main.py`가 읽은 파라미터를 MLflow Tracking Server에 저장함으로써 파라미터와 평가, 아티팩트를 같은 ID로 관리할 수 있습니다. 이렇게 한 파라미터와 결과를 모음으로써, 다양한 파라미터로 실험을 반복하는 머신러닝 특유의 실험 관리를 손쉽게 할 수 있습니다.

학습은 아르고 워크플로로 실행합니다. 아르고 워크플로는 컨테이너 기반 워크플로를 쿠버네티스에서 실행하는 인프라스트럭처를 제공합니다. 아르고 워크플로를 사용하면 도커 컨테이너로 실행하는 여러 잡을 아르고 워크플로가 관리하고 실행합니다. YAML 형식으로 작성한 고유의 매니페스트에 워크플로로 실행할 잡을 정의합니다. 워크플로에서는 여러 잡을 조합할 수 있습니다. 작업 순서나 이전 작업 결과를 전달함으로써 워크플로를 실현하는 구조입니다. 또한 아르고 워크플로에서는 작업의 성패나 리소스 배분, 크론과 같은 시간 지정 기능을 제공하고 있어 쿠버네티스로 워크플로를 실행할 때 편리한 인프라스트럭처입니다.

여기에서 작성한 위반 감지 학습 프로그램은 **예제 3.9**와 같은 매니페스트로 실행할 수 있습니다.

예제 3.9 학습 워크플로를 정의한 매니페스트

```
# https://github.com/moseskim/building-ml-system/blob/develop/chapter3_4_aianimals/
infrastructure/manifests/argo/workflow/no_animal_violation_train.yaml


apiVersion: argoproj.io/v1alpha1
kind: Workflow
metadata:
  generateName: violation-detection-no-animal-violation-train-
spec:
    entrypoint: pipeline
    templates:
      - name: pipeline
        steps:
          - - name: violation-detection-no-animal-violation-train
              template: violation-detection-no-animal-violation-train
      - name: violation-detection-no-animal-violation-train
        container:
          image: shibui/building-ml-system:ai_animals_violation_detection_no_animal_
violation_train_0.0.0
            imagePullPolicy: Always
            command:
              - "python"
              - "-m"
              - "src.main"
            env:
              - name: MODEL_CONFIG
                value: mobilenet_v3
              - name: MLFLOW_TRACKING_URI
                value: http://mlflow.mlflow.svc.cluster.local:5000
            resources:
              requests:
                memory: 20000Mi
```

```
            cpu: 2000m
        outputs:
          parameters:
            - name: mlflow-params
              valueFrom:
                path: /tmp/output.json
```

이 파일을 아르고 워크플로에서 실행하려면 argo 명령어를 설치해야 합니다. argo 명령어는 공식 웹사이트[13]에 공개된 CLI를 사용합니다. 여러분의 환경에 맞춰 적절한 CLI를 설치합니다. 설치한 뒤 명령어는 다음과 같습니다.

명령어

```
$ pwd
~/building-ml-system/chapter3_4_aianimals

$ argo submit infrastructure/manifests/argo/workflow/no_animal_violation_train_job.
yaml
Name:             violation-detection-no-animal-violation-train-fvrtr
Namespace:        argo
ServiceAccount:   default
Status:           Pending
Created:          Sun May 08 15:23:10 +0900 (now)
Progress:

This workflow does not have security context set. You can run your workflow pods more
securely by setting it.
Learn more at https://argoproj.github.io/argo-workflows/workflow-pod-security-context/
```

이것으로 아르고 워크플로에 위반 감지 워크플로를 등록할 수 있습니다. 실행 상황은 아르고 워크플로의 콘솔을 웹 브라우저에서 열어 확인할 수 있습니다(**그림 3.22**).

아르고 워크플로 콘솔
URL https://127.0.0.1:2746/

---

13 https://github.com/argoproj/argo-workflows/releases

그림 3.22 **아르고 워크플로의 콘솔**

아르고 워크플로의 하나로 violation-detection-no-animal-violation-train을 기
동하고 있습니다. 선택하면 상세 화면으로 이동합니다(**그림 3.23**).

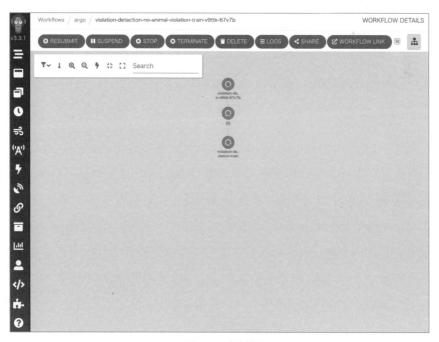

그림 3.23 **상세 화면**

학습 중의 로그는 콘솔의 Logs에서 확인할 수 있습니다(**그림 3.24**).

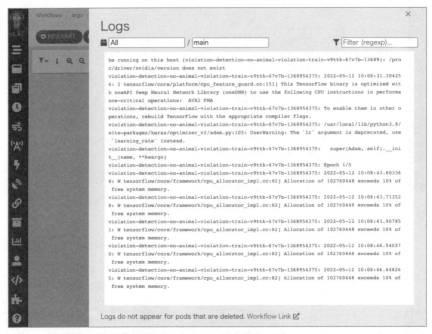

그림 3.24 로그 화면

로그가 길어 책에서는 그 내용을 그대로 게재하지는 않았지만 데이터 다운로드, 전처리, 학습, 평가 및 저장의 흐름으로 진행되는 것을 확인할 수 있습니다.

학습 결과는 MLflow Tracking Server에서 확인할 수 있습니다. MLflow에서는 일련의 실험을 모아서 experiment, 실험 내의 개별 실행을 run으로 관리합니다. experiment에는 이름을 붙일 수 있습니다. '동물이 찍혀 있지 않은 이미지'의 위반 감지에는 violation_detection_no_animal_violation_detection이라는 실험명(experiment_name)을 붙입니다. experiment_name을 사용해서 해당 실험 안에서 실시한 개별 실험 기록을 얻을 수 있습니다. run에도 이름을 붙일 수 있습니다. 하지만 run의 이름은 MLflow 내부에서만 기록되며, FMflow로부터 데이터를 참조하기 위한 목적으로는 사용할 수 없습니다. run의 참조에는 run 실행 후에 자동적으로 부여된 ID(run_id)를 사용합니다. 이

experiment_name과 run_id를 활용해서 학습 실행을 고유하게 특정하고, 저장된 평가나 모델 파일에 접근할 수 있습니다.

MLflow의 experiment_name과 run_id는 main.py에서 사용합니다(예제 3.10). violation_detection_no_animal_violation_detection이라는 유일한 experiment_name을 지정하고, run_name에는 일시를 접미사로 하는 이름을 붙인 것을 알 수 있습니다. run_id는 mlflow.start_run에서 생성된 run의 info.run_id에서 참조할 수 있습니다.

예제 3.10 **MFflow를 활용한 모델 관리를 위한** experiment**와** run**의 정의**

```
# https://github.com/moseskim/building-ml-system/blob/develop/chapter3_4_aianimals/
violation_detection/model_development/no_animal_violation/src/main.py

# 생략
@hydra.main(
    config_path="../hydra",
    config_name=os.getenv("MODEL_CONFIG", "mobilenet_v3"),
)
def main(cfg: DictConfig):
    task_name = cfg.get("task_name")
    # 실험명
    experiment_name = task_name
    now = datetime.now().strftime("%Y%m%d_%H%M%S")
    # 실행명. 실행 일시를 접미사로 붙인다.
    run_name = f"{task_name}_{now}"

    mlflow.set_tracking_uri(
        os.getenv("MLFLOW_TRACKING_URI", "http://mlflow:5000"),
    )
    mlflow.set_experiment(experiment_name=experiment_name)
    with mlflow.start_run(run_name=run_name) as run:
        # 생략

        mlflow_params = dict(
            mlflow_experiment_id=run.info.experiment_id,
            mlflow_run_id=run.info.run_id,
        )

        with open("/tmp/output.json", "w") as f:
            json.dump(mlflow_params, f)
```

여기에서 실행된 `experiment_name`과 `run_id`를 사용해 MLflow Tracking Server로부터 학습 결과를 참조합니다. MLflow Tracking Server는 웹 콘솔을 제공하며 웹 브라우저에서 `http://localhost:5000/#/`을 열어 접근할 수 있습니다(**그림 3.25**). MLflow Tracking Server의 웹 콘솔은 그 구성이 간단합니다. 왼쪽 패널에서 실험을 선택하고 오른쪽 메인 패널에서 실험을 비교, 선택할 수 있도록 되어 있습니다. 여기에서는 실험을 1회만 실행했으므로 실험 결과는 1개 행만 표시됩니다.

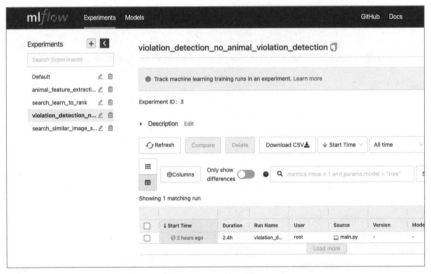

그림 3.25 **MLflow Tracking Server의 웹 콘솔**

'Run Name' 란에 있는 이름을 클릭하면, 실험 결과 화면으로 이동합니다(**그림 3.26**).

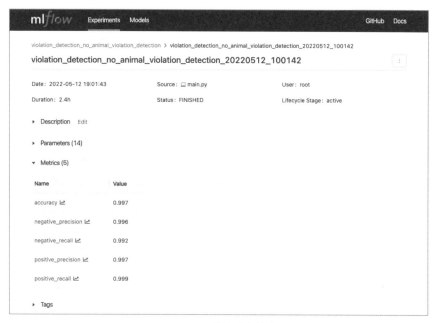

그림 3.26 **실험 결과 화면**

화면에 기록된 것처럼 이번 학습에서는 정확도 0.997%, 위반 정밀도(positive_precision) 0.997, 위반 재현율(positive_recall) 0.999라는 결과를 얻었습니다. 이 수치는 8,504장의 테스트 데이터 이미지(정상 이미지 2,228장, 위반 이미지 6,276장)에 대한 결과입니다. AIAnimals에서는 실제로는 위반 이미지 게시에 비해 정상 이미지 게시가 압도적으로 많으며, '동물이 찍혀 있지 않은 이미지'는 1,000장에 1장 정도의 비율입니다(0.1%). 실제와 달리 학습과 평가에 사용한 테스트 데이터에 위반 이미지를 많이 넣은 것은, 정상으로 동물이 찍혀 있는 이미지보다 동물이 찍혀 있지 않은 이미지 쪽이 패턴이 많기(이미지의 자유도가 높기) 때문에, 다양한 변형을 포함하기 위한 것입니다. 어찌 되었든 이런 정확도라면 프로덕션 서비스에서 사용해도, 사람이 모두 확인할 수 있을 정도의 위반 감지 수이며, 놓치더라도 리스크를 허용할 수 있을 정도로 적다고 말할 수 있습니다. 이 상태에서 위반 감지 프로덕션 시스템에 조합합니다.

3.6 위반 감지 시스템을 실용화한다

> 머신러닝을 실용화하기 위해서는 머신러닝 이외의 개발이 필요합니다. 여기에서 정의한 위반 감지 워크플로에서는 대부분의 시스템이 머신러닝 이외의 소프트웨어와 사람의 작업으로 구성됩니다. 이번 절에서는 사람이 개입하는 시스템에 머신러닝을 조합하는 방법에 관해 설명합니다.

지금까지 학습한 '동물이 찍혀 있지 않은 이미지' 위반 감지의 머신러닝 모델은, 위반 감지 시스템을 구축하기 위한 준비에 해당합니다. 이 머신러닝 모델을 프로덕션 시스템에 조합합니다. 그러기 위해, 프로덕션 시스템을 어떻게 만들 것인지 생각합니다. **3.4절**에서 다음과 같은 정책을 결정했습니다.

1. 게시된 이미지 공개와 병행해서 위반을 감지한다.
2. 머신러닝이 위반이라고 판정한 이미지를 사람이 재확인한다.
3. 위반 감지율이나 위반 수를 보면서, 3개월 단위로 임곗값과 운용을 리뷰한다.

머신러닝으로 개발을 하는 것만으로는 위 정책 중 어느 것도 실현할 수 없음을 알 수 있습니다. 위 정책을 만족하고, AIAnimals에서 '동물이 찍혀 있지 않은 이미지'가 공개되는 것을 줄이기 위해, 머신러닝 모델을 실제 시스템에 조합해나가야 합니다. 이를 위해 필요한 도구나 시스템에 관해 생각해봅니다.

게시된 이미지는 공개와 병행해서 위반 감지를 실행해야 합니다. 공개되어 있는 시점에서 데이터는 AIAnimals의 데이터베이스의 `animals` 테이블에 등록되어 있습니다. 머신러닝 위반 감지에서는 등록되어 있는 이미지를 얻어서 학습을 완료한 MobileNet v3로 추론하면 좋을 것입니다. 즉 동물 이미지 데이터가 `animals` 테이블에 등록되는 것과 동시에 해당 이미지의 위반 감지를 머신러닝에 요청하는 구조를 개발하면, 이미지 공개와 병행해서 위반 감지를 실현할 수 있습니다.

머신러닝이 위반이라고 판정한 이미지는 사람이 재확인합니다. 재확인하기 위해서는 위반이라고 판정한 이미지를 사람에게 체크하도록 의뢰하고, 사람이 체크한 뒤 체크한 결과를 기록해서 이미지 공개 여부에 반영하는 구조가 필요합니다.

마지막으로 위반 감지율이나 위반 수를 정기적으로 리뷰하고, 개발 멤버에게 정책 전환이나 현재 상태 유지라는 의사 결정을 내리는 구조가 필요합니다. 또한 이때 시스템 변경이 결정된다고 해도, 그 개발은 작게 끝나는 것이 이상적입니다.

이런 조건에서 위반 감지 시스템을 개발합니다. 먼저 시스템 설계에 관해 생각해봅니다.

중요한 검토 사항 중 하나는 위반 감지를 모놀리식mololithic하게 할 것인가, 아니면 서비스를 나눌 것인가 하는 점입니다. 모놀리식하게 개발하는 경우 학습한 MobileNet v3의 위반 감지 모델을 백엔드 API에 조합하고, 같은 프로그램 안에서 구현하고, 같은 도커 컨테이너로 위반 감지를 실행하는 구성이 됩니다. 그에 비해 서비스를 나누는 경우, 위반 감지 시스템은 백엔드 API와는 다른 서비스가 됩니다. 백엔드 API와 위반 감지가 사용하는 프로그램의 구성이나 라이브러리, 그리고 필요한 CPU나 메모리 같은 리소스에 큰 차이가 있으므로, 위반 감지 시스템은 백엔드 API와는 별도로 구축하는 것이 좋습니다.

위반 감지 시스템은 어떻게 위반 감지 대상 이미지를 얻으면 좋을까요? 정책은 여러 가지가 있습니다.

1. 백엔드 API에 게시되었을 때, 위반 감지 시스템에 동기적으로 요청한다.
2. 백엔드 API에 게시되었을 때, 위반 감지 시스템에 비동기적으로 요청한다.
3. 위반 감지 시스템이 데이터베이스로부터 위반 감지 미실시 이미지를 검색한다.

각각의 장단점에 관해 생각해봅니다. '1. 백엔드 API에 게시되었을 때, 위반 감지 시스템에 동기적으로 요청한다.'에서는 동기적으로 요청하므로 이미지가 게시된 후부터 즉시 위반 감지가 실시됩니다. 위반이라고 의심되는 이미지가 게시된 뒤, 공개를 정지할 때까지 가장 짧은 시간에 머신러닝에 의한 공개 정지를 할 수 있습니다. 단, 동기적으로 처리하기 때문에 사용자가 이미지를 게시한 뒤 그 결과가 반영되고, 머신러닝에 의한 추론이 완료될 때까지 시간이 걸립니다. 바꾸어 말하면, 정상 이미지를 게시한 사용자 입장에서 보면 이미지가 공개될 때까지 지연이 발생하는 결과가 됩니다. 위반 감지 로직이 복잡하고 길어질수록, 그만큼 지연도 길어집니다. '2. 백엔드 API에 게시되었을 때, 위반 감지 시스템에 비동기적으로 요청한다.'에서는 이미지가 게시되고, 공개된 후 독립적으로 위반 감지 시스템에 위반 판정을 요청합니다. 위반으로 의심되는 이미지가 게재된 후부터 공개 정지될 때까지 시간이 걸립니다. 그러나 반대로, 사용자가 머신러닝에 의한 판단을 기다릴 필요가 없으므로, 사용자 경험은 다소 개선될 것입니다. 마지막으로 '3. 위반 감지 시스템이 데이터베이스로부터 위반 감지 미실시 이미지를 검색한다.'에서는 위반 감지 시스템이 정기적으로 데이터베이스에 접근해서 위반 감지를 실시하지 않은 이미지에 대해 위반 감지를 실시하게 됩니다. 나쁘지 않아 보이지만, 등록되어 있는 **animals** 테이블을 검사하는 처리를 정기적으로 실행하기 때문에 데이터베이스의 부하가 마음에 걸립니다. 이렇게 보면 어떤 것도 최선이라고 말할 수 없습니다. 여기에서는 백엔드 API와 위반 감지 시스템을 느슨한 결합으로 구축함으로써 서로 영향을 최소한으로 줄 수 있는 2번의 비동기 구성을 채용했습니다. 물론 다른 선택지의 시스템을 만들 수도 있습니다.

비동기로 위반 감지를 실시한 결과는 어디에 등록하면 좋을까요? AIAnimals는 다양한 데이터를 관계형 데이터베이스에 저장하기 때문에, 위반 감지도 전용의 **violations** 테이블에 결과를 기록하면 좋을 것입니다. 그 기록을 기반으로 이미지의 공개 여부를 구현합니다. 또한 **violations** 테이블의 데이터는 다음과 같이 조작합니다.

1. 위반 감지 시스템이 위반 감지 결과를 등록한다. 위반이라고 판단한 경우는 이미지 공개를 정지한다.
2. 위반이라고 판단한 레코드는 사람이 재확인해야 한다.
3. 사람이 재확인한 뒤, 정상 이미지라고 판정한 경우는 공개 가능으로 변경한다.

이런 워크플로를 구현하기 위한 테이블 데이터 구조는 **그림 3.27**과 같이 만들면 좋을 것입니다.

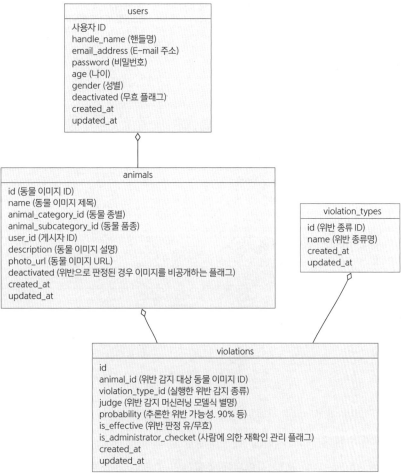

그림 3.27 **테이블의 데이터 구조**

사람은 어떤 방법으로 확인하면 좋을까요? 포털 사이트를 준비하고, 위반 감지 확인 화면을 제공하면 편리할 것입니다. 포털 사이트에서 사람이 재확인한 뒤, 재확인 플래그를 입력합니다. 위반이라면 그 상태 그대로, 위반이 아니라면 위반 플래그를 제외하는 조작을 할 수 있다면 조건은 만족시킬 수 있습니다. 그러므로 위반 감지를 위한 전용 포털 사이트를 만듭니다. 여기까지의 과정을 워크플로로 종합하면 **그림 3.28**과 같은 흐름이 됩니다.

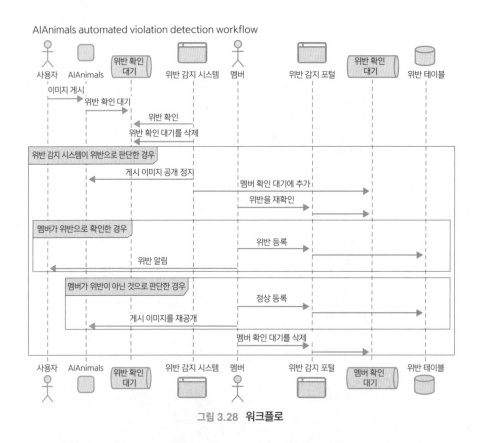

그림 3.28 **워크플로**

마지막으로 위반 감지 수나 정확도의 리뷰입니다. 리뷰는 3개월마다 실시합니다. 모델별 위반 감지 수나 정확도, 기간별 위반 발생률을 보고 서비스의 건전성을 평가합니다. 이것도 위반 감지를 위한 포털 사이트에 조합하면 좋습니다. 물론 리뷰는 3개월까지 기다려야만 하는 것은 아닙니다. 긴급하게 위반 감지 결과를 집계해야 하는 경우도 있으므로, 즉시 집계 결과를 볼 수 있으면 더욱 편리할 것입니다.

여기까지 위반 감지를 실용화하기 위한 구조를 설계했습니다. 다소 길었지만, 처음 고려했던 세 가지 방침을 만족하는 구조를 설계했다고 볼 수 있습니다.

1. 게시한 이미지의 공개와 병행으로 위반 감지를 한다.
2. 머신러닝이 위반이라고 판정한 이미지를 사람이 재확인한다.
3. 위반 감지율과 위반 수를 보면서, 3개월마다 임곗값을 수정한다.

그럼 실제로 만들어봅니다.

3.6.1 비동기 추론 패턴으로 만드는 위반 감지 시스템

위반 감지는 동물 이미지의 등록과는 비동기로 실행합니다. 즉 동물 이미지가 animals 테이블에 등록된 후, 임의의 시점에 위반 감지가 실행됩니다. 위반 감지가 실시되는 것은 animals 테이블에 등록된 직후일 수 있고, 몇 분이 지난 후일 수도 있습니다. 비동기 처리이므로, 위반 감지 실행은 animals 테이블로의 데이터 등록 후이기만 하면 제한은 없습니다. 또한 위반 감지가 실패해도 animals 테이블의 데이터에는 아무런 영향이 없습니다.

비동기 처리를 구현하기 위해 큐로 게시 이미지의 대기 행렬을 만듭니다. 큐에 남아 있는 이미지를 위반 감지 시스템이 얻고, 위반 감지를 실행해서 violations 테이블에 등록해나갑니다. 위반 감지가 실행되는 일련의 흐름은 다음과 같습니다.

1. 이미지가 animals 테이블에 등록된다. 동시에 위반 감지 큐에 이미지 ID가 등록된다.
2. 위반 감지 시스템의 '동물이 찍혀 있지 않은 이미지' 감지가 큐에서 이미지 ID를 얻고, 머신러닝에서 위반을 판단한다.
3. 위반 판정 결과를 violations 테이블에 등록하고 위반인 경우에는 animals 테이블의 deactivated 플래그에 true를 등록하고 공개 정지한다.

큐에는 RabbitMQ로 기동한 메시징 큐 서비스를 사용합니다. RabbitMQ는 AMQP Advanced Message Queuing Protocol를 사용한 메시징 미들웨어입니다. RabbitMQ는 서비스로서 가동하고, 메시지 등록과 전송을 담당합니다. 백엔드 API가 Producer(메시지를 보내는 측)로서 위반 감지 대상 이미지 ID를 RabbitMQ에 등록하고, 위반 감지 시스템이 Consumer(메시지를 받는 측)로서 이미지 ID를 받아 위반 감지를 실시합니다.

'동물이 찍혀 있지 않은 이미지'의 위반 감지에서는 텐서플로로 학습한 MobileNet v3를 사용합니다. MobileNet v3는 텐서플로 서빙에서 기동합니다. 텐서플로 서빙 자체는 RabbitMQ로부터 메시지를 받는 기능이 없으므로 텐서플로 서빙의 통신을 중개하는 프록시를 준비합니다. 프록시가 Consumer로서 이미지 ID를 얻고, 해당하는 이미지 데이터를 다운로드 하고, 텐서플로 서빙에 위반 판정을 요청하고 판정 결과를 등록합니다.

violation 테이블로의 위반 감지 등록은 결과를 모아서 등록하는 레지스트리 서버가 실시합니다. 위반 감지의 추론기(프록시 포함)와 데이터 등록을 분리함으로써 장애와 부하를 분산시킵니다. '동물이 찍혀 있지 않은 이미지'의 위반 감지 프록시로부터 레지스트리 서버로 의뢰하는 것도 메시징 큐를 사용해서 프록시가 Producer로서 위반 감지 결과 메시지를 보내고, 레지스트리 서버가 Consumer로서 메시지를 받아 violations 테이블에 데이터를 기록합니다.

여기까지의 내용을 종합하면 위반 감지 시스템은 **그림 3.29**와 같은 아키텍처를 갖습니다.

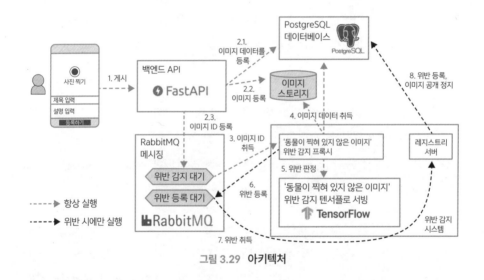

그림 3.29 **아키텍처**

- 메시징 큐: 다양한 메시지를 중개한다.
- 백엔드 API: 게시된 이미지 ID를 메시징 큐에 등록한다(Producer).
- '동물이 찍혀 있지 않은 이미지'의 위반 감지 프록시: 메시징 큐로부터 이미지 ID를 받아(Consumer), 텐서플로 서빙에 추론을 요청한다. 텐서플로 서빙으로부터의 응답을 위반 판정 결과로 메시징 큐에 등록한다(Producer).

- '동물이 찍혀 있지 않은 이미지'의 텐서플로 서빙(MobileNet v3): 요청한 이미지의 위반 여부를 추론하고, 결과를 위반 감지 프록시에 응답한다.
- 레지스트리 서버: 위반 판정 결과를 메시징 큐로부터 받아(Consumer), violations 테이블에 등록한다. 위반일 때는 animals 테이블의 deactivated를 true로 변경하고, 해당 이미지를 공개 정지한다.

이것으로 각 서버의 역할과 태스크가 명확해졌습니다. 각각을 구현합니다.

● 메시징 큐

메시징 큐는 RabbitMQ를 서버로 사용합니다. RabbitMQ의 기동은 실행 환경에 따라 다릅니다. 도커 컴포즈에서는 **예제 3.11**과 같은 매니페스트를 사용합니다.

예제 3.11 RabbitMQ의 도커 컴포즈 매니페스트

```
# https://github.com/moseskim/building-ml-system/blob/develop/chapter3_4_aianimals/
docker-compose.yaml

# 생략
  rabbitmq:
    container_name: rabbitmq
    image: rabbitmq:3-management
    restart: always
    networks:
      - default
    ports:
      - 5672:5672
      - 15672:15672
    environment:
      - RABBITMQ_DEFAULT_USER=user
      - RABBITMQ_DEFAULT_PASS=password
    hostname: rabbitmq
```

RabbitMQ가 제공하는 rabbitmq:3-management라는 도커 이미지를 사용해, 포트 5672와 15672를 공개합니다. 포트 5672가 AMQP용, 포트 15672가 HTTP용입니다.

● 백엔드 API

백엔드 API는 Producer로서 게시된 이미지를 메시징 큐에 등록합니다. 파이썬으로부터 RabbitMQ로 접근하기 위해서는 pika[14]라는 라이브러리를 사용합니다. pika에서 RabbitMQ의 접근 대상 호스트 이름과 사용자 이름 및 비밀번호를 지정하고, 커넥션을 열어 메시지를 등록publish하고 얻습니다subscribe. RabbitMQ의 클라이언트는 다음과 같이 구현합니다(예제 3.12).

예제 3.12 **백엔드 API로부터 RabbitMQ로 연결**

```
# https://github.com/moseskim/building-ml-system/blob/develop/chapter3_4_aianimals/
api/src/infrastructure/messaging.py

import json
from typing import Dict

import pika

# 생략

class RabbitmqMessaging(AbstractMessaging):
    def __init__(self):
        super().__init__()
        self.properties = pika.BasicProperties(
            content_type="application/json"
        )

    # 큐를 만든다.
    def create_queue(
        self,
        queue_name: str,
    ):
        self.channel.queue_declare(
            queue=queue_name,
            durable=True,
        )
```

---

14 https://pika.readthedocs.io/en/stable/

```
# 큐에 메시지를 등록한다.
def publish(
    self,
    queue_name: str,
    body: Dict,
):
    self.channel.basic_publish(
        exchange="",
        routing_key=queue_name,
        body=json.dumps(body),
        properties=self.properties,
    )
```

RabbitMQ에서는 이름을 붙여서 해당 큐에 메시지를 전송합니다. **예제 3.12**에서는 create_queue 함수로 이름을 붙인 큐(메시지를 넣는 것)를 만듭니다. publish 함수에서 지정한 큐에 메시지를 등록합니다. 메시지는 JSON 형식을 사용해 구조화해서 등록할 수 있습니다.

게시된 동물 이미지를 RabbitMQ의 메시지에 등록하는 프로그램은 **예제 3.13**과 같습니다.

예제 3.13 백엔드 API로부터 RabbitMQ로의 등록 처리

```
# https://github.com/moseskim/building-ml-system/blob/develop/chapter3_4_aianimals/
api/src/usecase/animal_usecase.py

class AnimalUsecase(AbstractAnimalUsecase):
    # 생략

    def register(
        self,
        session: Session,
        request: AnimalCreateRequest,
        local_file_path: str,
        background_tasks: BackgroundTasks,
    ) -> Optional[AnimalResponse]:
        # 게시된 동물 이미지를 데이터베이스에 등록
        id = get_uuid()
        photo_url = self.storage_client.make_photo_url(uuid=id)
```

```python
        background_tasks.add_task(
            self.storage_client.upload_image,
            id,
            local_file_path,
        )
        logger.info(f"uploaded image to {photo_url}")
        record = AnimalCreate(
            id=id,
            animal_category_id=request.animal_category_id,
            animal_subcategory_id=request.animal_subcategory_id,
            user_id=request.user_id,
            name=request.name,
            description=request.description,
            photo_url=photo_url,
        )
        data = self.animal_repository.insert(
            session=session,
            record=record,
            commit=True,
        )
        if data is not None:
            response = AnimalResponse(**data.dict())
            for q in Configurations.animal_violation_queues:
                # 백그라운드 작업으로 RabbitMQ에 메시지를 등록
                # 내용은 동물 이미지 ID
                background_tasks.add_task(
                    self.messaging.publish,
                    q,
                    # 동물 이미지 ID를 JSON 형식으로 메시지로 등록
                    {"id": data.id},
                )
            return response
        return None
```

animal_usecase.py는 길이가 길어 일부를 생략하고 필요한 부분만 기재했습니다. 메시징 큐로의 등록은 **예제 3.13** 중 가장 마지막에 주석을 붙인 위치에서 수행합니다. 특별히 어려운 프로그램은 필요하지 않습니다. 단순하게 JSON 형식으로 동물 이미지 ID를 전달하는 것임을 알 수 있습니다.

● '동물이 찍혀 있지 않은 이미지'의 위반 감지 프록시

백엔드 API가 등록한 메시지는 '동물이 찍혀 있지 않은 이미지'의 위반 감지 프록시가 얻습니다. RabbitMQ의 메시지를 얻을 때도 등록할 때와 마찬가지로 pika를 사용합니다. 메시지를 얻어 위반 감지를 실행하는 처리 과정은 다음과 같습니다.

1. 대상 큐에 메시지가 들어오는 것을 기다린다.

2. 들어온 메시지를 얻는다.

3. 메시지에 들어 있는 이미지 ID를 사용해서 이미지를 다운로드한다.

4. 텐서플로 서빙에 추론을 요청한다.

5. 추론 결과를 레지스트리 서버에 전송하기 위해 큐에 등록한다.

6. 1로 돌아간다.

pika에서 큐를 기다리는 부분은 콜백 함수로 구현합니다. 콜백 함수 안에 다음 3~5번의 처리를 기술합니다. 구체적인 프로그램은 **예제 3.14**와 같습니다.

예제 3.14 **콜백 함수를 사용한 메시지 획득과 추론 요청**

```
https://github.com/moseskim/building-ml-system/blob/develop/chapter3_4_aianimals/
violation_detection/no_animal_violation/proxy/src/job/violation_detection_job.py

# 생략

class ViolationDetectionJob(object):
    # 생략

    def run(
        self,
        consuming_queue: str,
        registration_queue: str,
    ):
        # 메시지 취득 시의 콜백 함수
        def callback(ch, method, properties, body):
            data = json.loads(body)
            self.logger.info(f"consumed data: {data}")
            animals = self.animal_repository.select(
                query=AnimalQuery(id=data["id"]),
```

```
            limit=1,
            offset=0,
        )

        animal = animals[0]
        # 위반 감지를 실시한다.
        violation = self.detect_violation(animal=animal)

        # 레지스트리 서버에 전송하기 위해
        # 위반 결과를 큐에 메시지로 등록한다.
        self.messaging.publish(
            queue_name=registration_queue,
            body=violation,
        )
        # 위반 확인 대기 동물 이미지의 메시지를 삭제한다.
        ch.basic_ack(delivery_tag=method.delivery_tag)

    # 위반 확인 대기 동물 이미지의 메시지를 얻는다.
    self.messaging.init_channel()
    self.messaging.channel.queue_declare(
        queue=consuming_queue,
        durable=True,
    )
    self.messaging.channel.queue_declare(
        queue=registration_queue,
        durable=True,
    )
    self.messaging.channel.basic_qos(prefetch_count=1)
    self.messaging.channel.basic_consume(
        queue=consuming_queue,
        on_message_callback=callback,
    )
    self.messaging.channel.start_consuming()


# 텐서플로 서빙에 위반 판정 추론을 요청하고 응답을 얻는다.
def detect_violation(
    self,
    animal: AnimalModel,
) -> Optional[Dict]:
    with httpx.Client() as client:
        # 이미지를 얻는다.
        res = client.get(animal.photo_url)
```

```
        img = Image.open(BytesIO(res.content))
        # 텐서플로 서빙에 위반 판정을 요청한다.
        prediction = self.predictor.predict(img=img)
        return {
            "animal_id": animal.id,
            "violation_type_id": self.violation_type_id,
            "probability": prediction.violation_probability,
            "judge": Configurations.model_name,
            "is_effective": True,
            "is_administrator_checked": False,
        }
```

코드의 내용이 길어 일부는 생략했습니다. run 함수 안에서 콜백 함수를 정의합니다.
콜백 함수 아래 RabbitMQ 큐로부터 메시지를 얻는 처리를 작성합니다. 메시지 안의 이
미지 ID를 사용해서 이미지를 다운로드하고, 텐서플로 서빙에 추론을 요청하는 처리는
detect_violation 함수가 실행합니다.

텐서플로 서빙에는 REST 또는 gRPC로 요청할 수 있습니다. 여기에서는 파이썬의
REST 클라이언트 라이브러리인 httpx로 요청합니다. 텐서플로 서빙에 요청하는 프로
그램은 **예제 3.15**와 같습니다.

예제 3.15 텐서플로 서빙으로의 요청

```
# https://github.com/moseskim/building-ml-system/blob/develop/chapter3_4_aianimals/
violation_detection/no_animal_violation/proxy/src/service/predictor.py

# 생략

class Prediction(BaseModel):
    violation_probability: float


class NoViolationDetectionPredictor(AbstractPredictor):
    def __init__(
        self,
        url: str,
        height: int = 224,
        width: int = 224,
        timeout: float = 10.0,
```

```
        retries: int = 3,
    ):
        super().__init__()
        self.url = url
        self.height = height
        self.headers = {"Content-Type": "application/json"}

    # 이미지 전처리
    def _preprocess(
        self,
        img: Image,
    ) -> np.ndarray:
        img = img.resize((self.height, self.width))
        array = (
            np.array(img)
            .reshape(
                (1, self.height, self.width, 3)
            ).astype(np.float32)
            / 255.0
        )
        return array

    # 추론 요청
    def _predict(
        self,
        img_array: np.ndarray,
    ) -> Optional[List]:
        img_list = img_array.tolist()
        request_dict = {"inputs": {"keras_layer_input": img_list}}
        with httpx.Client() as client:
            # 텐서플로 서빙에 POST 요청을 한다.
            res = client.post(
                self.url,
                data=json.dumps(request_dict),
                headers=self.headers,
            )
        # 추론 결과는 JSON 형식으로 취득한다
        response = res.json()
        self.logger.info(f"prediction: {response}")
        return response["outputs"][0]

    def predict(
        self,
```

```
        img: Image,
    ) -> Optional[Prediction]:
        img_array = self._preprocess(img=img)
        prediction = self._predict(img_array=img_array)
        return Prediction(violation_probability=prediction[1])
```

_preprocess 함수에서 이미지 전처리를 실시하고, 이미지를 폭 224px, 높이 224px
의 RGB 컬러로 하고, 넘파이 배열로 변환해 픽셀값을 0부터 1 사이의 부동 소수점 수
(float32) 값으로 변환합니다. _predict 함수로 전처리를 완료한 이미지 배열을 텐서플
로 서빙에 요청하고 추론 결과를 응답으로 받습니다.

추론 결과는 **예제 3.16**과 같은 JSON 형식의 텍스트로 모아서, 레지스트리 서버용 큐에
메시지로 등록합니다.

예제 3.16 **추론 결과의 JSON 형식 텍스트**

```
{
    "animal_id": animal.id, // 동물 이미지 ID
    "violation_type_id": self.violation_type_id, // 위반의 종류. 여기에서는
no_animal_violation_detection
    "probability": prediction.violation_probability, // 추론한 위반 확률
    "judge": Configurations.model_name, // 모델명. MFflow의 run_id를 사용
    "is_effective": True, // 유효한 추론임을 나타냄
    "is_administrator_checked": False, // 사람에 의한 재확인은 미실시
}
```

'동물이 찍혀 있지 않은 이미지' 위반 감지 프록시에서 처리된 메시지는 RabbitMQ에서
삭제되므로, 중복 처리되지 않습니다. 거꾸로 메시지 처리에서 에러가 발생해 완료되지
않은 경우(예: 텐서플로 서빙에서 처리할 수 없었던 경우 등), 해당 메시지는 RabbitMQ로 반
환되고, 다시 프록시에서 처리되는 큐로 들어갑니다.

● '동물이 찍혀 있지 않은 이미지'의 텐서플로 서빙(MobileNet v3)

학습한 MobileNet v3는 텐서플로 서빙으로 기동합니다. 텐서플로 서빙은 텐서플로
가 제공하는 추론용 서버입니다. 텐서플로에서 학습한 SavedModel로 저장된 모델을

텐서플로 서빙으로 기동하면, 자동으로 gRPC와 REST API 엔드포인트를 가진 웹 API를 가동하는 것이 됩니다. 웹 API에 대해서 gRPC라면 Protocol Buffers, REST API라면 JSON 형식으로 데이터를 요청함으로써, 추론 결과를 응답으로 얻을 수 있습니다.

텐서플로 서빙은 SavedModel을 포함한 도커 이미지를 빌드하고, 도커 컨테이너 안에서 `tensorflow_model_server` 명령어를 실행해서 기동할 수 있습니다. 도커 이미지를 작성하는 Dockerfile은 **예제 3.17**과 같습니다.

예제 3.17 텐서플로 서빙의 Dockerfile

```
# https://github.com/moseskim/building-ml-system/blob/develop/chapter3_4_aianimals/
violation_detection/no_animal_violation/serving/Dockerfile

ARG FROM_IMAGE=tensorflow/serving:2.9.1

FROM ${FROM_IMAGE}

ARG LOCAL_DIR=violation_detection/no_animal_violation/serving
ENV PROJECT_DIR no_animal_violation
ENV MODEL_NAME no_animal_violation
ENV MODEL_BASE_PATH /${PROJECT_DIR}/saved_model/

COPY ${LOCAL_DIR}/model/saved_model/ ${MODEL_BASE_PATH}
COPY ${LOCAL_DIR}/tf_serving_entrypoint.sh /usr/bin/tf_serving_entrypoint.sh
RUN chmod +x /usr/bin/tf_serving_entrypoint.sh
EXPOSE 8500
EXPOSE 8501
ENTRYPOINT ["/usr/bin/tf_serving_entrypoint.sh"]
```

내용을 요약하면 SavedModel과 `tensorflow_model_server`의 기동 스크립트를 도커 이미지에 복사하는 것뿐입니다. 스크립트의 내용은 **예제 3.18**과 같습니다.

예제 3.18 텐서플로 서빙 기동 스크립트

```
# https://github.com/moseskim/building-ml-system/blob/develop/chapter3_4_aianimals/
violation_detection/no_animal_violation/serving/tf_serving_entrypoint.sh

#!/bin/bash
```

```
set -eu

PORT=${PORT:-8500}
REST_API_PORT=${REST_API_PORT:-8501}
MODEL_NAME=${MODEL_NAME:-"no_animal_violation"}
MODEL_BASE_PATH=${MODEL_BASE_PATH:-"/no_animal_violation/saved_model/${MODEL_NAME}"}

tensorflow_model_server \
    --port=${PORT} \
    --rest_api_port=${REST_API_PORT} \
    --model_name=${MODEL_NAME} \
    --model_base_path=${MODEL_BASE_PATH}
```

이 내용은 SavedModel의 경로와 공개할 포트를 지정하고, `tensorflow_model_server`
명령어를 호출하는 것입니다. 이것으로 도커 컨테이너를 기동하면 다음과 같은 로그와
함께 MobileNet v3가 텐서플로 서빙으로 기동합니다.

명령어

```
$ kubectl -n viloation-detection logs deployment.apps/no-animal-violation-serving
Found 2 pods, using pod/no-animal-violation-serving-7c445d69c8-d7ww7
2022-05-08 06:55:10.811650: I tensorflow_serving/model_servers/server.cc:89] Building
single TensorFlow model file config: model_name: no_animal_violation model_base_path:
/no_animal_violation/saved_model/
(…중략…)
2022-05-08 06:55:13.064946: I tensorflow_serving/model_servers/server.cc:383] Profiler
service is enabled
2022-05-08 06:55:13.066319: I tensorflow_serving/model_servers/server.cc:409] Running
gRPC ModelServer at 0.0.0.0:8500 ...
[warn] getaddrinfo: address family for nodename not supported
2022-05-08 06:55:13.067493: I tensorflow_serving/model_servers/server.cc:430]
Exporting HTTP/REST API at:localhost:8501 ...
[evhttp_server.cc : 245] NET_LOG: Entering the event loop ...
```

이것으로 텐서플로 서빙의 gRPC와 REST API에 이미지 데이터와 함께 요청하면, 앞에
서 학습한 '동물이 찍혀 있지 않은 이미지' 모델 추론 결과를 얻을 수 있습니다.

● 레지스트리 서버

계속해서 레지스트리 서버입니다. 레지스트리 서버 안에서는 메시징 큐로부터 위반 판정 결과를 얻고, 위반 판정 결과를 violations 테이블에 기록합니다. 그리고 위반에 해당하는 경우에는 animals 테이블의 해당 이미지를 deactive로 설정해서 공개를 정지합니다.

메시징 큐로부터 데이터를 얻은 후 일련의 처리는 "동물이 찍혀 있지 않은 이미지'의 위반 감지 프록시'(209페이지)에서 설명한 것과 마찬가지로, 큐에 메시지가 들어올 때까지 기다린 뒤, 메시지가 들어오면 콜백 함수에 기술한 처리를 실행하게 됩니다. 구체적인 내용은 예제 3.19와 같습니다.

예제 3.19 위반 등록 처리

```
# https://github.com/moseskim/building-ml-system/blob/develop/chapter3_4_aianimals/
violation_detection/registry/src/job/register_violation_job.py

# 생략

class RegisterViolationJob(object):
    # 생략

    def run(
        self,
        queue_name: str,
    ):
        # 메시지를 취득했을 때의 콜백 함수
        def callback(ch, method, properties, body):
            # 위반 판정 결과를 데이터베이스에 등록한다.
            data = json.loads(body)
            self.logger.info(f"consumed data: {data}")
            violation = ViolationCreateRequest(**data)
            self.violation_usecase.register(request=violation)
            ch.basic_ack(delivery_tag=method.delivery_tag)
        self.messaging.init_channel()
        self.messaging.channel.queue_declare(
            queue=queue_name,
            durable=True,
        )
        self.messaging.channel.basic_qos(prefetch_count=1)
        self.messaging.channel.basic_consume(
```

```
            queue=queue_name,
            on_message_callback=callback,
        )
        self.messaging.channel.start_consuming()
```

콜백 함수의 내용은 간단합니다. 얻은 데이터를 대상 테이블에 등록합니다. 등록 처리는 예제 3.20과 같습니다.

예제 3.20 위반을 데이터베이스에 등록

```
# https://github.com/moseskim/building-ml-system/blob/develop/chapter3_4_aianimals/
violation_detection/registry/src/usecase/violation_usecase.py

# 생략

class ViolationUsecase(AbstractViolationUsecase):
    # 생략

    def register(
        self,
        request: ViolationCreateRequest,
    ) -> Optional[ViolationResponse]:
        violation_id = get_uuid()
        record = ViolationCreate(
            id=violation_id,
            animal_id=request.animal_id,
            violation_type_id=request.violation_type_id,
            probability=request.probability,
            judge=request.judge,
            is_effective=request.is_effective,
            is_administrator_checked=request.is_administrator_checked,
        )
        # 위반 감지 테이블에 위반 판정 결과를 등록한다.
        self.logger.info(f"record: {record}")
        data = self.violation_repository.insert(
            record=record,
            commit=True,
        )

        # 임곗값을 취득
        threshold = Configurations.thresholds.get(request.violation_type_id, 0.9)
```

```
        if record.is_effective and record.probability > threshold:
            # 위반 판정이 유효하고 임곗값 이상인 경우에는 동물 이미지를 비공개로 한다.
            animal_update = AnimalUpdate(
                id=request.animal_id,
                deactivated=True,
            )
            self.animal_repository.update(record=animal_update)
        response = ViolationResponse(**data.dict())
        return response
```

코드 후반의 threshold = Configurations.thresholds[request.violation_type_id]에서 위반 감지의 임곗값을 얻습니다. 임곗값은 위반의 종류별로 결정되어 있으며, 임곗값을 넘는 경우에만 animals 테이블의 deactivated를 true로 해서 공개를 정지하는 구조입니다.

레지스트리 서버에서 처리된 메시지는 RabbitMQ에서 삭제되며 중복 처리되지 않습니다. 반대로 장애 등으로 인해 처리 시 에러가 발생하면 처리하지 못했던 메시지는 RabbitMQ로 반환되어 처리 대상 큐에 넣어지고, 나중에 레지스트리 서버에서 다시 처리될 때까지 대기합니다.

● 위반 감지 시스템을 배포한다

마지막으로 이 시스템들을 쿠버네티스 클러스터에 배포합니다. 위반 감지 시스템은 RabbitMQ, 백엔드 API, '동물이 찍혀 있지 않은 이미지' 위반 감지 프록시, '동물이 찍혀 있지 않은 이미지' 텐서플로 서빙, 레지스트리 서버로 구성되어 있습니다. RabbitMQ와 백엔드 API는 앞에서 배포한 것과 같습니다. '동물이 찍혀 있지 않은 이미지' 위반 감지 프록시, 텐서플로 서빙, 레지스트리 서버를 신규로 배포하게 됩니다.

'동물이 찍혀 있지 않은 이미지' 위반 감지 프록시를 배포하는 쿠버네티스 매니페스트는 예제 3.21과 같습니다.

예제 3.21 '동물이 찍혀 있지 않은 이미지' 위반 감지 프록시의 쿠버네티스 매니페스트

```
# https://github.com/moseskim/building-ml-system/blob/develop/chapter3_4_aianimals/
infrastructure/manifests/violation_detection/no_animal_violation_proxy.yaml

apiVersion: apps/v1
kind: Deployment
metadata:
  name: no-animal-violation-proxy
  namespace: violation-detection
  labels:
    app: no-animal-violation-proxy
spec:
  replicas: 2
  selector:
    matchLabels:
      app: no-animal-violation-proxy
  template:
    metadata:
      labels:
        app: no-animal-violation-proxy
    spec:
      containers:
        - name: no-animal-violation-proxy
          image: shibui/building-ml-system:ai_animals_violation_detection_no_animal_
violation_proxy_0.0.0
          imagePullPolicy: Always
          command:
            - "python"
            - "-m"
            - "src.main"
          resources:
            limits:
              cpu: 500m
              memory: "800Mi"
            requests:
              cpu: 200m
              memory: "400Mi"
          env:
          # 생략
          # PostgreSQL, RabbitMQ, TensorFlow Serving의 접속 정보를 환경 변수로 설정
```

'동물이 찍혀 있지 않은 이미지' 위반 감지 프록시는 큐로 메시지가 등록되기를 대기하고, 메시지가 등록되면 쿼리를 실행하는 미니 배치입니다. 따라서 deployment의 pod 수가 늘어나면 병렬로 처리하는 프록시 수가 증가합니다. 기동 중인 컨테이너들이 처리를 두고 경쟁하지는 않습니다. '동물이 찍혀 있지 않은 이미지' 위반 감지 프록시는 게시된 동물의 이미지 각각에 대해 처리를 실행합니다. 바꾸어 말하면, 게시 이미지가 늘어날수록 처리해야 하는 이미지가 큐에 쌓이는 구조가 되며, pod 수를 늘릴수록, 동시에 처리 가능한 메시지 수(=게시된 이미지의 수)가 늘어납니다. pod 수를 늘리면 즉시 스케일 아웃이 가능한 구현입니다. 또한 프록시 자체는 높은 스펙의 리소스를 필요로 하지 않습니다. 메시지 처리에 큰 폭의 지연이 발생하는 경우는 대부분이 그 뒷단의 '동물이 찍혀 있지 않은 이미지' 텐서플로 서빙의 처리가 지연되는 것이 원인입니다.

'동물이 찍혀 있지 않은 이미지'의 텐서플로 서빙은 REST API로 가동하는 웹 서비스입니다. 쿠버네티스 매니페스트는 **예제 3.22**와 같습니다.

예제 3.22 '동물이 찍혀 있지 않은 이미지'의 텐서플로 서빙의 쿠버네티스 매니페스트

```
# https://github.com/moseskim/building-ml-system/blob/develop/chapter3_4_aianimals/
infrastructure/manifests/violation_detection/no_animal_violation_serving.yaml

apiVersion: apps/v1
kind: Deployment
metadata:
  name: no-animal-violation-serving
  namespace: violation-detection
  labels:
    app: no-animal-violation-serving
spec:
  replicas: 2
  selector:
    matchLabels:
      app: no-animal-violation-serving
  template:
    metadata:
      labels:
        app: no-animal-violation-serving
    spec:
```

```yaml
    initContainers:
    # 모델을 다운로드해서 취득
    - name: model-loader
      image: shibui/building-ml-system:ai_animals_model_loader_0.0.0
      imagePullPolicy: Always
      command:
        - "python"
        - "-m"
        - "src.main"
      env:
        - name: MLFLOW_TRACKING_URI
          value: http://mlflow.mlflow.svc.cluster.local:5000
        - name: MLFLOW_PARAM_JSON
          value: "{}"
        - name: TARGET_ARTIFACTS
          value: "saved_model"
        - name: TARGET_DIRECTORY
          value: "/models/no_animal_violation/"
      volumeMounts:
        - mountPath: /models/no_animal_violation/
          name: data
  containers:
    # 텐서플로 서빙을 기동
    - name: no-animal-violation-serving
      image: shibui/building-ml-system:ai_animals_violation_detection_no_animal_
violation_serving_0.0.0
      imagePullPolicy: Always
      ports:
        - containerPort: 8500
        - containerPort: 8501
      resources:
        limits:
          cpu: 1000m
          memory: "1000Mi"
        requests:
          cpu: 1000m
          memory: "1000Mi"
      env:
        - name: REST_API_PORT
          value: "8501"
        - name: PORT
          value: "8500"
```

```
        volumeMounts:
          - mountPath: /models/no_animal_violation/
            name: data
      volumes:
        - name: data
          emptyDir: {}

# 생략
```

위반 감지 시스템의 부하와 스케일을 검토해봅시다. 텐서플로 서빙은 REST API 서버이 므로, 대수를 늘리면 그대로 스케일 아웃할 수 있습니다. 매니페스트에서는 replicas를 2로 설정했으므로 텐서플로 서빙이 2대의 pod에서 기동합니다. '동물이 찍혀 있지 않 은 이미지' 위반 감지의 텐서플로 서빙은 프록시로부터 전송된 요청 수가 그대로 pod에 부하가 됩니다. 각 pod가 처리 가능한 초당 요청 수를 넘으면 텐서플로 서빙은 늦게 응 답하거나 pod 장애 등 에러가 발생할 가능성이 있습니다. 장애가 발생하면 앞에서 설 명한 것처럼 처리 대상 메시지는 RabbitMQ로 반환되어 다시 처리되기를 기다립니다. 어떻게 되든, '동물이 찍혀 있지 않은 이미지' 위반 감지의 프록시와 텐서플로 서빙은 양 측의 부하를 고려해서 pod 수를 조정하는 것이 좋습니다.

'동물이 찍혀 있지 않은 이미지' 위반 감지의 텐서플로 서빙은 '모델 로드 패턴'[15]으로 학습 완료 모델을 얻습니다. 즉 initContatiner에서 모델 파일을 다운로드하고, 그 모 델 파일을 텐서플로 서빙에 로드해서 추론기를 기동하는 구조입니다. initContainer 에서 기동하는 model_loader는 모델 파일이 저장되어 있는 MLflow Tracking Server 로부터 파일을 다운로드하는 스크립트를 실행합니다. MLflow Tracking Server로부터 얻을 때는 MLflow의 run_id를 지정함으로써 MLflow로부터 파일을 다운로드할 수 있습니다. '모델 로드 패턴'으로 구성함으로써 '동물이 찍혀 있지 않은 이미지' 위반 감 지 모델을 변경했을 때 다운로드 대상의 run_id를 변경하는 것만으로 텐서플로 서빙의 deployment를 변경할 수 있습니다.

---

15 옮긴이 저자의 전작에서 다루는 패턴. https://github.com/mercari/ml-system-design-pattern/blob/master/Operation-patterns/ Model-load-pattern/design_ko.md

레지스트리 서버는 프록시와 같은 처리를 실행하므로 쿠버네티스 매니페스트도 비슷합니다(예제 3.23).

예제 3.23 **레지스트리 서버의 쿠버네티스 매니페스트**

```
# https://github.com/moseskim/building-ml-system/blob/develop/chapter3_4_aianimals/
infrastructure/manifests/violation_detection/registry.yaml

apiVersion: apps/v1
kind: Deployment
metadata:
  name: registry
  namespace: violation-detection
  labels:
    app: registry
spec:
  replicas: 2
  selector:
    matchLabels:
      app: registry
  template:
    metadata:
      labels:
        app: registry
    spec:
      containers:
        - name: registry
          image: shibui/building-ml-system:ai_animals_violation_detection_
registry_0.0.0
          imagePullPolicy: Always
          command:
            - "python"
            - "-m"
            - "src.main"
          resources:
            limits:
              cpu: 500m
              memory: "800Mi"
            requests:
              cpu: 200m
              memory: "400Mi"
          env:
```

```
# 생략
# PostgreSQL, RabbitMQ, TensorFlow Serving의 접속 정보를 환경 변수로 설정
```

레지스트리 서버는 '동물이 찍혀 있지 않은 이미지' 이외의 위반 감지에서 등록된 위반도 violations 테이블에 등록하는 역할을 담당하므로, 위반 감지 시스템이 늘어나 동물 이미지의 게시 수가 늘어나면, 레지스트리 서버의 부하도 늘어납니다. 단, 레지스트리 서버 자체는 고성능의 리소스가 필요하지 않으며 메시지 하나당 처리가 긴 구조도 아니기 때문에 빈번한 스케일 아웃은 필요하지 않습니다.

그럼 이들을 쿠버네티스 클러스터에 배포합니다.

명령어

```
# 위반 감지 시스템 배포
$ make deploy_violation_detections
kubectl apply -f portal/building-ml-system/chapter3_4_aianimals/infrastructure/
manifests/violation_detection/namespace.yaml
namespace/violation-detection unchanged
namespace: violation-detection
secret/regcred configured
kubectl apply -f portal/building-ml-system/chapter3_4_aianimals/infrastructure/
manifests/violation_detection/no_animal_violation_serving.yaml
deployment.apps/no-animal-violation-serving created
service/no-animal-violation-serving created
kubectl apply -f portal/building-ml-system/chapter3_4_aianimals/infrastructure/
manifests/violation_detection/registry.yaml
deployment.apps/registry created
kubectl apply -f portal/building-ml-system/chapter3_4_aianimals/infrastructure/
manifests/violation_detection/no_animal_violation_proxy.yaml
deployment.apps/no-animal-violation-proxy created
kubectl apply -f portal/building-ml-system/chapter3_4_aianimals/infrastructure/
manifests/violation_detection/violation_detection_portal.yaml
deployment.apps/violation-detection-portal created
service/violation-detection-portal created

# 위반 감지 시스템의 기동 확인
$ kubectl -n violation-detection get deploy,svc
NAME                                         READY
deployment.apps/no-animal-violation-proxy    2/2
```

```
deployment.apps/no-animal-violation-serving   2/2
deployment.apps/registry                      2/2
deployment.apps/violation-detection-portal    1/1

NAME                                     TYPE       CLUSTER-IP    PORT(S)
service/no-animal-violation-serving      ClusterIP  10.84.7.69    8500/TCP,8501/TCP
service/violation-detection-portal       ClusterIP  10.84.1.108   9501/TCP
```

3.6.2 위반 감지를 모니터링한다

이것으로 위반 감지 시스템을 쿠버네티스 클러스터에 배포하고, 프로덕션 시스템으로서 도입할 수 있게 되었습니다. 사용자로부터 게시된 이미지는 위반 감지 시스템을 통해 '동물이 찍혀 있지 않은 이미지' 위반 여부를 판정하며, 위반이라면 공개가 정지됩니다. 그럼 위반 감지 시스템에 위반 판정을 모니터링하기 위한 위반 감지 웹 포털을 추가합니다.

모니터링을 위한 위반 감지 웹 포털이 필요한 이유는 다음 2가지입니다.

1. 감지한 위반을 사람이 재확인하기 위해
2. 위반 감지율이나 위반 수 등, 위반 감지 상황을 파악하기 위해

2가지 모두 당초 결정한 위반 감지 정책에 포함되어 있습니다. 이들을 구현하기 위해 위반 감지 웹 포털을 준비합니다.

위반 감지 웹 포털은 간단하게 하기 위해 Streamlit[16]으로 작성합니다. Streamlit은 파이썬으로 웹 애플리케이션을 만들어 공개할 수 있는 라이브러리입니다. 특히 데이터 사이언스나 머신러닝에서 데이터를 표현하기 위해 편리한 테이블 데이터나 그래프, 미디어 (이미지나 동영상 등)를 콘텐츠에 조합하는 기능을 풍부하게 제공합니다. 여기에 더해 버튼, 라디오 버튼, 텍스트 입력 등 데이터 입출력이 가능하기 때문에 데이터를 시각화해서 인터랙티브하게 조작할 수 있는 도구입니다. Streamlit을 사용하기 위해 필요한 언어는 파이썬뿐입니다. 웹 화면을 만들기 위해 자바스크립트나 플러터Flutter를 배울 필요는

---

16 https://streamlit.io/

없습니다(물론 자바스크립트나 타입스크립트TypeScript, 플러터를 작성하는 편이 자유롭게 웹 화면을 만들 수는 있습니다).

위반 감지 웹 포털에 필요한 화면을 생각해봅시다. 목적은 이전 페이지에 표시한 2가지 이유이며 각각을 구현하기 위한 화면을 만들면 될 것입니다.

1번의 재확인에서는 '동물이 찍혀 있지 않은 이미지' 위반을 판정하는 특성상, '동물이 찍혀 있지 않은 이미지' 위반 감지가 위반이라고 판정한 게시 이미지를 화면에 표시해야 합니다. 추가로, 사람의 재확인에 따라 위반 판정 데이터를 수정해서 이미지의 공개 여부를 바꾸어야 할 수도 있습니다.

2번의 상황 파악에서는 그때까지 위반이라고 판정된 이미지 시계열에서의 위반 수나 위반율의 추이를 표기할 수 있으면 좋을 것입니다. 또한 위반이라고 판정했지만 실제로는 위반이 아니었던(사람이 재확인을 통해 정상이라고 판정한) 수와 비율의 추이도 표시할 수 있으면 편리합니다.

Streamlit으로 화면에서 위반 감지 정보를 표시하기 위한 원 데이터는 animals 테이블과 violations 테이블에 등록되어 있습니다. 위반 감지 웹 포털에서는 각 테이블로부터 데이터를 얻고, 그 데이터를 사람이 보기 쉽게 가공해서 표시할 수 있으면 좋습니다. 이런 구성을 웹 애플리케이션에 조합하는 것은 일반적입니다. 그것을 위해, 웹 애플리케이션에서 일반적으로 사용하고 있는 아키텍처를 채용하면, 데이터와 Streamlit을 활용한 위반 감지 웹 포털을 정리하고 개발할 수 있을 것입니다. 예를 들어 MVCmodel-view-controller를 사용할 수 있습니다. 단, Streamlit은 단순히 화면을 만드는 View가 아니라, 데이터의 변경을 얻어서 표시하는 Controller에 가깝게 작동합니다. 여기에서, 모델 레이어(Model)와 화면(View)을 중개하는 데이터 가공 레이어를 준비하고, MVC와 같은 아키텍처로 구현해나갑니다.

모델 레이어에서는 데이터베이스에 접근해서 데이터를 얻고, 업데이트합니다. 프로그램이 길어 일부 내용은 생략합니다. animals 테이블과 violations 테이블의 주요한 조작은 **예제 3.24**와 같이 구현합니다.

예제 3.24 위반 감지 포털의 모델 레이어

```python
# https://github.com/moseskim/building-ml-system/blob/develop/chapter3_4_aianimals/
violation_detection/portal/src/model.py


# 생략


class AnimalRepository(AbstractAnimalRepository):
    # 생략

    # 동물 데이터를 얻는다.
    def select(
        self,
        animal_query: AnimalQuery,
        limit: int = 200,
        offset: int = 0,
    ) -> List[Animal]:
        parameters = animal_query.ids
        ids = ",".join(["%s" for _ in animal_query.ids])
        query = f"""
        SELECT *
        FROM {self.animal_table}
        WHERE {self.animal_table}.id IN ({ids})
        LIMIT {limit}
        OFFSET {offset}
        ;
        """

        records = self.execute_select_query(
            query=query,
            parameters=tuple(parameters),
        )
        data = [Animal(**r) for r in records]
        return data

    # 동물 데이터를 무효화한다.
    def update_deactivated(
        self,
        animal_id: str,
        deactivated: bool,
    ):
        query = f"""
        UPDATE {self.animal_table}
```

```python
        SET deactivated = {deactivated}
        WHERE id = %s
        """

        self.execute_insert_or_update_query(
            query=query,
            parameters=tuple([animal_id]),
        )


class ViolationRepository(AbstractViolationRepository):
    # 생략

    # 위반 판정 결과를 취득한다.
    def select(
        self,
        violation_query: Optional[ViolationQuery] = None,
        limit: int = 200,
        offset: int = 0,
    ) -> List[Violation]:
        parameters: List[Union[str, int, bool, float]] = []
        parameters.append(violation_query.violation_type_id)
        parameters.append(violation_query.is_administrator_checked)
        parameters.append(violation_query.animal_days_from)
        parameters.append(violation_query.days_from)

        query = f"""
        SELECT *
        FROM {self.violation_table}
        LEFT JOIN {self.animal_table}
        ON {self.violation_table}.animal_id = {self.animal_table}.id
        LEFT JOIN {self.violation_type_table}
        ON {self.violation_table}.violation_type_id = {self.violation_type_table}.id
        WHERE {self.violation_type_table}.id = %s
        AND {self.violation_table}.is_effective = %s
        AND {self.violation_table}.is_administrator_checked = %s
        AND {self.animal_table}.created_at > NOW() - interval `%s DAY'
        AND {self.violation_table}.updated_at > NOW() - interval '%s DAY'
        LIMIT {limit}
        OFFSET {offset}
        ;
        """

        records = self.execute_select_query(
```

```
            query=query,
            parameters=tuple(parameters),
        )
        data = [Violation(**r) for r in records]
        return data

    # 위반 판정 결과의 유/무효를 변경한다.
    def update_is_effective(
        self,
        violation_id: str,
        is_effective: bool,
    ):
        query = f"""
        UPDATE {self.violation_table}
        SET is_effective = {is_effective}
        WHERE id = %s
        """
        self.execute_insert_or_update_query(
            query=query,
            parameters=tuple([violation_id]),
        )

    # 위반 판정 결과에 사람이 재확인한 것을 등록한다.
    def update_is_administrator_checked(
        self,
        violation_id: str,
    ):
        query = f"""
        UPDATE {self.violation_table}
        SET is_administrator_checked = true
        WHERE id = %s
        """
        self.execute_insert_or_update_query(
            query=query,
            parameters=tuple([violation_id]),
        )
```

AnimalRepository 클래스의 update_deactivated 함수에서 animals 테이블의 deactivated 플래그를 업데이트합니다. ViolationRepository 클래스에서는 select 함수에서 violations 테이블의 데이터 획득, update_is_effective 함수에서 is_effective

플래그를 업데이트, update_is_administrator_checked 함수에서 is_administrator_checked 플래그를 업데이트합니다. update_deactivated 함수와 update_is_effective 함수, update_is_administrator_checked 함수에서 사람이 재확인한 것을 animals와 violations 테이블에 반영합니다.

서비스 레이어는 모델 레이어를 조작하고, 취득한 데이터를 가공합니다. 또한 뷰 레이어로부터의 조작을 모델 레이어에 반영합니다. 데이터 가공에서는 모델 레이어에서 취득한 테이블 데이터를 Streamlit이 다루기 쉽도록 팬더스 DataFrame으로 변환하거나 특정 조건에서 집계합니다. 예제 3.25는 violations 테이블로부터 취득한 데이터를 가공하는 프로그램 예입니다.

예제 3.25 위반 감지 포털 사이트의 서비스 레이어

```
# https://github.com/moseskim/building-ml-system/blob/develop/chapter3_4_aianimals/
violation_detection/portal/src/service.py

# 생략

class AnimalService(AbstractAnimalService):
    # 생략

    # 동물 데이터를 취득한다.
    def get_animals(
        self,
        ids: Optional[List[str]] = None,
    ) -> pd.DataFrame:
        query = AnimalQuery(ids=ids)
        limit: int = 200
        offset: int = 0
        animals = []
        while True:
            _animals = self.animal_repository.select(
                animal_query=query,
                limit=limit,
                offset=offset,
            )
            if len(_animals) == 0:
                break
```

```
            animals.extend(_animals)
            offset += limit
        animal_dicts = [animal.dict() for animal in animals]
        dataframe = pd.DataFrame(animal_dicts)
        return dataframe

    # 위반이 아니므로 동물 데이터를 유효화한다.
    def activate(
        self,
        animal_id: str,
    ):
        violation_query = ViolationQuery(
            animal_id=animal_id,
            is_effective=True,
        )
        violations = self.violation_repository.select(
            violation_query=violation_query,
        )
        if len(violations) > 0:
            return

        self.animal_repository.update_deactivated(
            animal_id=animal_id,
            deactivated=False,
        )

    # 위반이므로 동물 데이터를 무효화한다.
    def deactivate(
        self,
        animal_id: str,
    ):
        self.animal_repository.update_deactivated(
            animal_id=animal_id,
            deactivated=True,
        )

class ViolationService(AbstractViolationService):
    # 생략

    # 위반 판정 결과 데이터를 취득한다.
    def get_violations(
        self,
        ids: Optional[List[str]] = None,
```

```
        animal_id: Optional[str] = None,
        violation_type_id: Optional[str] = None,
        judge: Optional[str] = None,
        is_effective: Optional[bool] = None,
        is_administrator_checked: Optional[bool] = None,
        animal_days_from: Optional[int] = None,
        days_from: int = DAYS_FROM.ONE_WEEK.value,
        sort_by: str = VIOLATION_SORT_BY.ID.value,
        sort: str = SORT.ASC.value,
    ) -> pd.DataFrame:
        query = ViolationQuery(
            ids=ids,
            animal_id=animal_id,
            violation_type_id=violation_type_id,
            judge=judge,
            is_effective=is_effective,
            is_administrator_checked=is_administrator_checked,
            animal_days_from=animal_days_from,
            days_from=days_from,
        )
        limit: int = 200
        offset: int = 0
        violations = []
        while True:
            _violations = self.violation_repository.select(
                violation_query=query,
                sort_by=sort_by,
                sort=sort,
                limit=limit,
                offset=offset,
            )
            if len(_violations) == 0:
                break
            violations.extend(_violations)
            offset += limit
        violation_dicts = [violation.dict() for violation in violations]
        dataframe = pd.DataFrame(violation_dicts)
        return dataframe

    # 위반 판정 결과를 집계한다.
    def aggregate_violations(
        self,
        violation_df: pd.DataFrame,
```

```python
        column: str = AGGREGATE_VIOLATION.UPDATED_AT.value,
    ) -> pd.DataFrame:
        aggregated_df = (
            violation_df
            .groupby(violation_df[column]
            .dt.date)
            .size()
            .reset_index(name="count"))
        return aggregated_df

    # 머신러닝을 사용한 위반 판정을 사람이 재확인했음을 기록한다.
    def register_admin_check(
        self,
        violation_id: str,
        is_violation: bool,
    ):
        self.violation_repository.update_is_effective(
            violation_id=violation_id,
            is_effective=is_violation,
        )
        self.violation_repository
            .update_is_administrator_checked(violation_id=violation_id)
```

ViolationService 클래스의 get_violations 함수에서 위반 판정 결과의 데이터를 취득하고, pandas DataFrame로 변환해서 뷰 레이어에 전달합니다. aggregate_violations 함수에서는 동물 데이터의 작성일이나 위반 레코드의 업데이트 날짜에 위반 수를 집계해서 팬더스 DataFrame의 데이터로 반환합니다.

뷰에서는 2종류의 화면을 준비합니다. 재확인용 화면과 집계를 확인하는 화면입니다. 각각을 Streamlit을 사용해서 구현합니다.

재확인용 화면은 게시 이미지별로 이미지, 이미지의 정보(ID나 이름, 설명문, 위반 종류)를 목록으로 표시합니다. **그림 3.30**과 같은 이미지입니다.

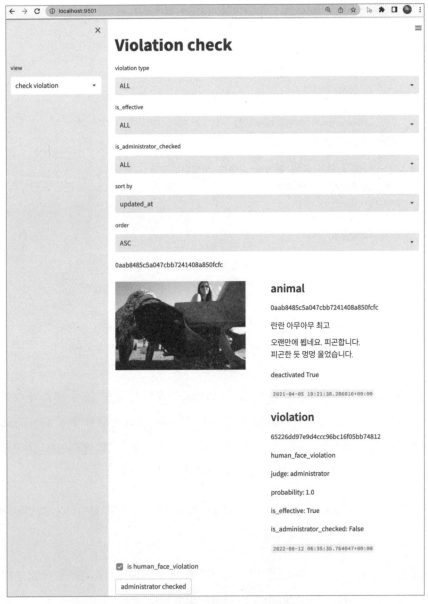

그림 3.30 **이미지와 이미지 정보 목록**

Streamlit을 사용한 구현은 **예제 3.26**과 같습니다.

예제 3.26 위반 감지 포털 사이트의 뷰 레이어

```python
# https://github.com/moseskim/building-ml-system/blob/develop/chapter3_4_aianimals/
violation_detection/portal/src/view.py

import pandas as pd
import plotly.graph_object as go
import streamlit as go

# 생략

class ViolationCheckView(AbstractViolationCheckView):
    # 생략

    # 위반 이미지의 리스트를 표시
    def __build_violation_container(
        self,
        violation: pd.DataFrame,
    ):
        st.markdown(f"{violation.animal_id}")
        image_col, text_col = st.columns([2, 2])
        # 이미지를 표시
        with image_col:
            st.image(violation.photo_url, width=300)

        # 이미지 설명이나 위반 정보 등을 표시
        with text_col:
            st.markdown("### animal")
            st.write(violation.animal_id)
            st.write(violation.animal_name)
            st.write(violation.animal_description)
            st.write(f"deactivated {violation.is_animal_deactivated}")
            st.write(violation.animal_created_at)
            st.markdown("### violation")
            st.write(violation.id)
            st.write(violation.violation_type_name)
            st.write(f"judge: {violation.judge}")
            st.write(f"probability: {violation.probability}")
            st.write(f"is_effective: {violation.is_effective}")
            st.write(f"is_administrator_checked: {violation.is_administrator_checked}")
            st.write(violation.updated_at)

        # 위반 유무를 판정하는 체크 박스
```

```
        is_violating = st.checkbox(
            label=f"is {violation.violation_type_name}",
            value=violation.is_effective,
                key=f"{violation.id}_{violation.violation_type_name}_{violation.updated_at}",
        )

        # 사람에 의한 재확인 유무를 나타내는 버튼
        is_administrator_checked = st.button(
            label="administrator checked",
            key=f"{violation.id}_{violation.violation_type_name}_{violation.updated_at}",
        )
        if is_administrator_checked:
            self.violation_service.register_admin_check(
                violation_id=violation.id,
                is_violation=is_violating,
            )
            if not is_violating:
                self.animal_service.activate(animal_id=violation.animal_id)
            else:
                self.animal_service.deactivate(animal_id=violation.animal_id)

    def build(self):
        st.markdown("# Violation check")
        violation_df = self.violation_service.get_violations()
        # 위반으로 판정된 이미지 리스트를 표시한다.
        for _, violation in violation_df.iterrows():
            self.__build_violation_container(violation=violation)
```

__build_violation_container 함수에서 위반이라고 판정된 게시 이미지의 목록을 열거합니다. 화면 왼쪽에 이미지, 오른쪽에 설명 등의 내용을 표시하고, 아래에 위반 판정 정오 체크 박스와 재확인 완료 버튼을 배치합니다. 완료 버튼을 아래에 둠으로써 violation 테이블의 is_effective 플래그, is_administrator_checked 플래그, animals 테이블의 deactivated 플래그를 업데이트하는 사양입니다. 단순하지만 사람의 재확인에 필요한 컴포넌트는 모두 제공하고 있습니다.

위반 감지 집계를 위한 화면에서는 위반 이력 테이블과 시계열로 일 단위로 집계한 막대 그래프를 표시합니다. 화면 이미지는 **그림 3.31**과 같습니다.

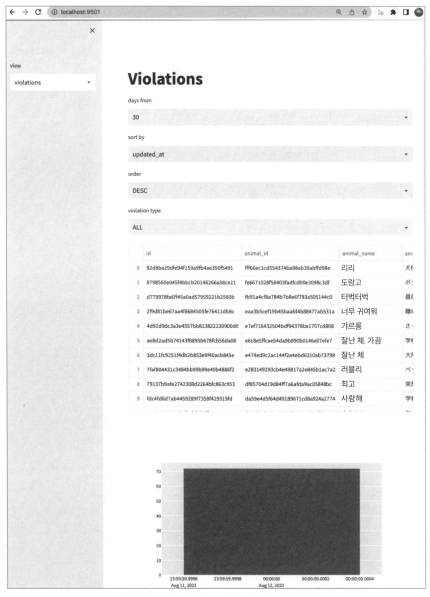

그림 3.31 **시계열로 일별로 집계한 막대 그래프**

이 화면을 구현하는 프로그램은 **예제 3.27**과 같습니다.

예제 3.27 위반 감지 포털 사이트의 뷰 레이어(계속)

```python
# src/view.py
# https://github.com/moseskim/building-ml-system/blob/develop/chapter3_4_aianimals/
violation_detection/portal/src/view.py

import pandas as pd
import plotly.graph_object as go
import streamlit as go

# 생략
class ViolationListView(AbstractViolationListView):
    # 생략

    # 위반 유무를 테이블로 표시
    def __build_table(
        self,
        violation_df: pd.DataFrame,
    ):
        st.dataframe(violation_df)

    # 위반 유무를 그래프로 표시
    def __build_graph(
        self,
        aggregated_violation_df: pd.DataFrame,
        column: str,
    ):
        fig = go.Figure()
        violation_trace = go.Bar(
            x=aggregated_violation_df[column],
            y=aggregated_violation_df["count"],
        )
        fig.add_trace(violation_trace)
        st.plotly_chart(fig, use_container_width=True)

    def build(self):
        st.markdown("# Violations")

        violation_df = self.violation_service.get_violations()
        if not violation_df.empty:
            # 위반 정보를 집계
            aggregated_violation_df = self.violation_service.aggregate_violations(
                violation_df=violation_df,
                column=aggregated_violation,
```

```
        )
        self.__build_table(violation_df=violation_df)
        self.__build_graph(
            aggregated_violation_df=aggregated_violation_df,
            column=aggregated_violation,
        )
    else:
        st.markdown("# no violation found")
```

Streamlit에서는 팬더스 DataFrame 테이블이나 Plotly[17]로 작성한 그래프를 화면에 삽입할 수 있습니다. 두 가지 모두 **streamlit.dataframe** 함수나 **streamlit.plotly_chart** 함수에 팬더스 DataFrame과 Plotly의 그래프를 전달하는 것만으로 그림을 그릴 수 있어, 매우 간단하게 화면을 구현할 수 있습니다.

이것으로 Streamlit을 사용한 위반 감지 웹 포털을 구현할 수 있었습니다. 파이썬만으로 화면과 인터랙티브한 조작을 구현할 수 있어, 프런트엔드 개발에 익숙하지 않더라도 사내 사용자가 사용 가능한 웹 애플리케이션을 제공할 수 있습니다.

3.7 정리

이것으로 AIAnimals를 위한 위반 감지 시스템을 구현하고, 가동할 수 있었습니다. 동물 이미지뿐만 아니라, 사용자가 콘텐츠를 게시하는 웹 서비스에서 위반이 되는 콘텐츠의 종류나 그 판정 기준, 판정하는 워크플로는 비즈니스 정책에 따라 다릅니다. 여기에서는 동물 이미지 게시 애플리케이션이기 때문에, 동물 이미지가 아닌 이미지는 위반이라고 판정하고, 최후에 사람이 재확인하는 것을 정책으로 했습니다. 동물이 찍혀 있지 않은 것을 판정하기 위해서 이제까지 게시된 동물 이미지를 정상 이미지, 무료 데이터셋에서 취득한 동물이 찍혀 있지 않은 이미지를 위반으로 정리한 데이터셋을 준비했습

---

17 https://plotly.com/python/

니다. 이 데이터셋들을 사용해서 위반 감지 모델을 작성하고, 위반 감지 시스템을 실용화했습니다. 하지만 이 위반 감지 시스템에서는 이제까지 AIAnimals에 게시되지 않은 종류의 동물을 정상 또는 위반이라고 판정하기 어려울 것입니다. 또한 동물의 범위를 '동식물'로 확장하는 경우 정상, 위반 데이터는 새롭게 만들어야 합니다. 바꾸어 말하면, AIAnimals의 비즈니스 정책이 바뀌면 위반의 정의가 변하고, 그로 인해 위반 감지 모델이나 시스템 작성 방법이 바뀐다는 것입니다.

이와 함께, 현재 상태의 게시 수나 상정된 위반 감지 수라면 사람이 재확인을 할 수 있지만, 비즈니스가 확대되어 게시 수가 10배, 100배가 되면 사람이 재확인하는 워크플로로는 품질을 유지할 수 없게 될지도 모릅니다. 물론 재확인의 요인을 10배, 100배로 늘리면 재확인 자체는 가능할 것입니다. 하지만 비즈니스 관점에서, 게시 수가 늘어나는 것으로 인한 수입의 증대가 인건비의 증대보다 적으면, 게시 수가 늘어나는 데도 재확인 인건비로 인해 이익률이나 정확도가 항상 일정하다고는 단정할 수 없습니다. 이런 경우 여기에서 만든 위반 감지 시스템의 워크플로를 수정하고, 애초 AIAnimals에서의 위반의 정의나 리스크 헤지risk hedge의 기준을 다시 정의해야 하는 상황이 될 수도 있습니다.

종합하면 여기에서 개발하고 릴리스한 위반 감지는 현재 상태의 AIAnimals(아직 비즈니스가 성장하는 중이고, 투자 단계이고, 개발 멤버를 포함한 사원 수가 적지만, 이후 늘어날 것이라고 기대하는 서비스)에서 실현 가능한 레벨에서의 위반 감지 시스템과 워크플로입니다. 이 책의 서두에서 쓴 것처럼, 워크플로나 시스템은 과제 해결 시나리오나 제약 조건에 맞춰 만드는 것이며, 비즈니스나 조직이 확장되면(또는 축소되면) 그 시스템이나 과제 자체가 필요하지 않게 되거나 요구사항이 변하게 됩니다. 사용자들이 AIAnimals를 기분 좋게 사용하게끔 하기 위해 위반 감지를 만들었지만, 사용자 수나 페르소나persona가 변하면 사용자의 AIAnimals에 대한 요구 사항 역시 바뀝니다. 그런 변화를 따라잡기 위해서는, 예를 들어 머신러닝을 다룬다면 머신러닝을 만들기 위한 데이터의 업데이트나 시스템 아키텍처, 소프트웨어 릴리스, 또는 머신러닝의 사용 방법이나 시나리오를 정기적으로 수정해야 합니다.

4

동물 이미지
애플리케이션 검색에
머신러닝 활용하기

AIAnimals를 편리하게 활용하기 위한 중요한 요소에는 검색 편의성이 있습니다. AIAnimals에는 대량의 동물 이미지가 게시되어 있으며 사용자는 자신이 좋아하는 동물의 이미지를 보고 싶어 합니다. 사용자는 워드나 카테고리 검색으로 동물 이미지를 필터링하며, 검색 결과 콘텐츠가 사용자가 원하는 동물 이미지에 가까울수록 사용자 경험은 좋아질 것입니다. 4장에서는 머신러닝을 활용해서 검색을 개선합니다. 이번 장에서는 주로 2종류의 검색 시스템을 만듭니다. 첫 번째는 순위 학습이라고 불리는 검색 결과를 배열하는 방법을 사용합니다. 두 번째는 유사 벡터 검색을 활용해 현재 보고 있는 이미지와 비슷한 이미지들을 검색합니다.

4.1 동물 이미지 애플리케이션 검색

> 검색 기능을 가진 스마트폰 애플리케이션은 다양합니다. AIAnimals에서도 동물 이미지를 검색하는 기능을 제공합니다. 그 구조를 확인해봅니다.

스마트폰 애플리케이션 AIAnimals에서는 게시된 이미지를 검색할 수 있습니다(**그림 4.1**).

검색에서는 일반 텍스트와 동물의 종별(종류) 및 품종을 조합한 필터링, 검색 결과를 배열할 수 있습니다. 예를 들어 일반 텍스트에 '귀엽다かわいい'를 입력하고, 동물 종별에 '고양이cat', 품종에 '랙돌ragdoll'을 선택하고 '새 이미지 순'으로 배열한 검색 결과는 **그림 4.2**와 같습니다.[1]

그림 4.1 게시된 이미지를 검색

그림 4.2 '귀엽다', '고양이', '랙돌'의
콘텐츠를 '새 이미지 순'으로 배열한 결과

---

1 [옮긴이] 거듭 양해를 부탁드립니다. 이 애플리케이션은 현지화가 어려워 부득이 일본어를 남겨두었습니다.

AIAnimals에서는 다양한 동물 이미지가 공개되어 있습니다. 효율적으로 검색해서 사용자가 보고 싶어 하는 이미지를 상위에 표시하는 것이 사용자 체험을 개선하는 단서가 됩니다. AIAnimals의 검색 시스템은 **그림 4.3**과 같은 컴포넌트들로 구성되어 있습니다.

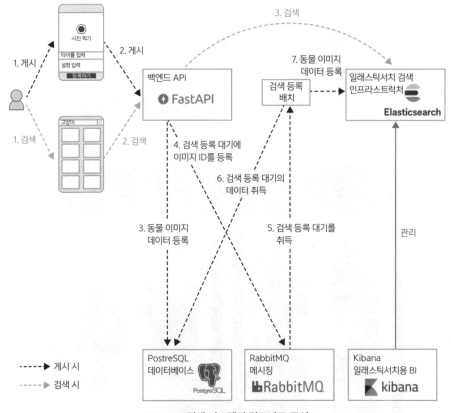

그림 4.3 **검색 시스템의 컴포넌트 구성**

- 백엔드 API: 스마트폰 애플리케이션으로부터 검색 요청을 받아, 검색 인프라스트럭처에서 검색 결과를 취득해 응답하는 검색 API를 제공한다.
- 검색 인프라스트럭처: 일래스틱서치를 사용해 텍스트나 동물 종별 및 품종으로 동물 이미지를 검색한다.
- 검색 등록 배치: 게시된 동물 이미지 콘텐츠를 일래스틱서치에 등록한다.

텍스트 검색이나 동물 종별, 품종에 따른 카테고리 검색은 일래스틱서치[2]로 구현합니다. 일래스틱서치는 분산형 검색 엔진으로, 대량의 데이터를 고속으로 검색할 수 있는 기능을 제공합니다. 일래스틱서치로 콘텐츠를 검색하기 위해서는 데이터를 일래스틱서치에 등록해야 합니다. 데이터 등록은 검색 등록 배치가 실행합니다. AIAnimals에 동물 이미지가 게시되면 백엔드 API가 Producer로서 RabbitMQ의 큐에 게시 메시지를 등록하고, 검색 등록 배치가 Consumer로서 큐로부터 메시지를 취득해서 일래스틱서치에 데이터를 등록합니다. 일래스틱서치에 등록된 동물 이미지가 AIAnimals의 검색 대상이 됩니다. 검색하기 위해서는 백엔드 API의 검색 API에 요청을 보냅니다.

검색 API에서는 사용자가 입력한 검색 조건(텍스트, 종별, 품종의 필터링 조건 및 배열 조건)을 사용해서 일래스틱서치에 검색을 요청합니다. 일래스틱서치는 검색 조건을 사용해서 등록된 데이터 중에서 조건에 적합한 동물 이미지 데이터를 지정된 조건에 따라 배열해서 응답합니다.

이렇게 AIAnimals의 콘텐츠 검색은 등록과 API로 구현되어 있습니다. 이 검색 경험을 머신러닝으로 개선하는 것을 검토해봅니다.

4.1.1 필터링과 배열

콘텐츠 검색은 대부분의 경우 콘텐츠의 필터링과 배열로 구성되어 있습니다. 필터링이란 서비스에 등록되어 있는 데이터 중에서, 검색 조건에 적합한 데이터를 선택하는 것입니다. AIAnimals에서는 이름이나 설명에 대한 일반 텍스트와 카테고리(종별, 품종)를 사용해서 필터링을 실시합니다. 배열이란 필터링을 통해 취득한 데이터를 적절한 순서로 늘어 놓는 것입니다. 필터링을 통해 얻은 데이터의 배열은 기본적으로 점수 순입니다. 점수는 필터링 조건에 적합한 정도를 의미합니다. 구체적인 예를 들어 살펴봅니다.

일래스틱서치에 3건의 동물 이미지 콘텐츠가 등록되어 있다고 가정합니다(표 4.1).

---

2   https://www.elastic.co/kr/elasticsearch/

표 4.1 일래스틱서치에 등록되어 있는 3건의 동물 이미지 콘텐츠

ID	이름	설명	종별	품종	'좋아요' 수	게시일
0	윌리엄	귀여운 가족	고양이	랙돌	5	2020년 2월 1일
1	큐트한 마르그레테	너무 귀여워!	고양이	노르웨이숲 고양이	10	2020년 9월 1일
2	슌군입니다!	반갑습니다!	개	슈나우저	2	2020년 10월 1일

이 콘텐츠를 검색할 때, 예를 들어 일반 텍스트에 '귀여운', 종별에 '고양이', 품종을 '랙돌'이라고 하면 어떤 콘텐츠가 가장 적합한 것일까요?

ID:0인 콘텐츠는 설명에 '귀여운'이 쓰여 있고, 종별이 '고양이'이고, 품종이 '랙돌'이므로 검색 조건의 일반 텍스트, 종별, 품종과 일치합니다. ID:1은 일반 텍스트와 품종은 일치하지 않지만, 종별인 '고양이'는 일치합니다. ID:2는 일반 텍스트 품종과 종별이 모두 일치하지 않습니다. 만약 일치하는 조건 하나당 점수를 +1로 계산하면 ID:0은 +3점, ID:1은 +1점, ID:2는 0점이 됩니다. 점수가 높은 순서대로 배열하면 검색 결과는 ID:0, ID:1, ID:2의 순서가 됩니다.

한편, 일반 텍스트의 '귀여운'은 다시 생각해볼 여지가 있습니다. 언어에는 유사어나 이음동의어(소리는 다르지만 의미는 같은 용어)가 있습니다. 즉 전달하고자 하는 의미는 같지만 다른 용어를 사용하기도 합니다. 예를 들어 '귀여운'과 '큐트cute'는 유사어라고 할 수 있습니다. 또한 일본어에서는 같은 의미, 같은 소리라도 히라가나/가타카나/한자로 표기할 수 있습니다. 같은 'かわいい(귀여운)'라도 '可愛い', 'カワイイ'로 소리는 같지만 다른 표현이 존재합니다. '귀여운'으로 검색하는 경우 이런 유사어나 다른 표기도 검색 조건에 포함해야만 원하는 콘텐츠를 얻을 수 있을지도 모릅니다. 예를 들어 ID:1의 이름은 '큐트한 마르그레테'이며 설명은 '너무 귀여워!'라고 되어 있습니다. '큐트'는 물론 '너무 귀여워!'도 '귀여운'의 유사어나 다른 표기로 간주할 수 있으므로 ID:1은 '귀여운'에 대한 점수를 더하는 편이 좋을 수도 있습니다. 그러면 ID:1의 점수는 +2로 총 3점이 되어, ID:0의 점수와 같아집니다. ID:1, ID:0, ID:2 순서도 문제가 없게 됩니다.

하지만 점수가 높다고 해서 항상 최적의 배열이라고 할 수는 없습니다. 각 콘텐츠의 '좋아요' 수를 확인해봅니다. '좋아요'는 열람한 사용자가 마음에 든 콘텐츠에 붙이는 지지를 나타내는 숫자입니다. 각 콘텐츠에 대해 한 사용자가 한 번까지 '좋아요'를 누를 수 있습니다. 바꾸어 말하면, '좋아요'는 콘텐츠를 지지하는 사용자의 수입니다. '좋아요' 수로 각 콘텐츠를 비교하면 ID:0은 좋아요 5, ID:1은 좋아요 10, ID:2는 좋아요 2입니다. 즉 '좋아요'의 수가 많은 순으로 배열하면 ID:1, ID:0: ID:2가 됩니다. '좋아요'가 많을수록 콘텐츠를 좋아하는 사용자가 많다는 것을 의미하므로 이 배열도 적절하다고 할 수 있습니다.

또는 게시일이 최근인 순서로 배열할 수도 있습니다. 게시일이 현재와 가깝다는 것은 해당 콘텐츠를 본 사용자가 적을 가능성이 높다는 것을 의미합니다. 개를 좋아하는 사용자는 본 적이 없는 ID:2의 이미지를 좋아할 수도 있습니다. 그렇게 생각하면, 현재와 가까운 순서로 배열(즉 새로운 순서로 배열)하는 것이 유효합니다. 이 경우 ID:2, ID:1, ID:0의 순으로 점수 순과는 정반대의 결과가 됩니다.

또한 필터링 조건을 엄격히 함으로써 조건에 하나라도 일치하지 않는 콘텐츠는 예외로 하면 어떻게 될까요? 일반 텍스트 '귀여운', 종별 '고양이', 품종 '랙돌'이라는 조건이라면 ID:0과 ID:1은 1개 이상의 조건에 일치하지만, ID:2는 어느 조건에도 맞지 않습니다. 즉 ID:2는 검색 결과에서 제외되어, ID:0과 ID:1만을 배열해서 응답하게 됩니다.

이렇게 필터링과 배열 로직을 조합해서, 검색 조건에 가장 적절한 검색 결과를 응답하는 것이 검색 시스템의 역할입니다. 검색 필터링이나 배열은 머신러닝을 사용하지 않고, 규칙 기반으로 구현할 수도 있습니다. 일래스틱서치를 그대로 사용한다면 기본적으로는 머신러닝을 사용하지 않는 필터링과 배열로 검색 결과를 얻게 됩니다. 복잡한 조건에서의 검색이나 고도의 검색 기능을 구현하기 위해서는 머신러닝을 활용할 수 있습니다. 물론 규칙 기반으로 검색해서 충분한 검색 성능을 얻을 수 있다면 머신러닝을 사용할 필요는 없습니다. 여기에서는 AIAnimals의 개선과 기술적인 도전을 위해 검색 시스템에 머신러닝을 조합하는 방법에 관해 설명합니다.

머신러닝으로 검색을 개선한다

> AIAnimals의 검색 성능을 개선하기 위해 머신러닝을 사용해서 필터링과 배열 로직을 구현합니다.

이번 장에서는 머신러닝을 사용해 검색을 개선해봅니다. 검색 개선 측면에서는 다음과 같은 과제에 도전합니다.

1. 유사어 사전의 작성을 통한 검색 누락 방지
2. 순위 학습을 사용한 검색 결과 배열
3. 이미지를 사용한 검색

'1. 유사어 사전의 작성을 통한 검색 누락 방지'에서는 학습 완료한 일본어의 분산 표현인 fastText를 사용해서 검색어의 유사어 사전을 작성합니다. 빈번하게 검색되는 단어의 유사어 사전을 만들고, 그 단어로 검색할 때 유사어를 검색 대상에 포함하도록 함으로써, 검색 누락의 리스크를 줄입니다.

'2. 순위 학습을 사용한 검색 결과 배열'에서는 순위 학습을 사용해서 검색 결과 배열을 구현합니다. 순위 학습에서는 단어나 카테고리라는 검색 조건으로 필터링한 동물 이미지 콘텐츠로부터, 그 검색 조건에서 가장 인기 있는 콘텐츠 순으로 배열합니다. 검색 조건에 가장 적합한 콘텐츠가 사용자가 보고 싶은 콘텐츠라고 단정할 수는 없으므로, 과거의 접근 로그나 '좋아요' 수를 사용해서 순위 학습에서 인기 순서를 학습하고, 검색 결과를 배열합니다.

'3. 이미지를 사용한 검색'에서는 이미지를 사용해서 비슷한 동물 이미지를 검색합니다. 유사 이미지 검색에서는 이미지의 벡터 표현을 추출해서 거리가 가까운 벡터를 가진 다른 이미지를 검색합니다.

검색에 이 3가지 방식을 적용함으로써 AIAnimals의 열람 경험을 개선하고, 사용자가 원하는 동물 이미지 콘텐츠를 다양한 조건에서 누락 없이 보고 싶은 순서로 제공하는 것을 목표로 합니다.

또한 검색 개선에서는 모델의 개발부터 릴리스까지를 자동화하고, 동물 이미지나 사용자 행동 기록 등에 새로운 데이터가 추가되면 그것을 추종하는 것을 요구 사항의 하나로 합니다. AIAnimals와 같은 콘텐츠 게시/전송 애플리케이션은 콘텐츠나 사용자가 늘어날수록 새로운 데이터에 대응한 검색이 필요해집니다. 검색 쿼리 작성 방법을 개선하는 것은 물론이고 데이터를 다루는 머신러닝 모델의 업데이트도 동시에 필요한 태스크가 됩니다. 빈번하게 데이터가 업데이트될수록 매번 사람이 모든 머신러닝 모델의 개발과 릴리스를 실시하는 것은 어렵습니다. 새로운 데이터를 사용해서 정기적으로 모델을 학습하고 릴리스하는 머신러닝 파이프라인을 구현해 효율화를 구현합니다.

4.3 유사어 사전 작성

> 일본어는 같은 의미나 소리라도 다른 문자로 표기하는 경우가 있습니다. 'かわいい(귀여운)'라고 입력하고 검색하는 사용자는 보통 '可愛い(귀여운)', 'カワイイ(귀여운)', 'キュート(큐트)'에 해당하는 콘텐츠가 동시에 검색 결과에 나타나도록 하고 싶습니다. 유사어 사전을 사용해 다른 표현의 검색이 누락되는 것을 방지합니다.

AIAnimals에서 빈번하게 검색되는 단어의 유사어 사전을 만들어 검색을 지원합니다. 유사어 사전의 목적은 검색할 때 검색어의 보조가 되는 유사어를 제공하는 것입니다. 유사어 사전을 사용함으로써 'かわいい(귀여운)'라고 검색했을 때 'かわゆい(귀요운)' 같은 표기 오류뿐만 아니라, 'キュート(cute)'와 같이 'かわいい'와 의미가 가까운 용어를 포함해서 검색할 수 있게 됩니다. 사용자가 검색할 때, 같은 의미를 여러 표현('かわゆい', 'かわいらしい(귀여워)', 'きゃわいい(귀엽)')으로 검색하는 경우는 희박합니다. 대부분 단일 언어('かわいい')로 검색하겠지만 그 결과로 원하는 것은 'かわいい'라는 단어로 표현되는 콘텐츠입니다. 검색에 포함된 의미를 보조하기 위해 유사어 사전을 사용하는 겁니다.

유사어 사전은 다음 정책에 따라 만들고 활용합니다.

1. 빈번하게 검색되는 상위 100건의 단어를 대상으로 한다.

2. 범용적인 단어 벡터를 사용해서 유사어 사전을 만든다.

3. 유사어 사전은 캐시에 저장해서 필요할 때 참조할 수 있게 한다.

4. 저장 완료한 단어로 검색했을 때, 유사어 사전에서 유사어를 얻어 검색에 포함시킨다.

이 워크플로를 실현하기 위해 유사어를 사용한 검색 아키텍처에 관해 생각해봅니다. 사용자가 검색 요청을 보내는 엔드포인트는 백엔드 API가 됩니다. 백엔드 API가 사용자의 요청으로부터 필요한 데이터(검색어, 검색 카테고리, 유사어, 순서 등)를 검색 쿼리에 조합해 검색 인프라스트럭처인 일래스틱서치에 검색을 요청합니다. 일래스틱서치를 사용한 검색 결과는 백엔드 API에서 사용자에게 응답합니다. 유사어는 fastText라는 단어 벡터를 사용해서 취득합니다. 그러나 검색 시 fastText에서 유사어를 취득하는 것은 비효율적입니다. 배치를 사용해서 검색 빈출 단어의 유사어를 미리 확인하고 캐시에 저장해서 유사어 사전을 만들어둡니다. 검색할 때는 유사어 사전으로부터 유사어를 얻어 검색에 활용합니다. 이 워크플로를 실현하기 위해 **그림 4.4**와 같은 아키텍처를 구축합니다.

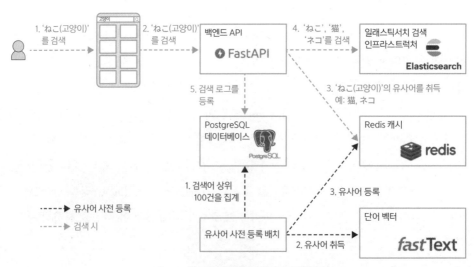

그림 4.4 **유사어 사전을 구현하는 아키텍처**

4.3.1 접근 로그와 빈번하게 검색되는 단어

검색을 개선하기 위해서는 사용자가 어떤 단어나 카테고리를 검색하고, 검색 결과 중 어떤 콘텐츠에 호의적인 평가를 내리고 있는지 알아야 합니다. 사용자는 빈번하게 검색을 하고, 다양한 콘텐츠를 보거나 보지 않습니다. 모든 사용자를 인터뷰해서, 모든 검색 결과에 대해 평가를 물어보는 것은 어렵습니다. 여기에서는 사용자가 검색 결과에 대해 실행한 행동에 따라 검색 결과의 유효성을 평가합니다.

유효성을 검증하기 위해 검색 화면과 이미지 콘텐츠 화면에 관해 설명합니다. 검색과 콘텐츠 화면은 **그림 4.5**[3]와 같이 구성되어 있습니다.

그림 4.5 **검색과 콘텐츠 화면**

---

3 [옮긴이] 그림 내 일본어 번역은 다음과 같습니다. "귀여운 랙돌입니다. 이름은 란입니다. 친척에게서 분양을 받았습니다! 지금은 가족입니다."

검색 화면과 콘텐츠 화면에서 사용자는 다음 행동을 할 수 있습니다.

1. 검색 결과를 무시하거나 또는 이탈한다.
2. 검색 결과로부터 어떤 콘텐츠 화면으로 이동한다.
3. 콘텐츠를 오랫동안 열람한다.
4. 콘텐츠에 '좋아요'를 누른다.

1번은 콘텐츠에 흥미를 가진 행동이라 할 수 없을 것입니다. 그에 반해 2, 3, 4번은 콘텐츠에 조금이나마 흥미를 가지고 있다고 예상할 수 있습니다. 검색 조건과 함께 검색 결과에 대한 2, 3, 4번의 행동을 접근 로그에 기록합니다.

여기에서는 간단하게 하기 위해 사용자의 접근 로그는 스마트폰 애플리케이션으로부터 백엔드 API에 송신하는 것으로 합니다. 백엔드 API에 접근 로그를 기록하는 엔드포인트를 추가하고, 접근 로그는 데이터베이스에 등록합니다. 스마트폰 애플리케이션의 사용자 조작을 포함한 접근 로그는 Firebase[4]라는 도구를 사용해서 일반적으로 기록하지만, 여기에서는 백엔드 API에 로그 수집 기능을 내장합니다. 여러분이 스마트폰 애플리케이션을 만드는 경우, 사용자 조작 로그는 Firebase나 다른 SDK를 사용해서 수집할 것을 권장합니다.

데이터베이스에 등록하는 접근 로그의 사양을 결정합니다. 범용적인 접근 로그라면 데이터를 주로 JSON 형식으로 저장하겠지만, 여기에서는 이후에 다루기 쉽도록 전용의 `access_log` 테이블을 만들고, 정규화한 데이터로 저장합니다. `access_log` 테이블은 **그림 4.6**과 같이 구성됩니다.

---

4 https://firebase.google.com/

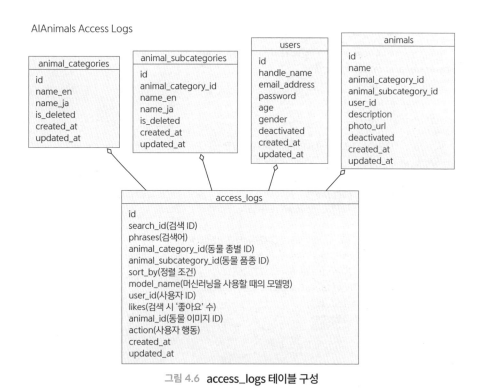

AIAnimals Access Logs

animal_categories
id
name_en
name_ja
is_deleted
created_at
updated_at

animal_subcategories
id
animal_category_id
name_en
name_ja
is_deleted
created_at
updated_at

users
id
handle_name
email_address
password
age
gender
deactivated
created_at
updated_at

animals
id
name
animal_category_id
animal_subcategory_id
user_id
description
photo_url
deactivated
created_at
updated_at

access_logs
id
search_id(검색 ID)
phrases(검색어)
animal_category_id(동물 종별 ID)
animal_subcategory_id(동물 품종 ID)
sort_by(정렬 조건)
model_name(머신러닝을 사용할 때의 모델명)
user_id(사용자 ID)
likes(검색 시 '좋아요' 수)
animal_id(동물 이미지 ID)
action(사용자 행동)
created_at
updated_at

그림 4.6 **access_logs 테이블 구성**

access_logs 테이블의 컬럼은 검색 조건을 망라할 수 있도록 하기 위해 phrases에 검색어, animal_category_id에 동물 종별, animal_subcategory_id에 품종, sort_by에 정렬 조건, user_id에 사용자, likes에 접근 시점에 콘텐츠가 얻은 '좋아요'의 합계 수, animal_id에 행동 대상의 동물 이미지 ID, action에 행동을 기록합니다. 사용자가 스마트폰 애플리케이션에서 앞에서 이야기한 2, 3, 4번의 행동을 할 때마다 access_logs 테이블에 행동 레코드가 기록되는 구조입니다.

이 access_logs 테이블을 기반으로 검색을 개선해나갑니다. 그러려면 대량의 접근 로그 데이터가 필요합니다. 여러분 모두에게 AIAnimals 애플리케이션을 열고 검색 및 열람을 하도록 해서 데이터를 만들도록 하는 것은 피해야 하므로 **예제 4.1**에 샘플 접근 로그 데이터를 만들었습니다.

예제 4.1 샘플 접근 로그 데이터

```
// https://github.com/moseskim/building-ml-system/blob/develop/chapter3_4_aianimals/
dataset/data/access_logs.json

{
  "access_logs": [
    {
      "id": "bb0e2227c89a4e0a8980a26badd741a7",
      "phrases": [],
      "animal_category_id": null,
      "animal_subcategory_id": "16",
      "user_id": "4ff47f70335d4acd9ebf08dfa272e996",
      "likes": 0,
      "animal_id": "83024dcf28334d0b88244d5b3282dd84",
      "action": "select",
      "created_at": "2021-10-23 06:56:27.566439",
      "search_id": "70b451d27612465b8ccc3d8ce3b88226",
      "sort_by": "created_at",
      "model_name": null
    },
    {
      "id": "8c189935b47f42b4b41a121e219472c6",
      "phrases": [],
      "animal_category_id": null,
      "animal_subcategory_id": "16",
      "user_id": "4ff47f70335d4acd9ebf08dfa272e996",
      "likes": 1,
      "animal_id": "83024dcf28334d0b88244d5b3282dd84",
      "action": "like",
      "created_at": "2021-10-23 06:56:27.566439",
      "search_id": "9dd81449245b417f941f35b57485459d",
      "sort_by": "created_at",
      "model_name": null
    },
    ...
  ]
}
```

파일에서는 10만 건 정도의 접근 로그 데이터를 제공합니다(필자가 직접 만들었습니다). 이것을 `access_logs` 테이블에 등록하면 샘플 접근 로그로 사용할 수 있습니다. 등록 처리는 백엔드를 기동할 때 실행됩니다.

이야기가 길어졌습니다만 이것으로 빈번하게 검색되는 단어를 조사하기 위한 준비를 마쳤습니다. 빠르게 `access_logs` 테이블에서 데이터를 취득하고, 빈번하게 검색되는 단어를 집계해봅니다.

`access_logs` 테이블에서 모든 데이터를 얻어 검색어의 수를 세어서 집계합니다. 접근 로그의 샘플 데이터를 집계하면 상위 10건의 검색어는 **표 4.2**와 같습니다.

이것으로 AIAnimals에서 이제까지의 검색 빈출 단어를 집계할 수 있게 되었습니다.

표 4.2 빈번하게 검색되는 상위 10개 단어

단어	건수
犬(개)	3791
ねこ(고양이)	3658
可愛い(귀여운)	3305
ネコ(고양이)	3171
いぬ(개)	3152
かっこいい(멋진)	3113
癒やし(치유)	3109
カッコいい(멋진)	3030
かわいい(귀여운)	3005
猫(고양이)	2919

4.3.2 단어 벡터를 사용한 유사어 사전 작성

이어서 fastText를 사용해 검색 빈출 단어의 유사어 사전을 작성합니다. fastText는 Meta(구 페이스북)가 공개한 단어 벡터 표현이며, 단어를 수치화해서 단어 사이의 거리를 계산할 수 있는 라이브러리입니다. 단어의 벡터 표현을 학습하기 위해서는 위키피디아나 트위터 같은 웹의 공개 데이터를 사용하는 경우가 많으며 여기에서 사용하는 fastText도 위키피디아의 일본어 기사와 Common Crawl[5]로 웹에서 크롤링해서 취득한 데이터로 학습된 것을 사용합니다. 각국 언어로 학습된 fastText 파일도 공개되어 있습니다.

> **Word vectors for 157 languages**
> URL https://fasttext.cc/docs/en/crawl-vectors.html

---

5 https://commoncrawl.org/

fastText에는 대량의 단어와 그 벡터 표현이 저장되어 있습니다. 따라서 학습을 완료한 fastText 파일의 크기는 1GB 이상입니다. fastText 사용 시에는 이 1GB의 파일을 프로그램에 로딩해야 하므로, 기동에 상당한 시간이 소요됩니다.

단어 벡터 fastText를 사용한 유사어 검색에서는 학습을 완료한 fastText에 단어를 요청하고, fastText에 등록되어 있는 단어 중에서 벡터가 가까운 단어를 취득할 수 있습니다. **예제 4.2**는 'かわいい'와 'キュート'의 유사어를 검색하는 프로그램이며, 실행 결과는 각각 **표 4.3**과 **표 4.4**와 같습니다.

예제 4.2 **유사어 검색**

```
# https://github.com/moseskim/building-ml-system/blob/develop/chapter3_4_aianimals/
batch/similar_word_registry/src/service/similar_word_predictor.py

import gensim
from pydantic import BaseModel

# 생략

class Prediction(BaseModel):
    similar_word: str
    similarity: float


class SimilarWordPredictor(AbstractSimilarWordPredictor):
    def __init__(
        self,
        model_path: str,
    ):
        self.model_path = model_path
        # fastText 로딩
        self.load_model()

    def load_model(self):
        self.model = gensim.models.KeyedVectors.load_word2vec_format(
            self.model_path,
            binary=False,
        )
```

```python
def predict(
    self,
    word: str,
    topn: int = 10,
) -> List[Prediction]:
    # fastText에서 유사어를 취득
    similar_words = self.model.most_similar(
        positive=[word],
        topn=topn,
    )
    results = [
        Prediction(
            similar_word=w[0],
            similarity=w[1],
        )
        for w in similar_words
    ]
    return results
```

표 4.3 'かわいい'의 유사어[6]

유사어	유사 점수(코사인 유사도)
可愛い	0.901591420173645
カワイイ	0.8545205593109131
かわいく	0.8436409831047058
かわいらしい	0.8096976280212402
かわゆい	0.8043860197067261
かわいかっ	0.8012732267379761
可愛らしい	0.7945642471313477
可愛く	0.784429669380188
可愛かっ	0.7735334634780884
かわいらしく	0.7301262617111206

표 4.4 'キュート'의 유사어

유사어	유사 점수(코사인 유사도)
可愛らしい	0.7799679040908813
愛らしい	0.7610669732093811
かわいらしい	0.7397773861885071
カワイイ	0.7266101241111755
可愛らしく	0.7264688014984131
かわいい	0.7194453477859497
可愛い	0.7144368290901184
ラブリー	0.7124805450439453
チャーミング	0.708221971988678
愛らしく	0.7043545246124268

---

6   옮긴이 표 4.3의 'かわいい'는 '귀엽다'는 의미이며, 표 4.4의 'キュート'는 영단어 'cute'를 가타카나로 표기한 것입니다. 유사어의 각 항목은 'かわいい' 또는 'キュート'와 비슷한 단어들입니다. 한국어로 치면 '귀여운', '귀엽게', '귀엽고', '귀여워서', '귀엽다' 등으로 간주할 수 있습니다.

일본어는 같은 단어라도 한자, 히라가나, 가타카나의 조합이나 변형에 의해 다양하게 표기할 수 있으며, 'かわいい'의 유사어의 상위에는 'かわいい'의 다른 표기가 나열되어 있습니다. fastText의 유사어 검색에서는 단어와 함께 유사도 점수를 코사인 유사도로 얻을 수 있습니다. 코사인 유사도는 벡터 사이의 거리를 측정하는 것으로 값이 클수록 유사도가 높고 가장 높은 값은 1(완전 일치)입니다.

fastText를 사용해서 유사어 사전을 만듭니다. 단어를 검색할 때마다 fastText를 사용해서 유사어를 검색하는 것은 비효율적입니다. **예제 4.2**의 프로그램을 실행하기 위해서는 학습을 완료한 fastText를 프로그램으로 읽어 초기화하고(`load_model` 함수), 요청된 단어에 대해 유사어를 취득해야(`predict` 함수) 합니다. 실행 환경에서는 CPU, 메모리 모두 적절한 스펙이 요구되며 응답도 빠르지 않습니다. 따라서 검색 빈출 단어의 상위 100단어만 미리 fastText로 유사어를 검색해서 캐시에 저장한 뒤 유사어 사전으로 활용합니다. 사용자가 빈출 단어를 사용해 검색할 때는 캐시의 유사어 사전에 등록되어 있는 유사어를 취득해서 검색에 사용합니다.

fastText에서 단어의 유사어를 얻고, 캐시에 저장하는 프로그램은 **예제 4.3**과 같습니다.

예제 4.3 **유사어 사전 작성**

```
# https://github.com/moseskim/building-ml-system/blob/develop/chapter3_4_aianimals/
batch/similar_word_registry/src/usecase/similar_word_usecase.py

# 생략

class SimilarWordUsecase(AbstractSimilarWordUsecase):
    # 생략

    def register(
        self,
        top_n: int = 100,
    ):
        data: Dict[str, int] = {}
        # 접근 로그를 취득
        access_logs = self.access_log_repository.select()
        for access_log in access_logs:
            for a in access_log.phrases:
```

```
            if a in data.keys():
                data[a] += 1
            else:
                data[a] = 1

    # 검색에서 사용된 횟수 순으로 정렬
    sorted_data = sorted(
        data.items(),
        key=lambda item: item[1],
        reverse=True,
    )

    # 상위 100개 단어를 취득
    top_words = {k: v for k, v in sorted_data[:top_n]}
    for word in top_words.keys():
        # 유사어 10개 단어를 취득
        similar_words = self.similar_word_predictor.predict(
            word=word,
            topn=10,
        )
        # 단어에서 키를 만든다.
        cache_key = self.__make_cache_key(word=word)
        cache_value = self.__make_cache_value(similar_words=similar_words)
        # 유사어를 캐시에 등록
        self.cache_client.set(
            key=cache_key,
            value=cache_value,
        )
```

여기에서는 간단히 하기 위해 빈출 언어의 상위 100개 언어에 대해 유사어 10개 단어를 취득해서 등록합니다. 단, fastText에 존재하지 않는 단어는 유사어를 검색할 수 없으므로 유사어 사전에는 등록하지 않습니다.

4.3.3 유사어 사전을 검색에 활용한다

마지막으로 유사어 사전을 검색에 활용합니다. 동물 이미지 콘텐츠의 검색은 백엔드 API가 사용자로부터 요청을 받아 일래스틱서치를 사용해 검색을 실행합니다. 일래스틱서치를 사용할 때의 검색어 변경에는 여러 방법이 있습니다. 그중 한 가지는 동의어

synonym를 사용하는 것으로 일래스틱서치에 특정한 단어의 동의어를 등록해둠으로써, 그 단어로 검색했을 때는 동의어도 포함해서 검색할 수 있습니다. 다른 방법은 여러 단어를 사용한 검색으로, 단어에 가중치를 붙여 검색하는 것입니다. 일래스틱서치에서는 한 번에 여러 단어를 지정해서 검색할 수 있습니다. 또한 단어별로 평가의 가중치를 지정할 수 있어, 가중치가 높은 단어와 일치할수록 점수가 높게 평가되어 검색됩니다. 이번에는 후자의 여러 단어 검색에 가중치를 붙이는 방법으로 검색 시스템을 구현합니다.

검색에서는 검색어를 사용해서 유사어 사전으로부터 유사어를 얻습니다. 유사어가 존재하는 경우에는 일래스틱서치 검색에 검색어와 유사어를 모두 사용합니다. 단, 검색어와 유사어의 가중치에는 차이를 둡니다. 값은 일률적이며 검색어는 가중치 1.0, 유사어는 가중치 0.3입니다. 점수를 붙이는 방법은 여러 가지로 생각할 수 있습니다(예: 유사어의 가중치에 fastText를 산출하는 코사인 유사도를 사용하는 것도 가능). 여기에서는 간단하게 고정값을 사용하겠습니다.

검색어와 유사어에 가중치를 붙인 일래스틱서치용 검색 쿼리 예(JSON 형식)는 **예제 4.4**와 같습니다. 사용자는 'かわいい'를 입력해서 검색하고, 유사어에 'カワイイ', '可愛い', '可愛らしい'가 사용되었다고 가정합니다.

예제 4.4 **검색 쿼리 예**

```
GET _search
{
  "sort" : [
    "_score"
  ],
  "query": {
    "bool": {
      "should": [
        {
          "function_score": {
            "boost": 1.0,
            "query": {"bool": {"should": [
              {"terms": {"description": ["かわいい"]}}
```

```
      ]}}
    }
  },
  {
    "function_score": {
      "boost": 0.3,
      "query": {"bool": {"should": [
        {"terms": {"description": ["カワイイ","可愛い","可愛らしい"]}}
      ]}}
    }
  }
  ]
}
}
}
```

일래스틱서치의 검색어 가중치에는 `function_score`를 사용합니다. `function_score`의 상세한 사양과 사용 방법은 다음 공식 문서를 참조하기 바랍니다.

Elasticsearch Guide: Function score query

URL https://www.elastic.co/guide/en/elasticsearch/reference/current/query-dsl-function-score-query.html

여기에 동물의 종별과 품종이라는 카테고리 정보를 추가해서 검색합니다. 검색을 위한 백엔드 API 프로그램은 **예제 4.5**와 같습니다. 프로그램이 상당히 길어서 많은 부분을 생략했습니다.

예제 4.5 **유사어 사전을 사용한 검색**

```
# https://github.com/moseskim/building-ml-system/blob/develop/chapter3_4_aianimals/
api/src/usecase/animal_usecase.py

from fastapi import BackgroundTasks

# 생략

class AnimalUsecase(AbstractAnimalUsecase):
    def __init__(
```

```python
        self,
        cache: AbstractCache,
        search_client: AbstractSearch,
        # 일부 생략
    ):
        super().__init__(
            cache=cache,
            search_client=search_client,
            # 일부 생략
        )

    def search(
        self,
        request: AnimalSearchRequest,
        background_tasks: BackgroundTasks,
        limit: int = 100,
        offset: int = 0,
    ) -> AnimalSearchResponses:
        search_id = get_uuid()
        model_name = None
        sort_by = AnimalSearchSortKey.value_to_key(
            value=request.sort_by,
        )
        query = AnimalSearchQuery(
            animal_category_name_en=request.animal_category_en,
            animal_category_name_ja=request.animal_category_ja,
            animal_subcategory_name_en=request.animal_subcategory_en,
            animal_subcategory_name_ja=request.animal_subcategory_ja,
            phrases=request.phrases,
            sort_by=sort_by,
        )
        # 검색 캐시 사용은 생략

        # 유사어 취득
        similar_words: List[str] = []
        for phrase in request.phrases:
            similar_words_key = self.__make_similar_word_cache_key(
                word=phrase,
            )
            # 캐시 완료 검색 결과는 캐시에서 취득
            cached_similar_words = self.cache.get(key=similar_words_key)
            _similar_words = self.__extract_similar_word_value(
                similar_words=cached_similar_words,
```

```
        )
        similar_words.extend(list(_similar_words.keys()))
    similar_words = list(set(similar_words))
    AnimalSearchQuery.similar_words = similar_words

    # 일래스틱서치로 검색
    results = self.search_client.search(
        index=ANIMAL_INDEX,
        query=query,
        from_=offset,
        size=limit,
    )

    # 생략

    searched = AnimalSearchResponses(
        hits=results.hits,
        max_score=results.max_score,
        results=[
            AnimalSearchResponse(
                **r.dict(),
            )
            for r in results.results
        ],
        offset=results.offset,
        search_id=search_id,
        sort_by=sort_by.value,
        model_name=model_name,
    )
    return searched
```

예제 4.5에서 `results = self.search_client.search()`에서 일래스틱서치 클라이언
트를 사용해서 일래스틱서치에 검색을 요청합니다. 일래스틱서치 클라이언트 구현은
예제 4.6과 같습니다. 이 프로그램도 길이가 길어 많은 부분을 생략했습니다.

예제 4.6 일래스틱서치 클라이언트

```python
# https://github.com/moseskim/building-ml-system/blob/develop/chapter3_4_aianimals/
api/src/infrastructure/search.py

from elasticsearch import Elasticsearch

# 생략

class ElasticsearchClient(AbstractSearch):
    def __init__(self):
        super().__init__()
        self.es_client = Elasticsearch()
        # 일부 생략

    # 카테고리 등 검색에 필수가 되는 조건을 지정
    def __add_must(
        self,
        key: str,
        value: str,
    ) -> Dict:
        return {"match": {key: value}}

    # 검색어와 유사어 등 function_score에서 검색에 가중치를 붙이는 조건을 지정
    def __make_function_score(
        self,
        phrases: List[str],
        boost: float = 1.0,
    ) -> Dict:
        return {
            "function_score": {
                "boost": boost,
                "query": {
                    "bool": {
                        "should": [
                            {"terms": {"description": phrases}},
                            {"terms": {"name": phrases}},
                        ]
                    }
                },
            }
        }
```

```python
def search(
    self,
    index: str,
    query: AnimalSearchQuery,
    from_: int = 0,
    size: int = 100,
) -> AnimalSearchResults:
    q: Dict[str, Dict] = {"bool": {}}
    musts = []
    shoulds = []
    # 쿼리 텍스트 구축(일부 생략)
    if len(query.phrases) > 0:
        should = self.__make_function_score(
            phrases=query.phrases,
            boost=1.0, # 검색어의 가중치 1.0
        )
        shoulds.append(should)
    if len(query.similar_words) > 0:
        should = self.__make_function_score(
            phrases=query.similar_words,
            boost=0.3, # 유사어의 가중치 0.3。
        )
        shoulds.append(should)

    if len(musts) > 0:
        q["bool"]["must"] = musts
    if len(shoulds) > 0:
        q["bool"]["should"] = shoulds

    # 일래스틱서치에 검색을 요청
    searched = self.es_client.search(
        index=index,
        query=q,
        from_=from_,
        size=size,
    )
    return searched
```

이것으로 유사어 사전을 작성하고 검색어에 대해 유사어를 사용해 검색할 수 있게 되었습니다.

4.4 순위 학습을 활용한 검색 결과 정렬

> 머신러닝을 활용해서 검색 결과를 개선하는 유력한 방법 중 하나가 순위 학습을 사용하는 것입니다. 순위 학습은 검색 결과에 순위를 붙이는 기술로, 순위가 높은 순으로 정렬함으로써 검색 결과를 인기 순으로 정렬할 수 있습니다.

순위 학습이란 머신러닝의 한 종류로, 대상의 순서를 추론합니다. 검색에서는 검색 결과를 적절한 순서로 정렬하기 위해 순위 학습을 사용합니다. 순위 학습을 사용함으로써, 검색 결과의 인기 순서를 추론하고 정렬할 수 있습니다. 순위 학습의 학습 데이터에는 검색 조건과 그 검색 조건에 대한 검색 결과 콘텐츠 목록을 사용합니다. 학습 대상은 콘텐츠 목록의 정렬 순서입니다. 이 정렬 순서를 만드는 방법에 따라 순서 학습은 여러 종류로 나뉩니다.

1. 포인트와이즈Pointwise: 검색 조건에 대해 각 콘텐츠의 점수를 계산해서 정렬한다.
2. 페어와이즈Pairwise: 검색 조건에 대해 2개씩 콘텐츠의 우열을 평가해서 순위가 높은 순으로 정렬한다.
3. 리스트와이즈Listwise: 검색 조건에 대해 콘텐츠 목록의 우열을 평가해서 순위가 높은 순서대로 정렬한다.

순위 학습에 관한 이론이나 상세한 설명은 생략합니다. 여기에서는 가장 간단하게 구현할 수 있는 포인트와이즈 순위 학습을 사용해서 검색 결과를 정렬합니다. 순위 학습은 검색 시스템이나 추천 시스템 등에서 널리 사용되며, 많은 연구가 이루어지고 있는 영역이기도 하므로 흥미가 있는 분들은 직접 조사해보기를 권합니다.

순위 학습을 사용해서 검색 결과를 정렬하는 흐름은 다음과 같습니다.

1. 사용자가 검색 용어나 카테고리를 지정해서 검색한다.
2. 일래스틱서치로부터 검색 결과를 얻는다.
3. 검색 결과를 순위 학습으로 정렬한다.
4. 정렬한 검색 결과를 사용자에게 반환한다.

여기에서는 순위 학습을 위해 LightGBM을 사용해서 개발합니다. LightGBM 라이브러리는 **LGBMRanker**[7]라는 순위 학습용 API를 제공하며, 이 API를 사용해 간단하게 순위 학습 모델을 학습할 수 있습니다. **LGBMRanker**로 포인트와이즈 모델을 학습하고, 검색에 조합합니다.

순위 학습에서는 검색 조건과 검색 결과인 동물 이미지 콘텐츠를 입력 데이터로 다룹니다. 검색 조건은 검색어, 동물의 종별, 품종입니다. 검색 결과는 단순한 동물 이미지의 ID가 아니라 동물 이미지 콘텐츠의 속성(이름, 설명문, 종별, 품종)을 사용합니다. 검색 조건과 동물 이미지 콘텐츠 모두 카테고리 데이터나 텍스트 데이터로 되어 있으므로, 머신러닝에서 다루기 위해서는 전처리를 해서 특징량으로 변환해야 합니다. 여기에서 주의할 것은 검색 시의 추론에서는 검색 결과의 모든 동물 이미지 콘텐츠에 대해 전처리가 필요하다는 점입니다. 전처리가 무거워지면 검색 결과를 응답하기까지 지연이 발생해 사용자 경험을 악화시키게 됩니다. 따라서 동물 이미지 콘텐츠의 특징량은 사전에 작성해서 저장해두고 순위 학습 추론 시에 필요한 처리를 줄입니다.

학습할 때와 추론할 때 같은 특징량을 사용해야 합니다. 학습할 때 특징량을 작성하더라도 추론할 때 다른 특징량을 사용하면, 학습하지 않은 특징량에 대해 추론하게 되므로 순위 학습의 추론 결과가 잘못되게 됩니다.

순위 학습의 추론은 백엔드 API와는 다른 API 서버를 사용합니다. 구체적으로는 REST API를 가진 추론용 서비스를 만듭니다. 추론용 서비스에서는 검색 조건과 검색 결과의 동물 이미지 ID를 입력으로 하고, 특징량을 얻어서 추론합니다. 일래스틱서치에는 순위 학습을 내장한 플러그인이 제공되기는 하지만, 여기에서는 사용하지 않습니다. 일래스틱서치의 순위 학습 플러그인에 관해서는 다음 공식 문서를 참조하기 바랍니다.

> **Docs: Elasticsearch Learning to Rank: the documentation**
> URL https://elasticsearch-learning-to-rank.readthedocs.io/en/latest/

---

7 https://lightgbm.readthedocs.io/en/latest/pythonapi/lightgbm.LGBMRanker.html

학습을 완료한 순위 학습 모델은 시간이 지남에 따라 퇴화합니다. 즉 사용자가 다양한 동물 이미지 콘텐츠에 접근하고, 동물 이미지가 게시되어 새로운 콘텐츠가 추가됨에 따라 순위 학습 모델은 최신 데이터로부터 멀어지고, 사용자에게 적절한 순서를 제공하지 못하게 됩니다. 순위 학습 모델은 정기적으로 학습을 통해 업데이트해주는 것이 바람직합니다.

여기까지의 검토 결과를 종합해 순위 학습을 활용한 검색 정렬을 수행하는 시스템 컴포넌트를 정리합니다.

- 특징량 작성 배치: 특징량을 작성하고, 특징량 스토어에 저장한다. 아르고 워크플로로 실행한다.
- 특징량 스토어: 동물 이미지 콘텐츠의 특징량을 저장하고 제공한다. Redis 캐시에 저장한다.
- 순위 학습용 학습 배치: 순위 학습 모델을 정기적으로 학습하고, 새로운 모델을 릴리스한다. 아르고 워크플로로 실행한다.
- 백엔드 API: 스마트폰 애플리케이션으로부터 검색 요청을 받고, 검색 시스템으로부터 검색 결과를 얻어 응답하는 검색 API를 제공한다. 순위 학습으로 정렬하는 경우, 순위 학습 서비스에 요청을 보낸다.
- 검색 인프라스트럭처(일래스틱서치): 검색 조건에 대한 검색 결과를 제공한다.
- 순위 학습 서비스: 학습을 완료한 순위 학습 모델을 사용해, 검색 결과인 동물 이미지 콘텐츠를 정렬한다. REST API로 기동한다.

그림 4.7은 이 컴포넌트들의 관계를 나타낸 아키텍처입니다.

이 아키텍처를 따라 순위 학습을 내장한 검색 시스템을 구축합니다.

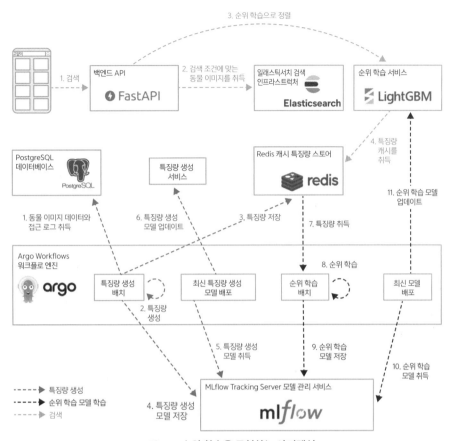

그림 4.7 **순위 학습을 구현하는 아키텍처**

4.4.1 데이터를 만든다

먼저 순위 학습 모델에서 사용할 데이터를 준비합니다. 순위 학습에서는 이제까지의 검색 이력, 검색 결과의 동물 이미지 콘텐츠, 그리고 그 평가를 사용해 학습합니다. 데이터는 animals 테이블과 **4.3절**에서 설명한 access_logs 테이블에서 작성합니다.

동물 이미지 콘텐츠 데이터는 animals 테이블을 기반으로 얻습니다. 구체적으로는 동물 이미지 콘텐츠의 이름, 설명, 종별, 품종(각각 name, description, animal_category_id, animal_subcategory_id 필드)을 사용합니다. 이를 모두 특징량으로 변환해서, 특징량 스토어에 저장합니다.

동물 이미지 콘텐츠의 데이터를 다룰 때 중요한 것은, 데이터 작성 시 학습한 특징량 작성 로직을 새로운 동물 이미지가 게시되었을 때 재사용하는 것입니다. 즉 데이터 작성 시에는 기존 데이터로 전처리 모델을 학습합니다. 그 전처리 모델을 사용해서 기존 데이터의 특징량을 생성합니다. 그리고 새로운 콘텐츠가 게시되었을 때는, 역시 그 전처리 모델을 사용해서 특징량을 생성합니다. 새로운 동물 이미지가 게시되었을 때는 그 콘텐츠의 특징량을 특징량 스토어에 저장해야 합니다. 따라서 학습을 완료한 전처리 모델을 사용해서 새로운 콘텐츠의 특징량을 생성하고, 특징량 스토어에 저장합니다.

검색 조건 데이터는 어떻게 할까요? AIAnimals에서 지원하는 검색 조건은 프리 텍스트와 카테고리(동물 종별, 품종)입니다. 이 데이터들은 access_logs 테이블에 이력이 저장됩니다. access_log 테이블에 기록되어 있는 검색 조건 데이터를 사용해서 검색 조건의 전처리를 학습합니다. 검색 조건은 매번 바뀌므로, 그 특징량을 특징량 스토어에 저장해둘 수는 없습니다. 학습, 추론 시에 검색 조건의 특징량을 생성해야 합니다. 그러므로 순위 학습 모델을 학습할 때 검색 조건의 특징량을 생성하기 위해 전처리 모델을 학습하고, 그 모델을 추론에서 사용하기 위해 저장해둡니다.

학습한 동물 이미지 콘텐츠의 평가는 access_log 테이블의 행동(action 필드)을 사용합니다. 검색 결과에 대해 콘텐츠를 장시간 열람하거나, '좋아요'를 부여했다면, 이 콘텐츠는 순위가 높은 검색 결과라고 평가합니다.

● 동물 이미지 콘텐츠의 전처리

먼저 동물 이미지 콘텐츠의 특징량을 생성하고, 저장하는 구조를 만듭니다. 기존의 동물 이미지 콘텐츠에 대한 특징량 생성의 전처리는 정기 실행하는 배치 처리로 만듭니다. 이에 비해 학습을 완료한 전처리 모델을 사용해 새로운 동물 이미지 콘텐츠의 특징량을 생성하는 것은 동물 이미지 콘텐츠 게시에 따라 실행되는 비동기 처리로 구현합니다.

특징량으로 사용하는 동물 이미지 콘텐츠의 이름, 설명, 종별, 품종 각각의 전처리 방법을 결정합니다. 이름과 설명은 일본어 텍스트 데이터, 종별과 품종은 카테고리 데이터입니다. 이름과 설명은 형태소 분석을 진행한 후 TF-IDFterm frequency–inverse document frequency로 벡터로 변환합니다. 종별과 품종은 원-핫 인코딩one-hot encoding 으로 수치화합니다.

텍스트 데이터에 대한 형태소 분석에는 MeCab[8]을 사용합니다. (일본어의 경우) 형태소 분석이란 일본어 문장과 같이 단어 사이에 공백이 없고 단어의 구분이 명확하지 않은 언어에서 문장을 해석해 단어로 분할하는 기술입니다. MeCab은 일본어에서 잘 알려진 형태소 분석기이며 일본어 문장을 단어로 분할할 수 있습니다.[9] 또한 단어의 품사(명사, 동사, 형용사 등)도 판별할 수 있습니다. 일본어 문장에 대한 형태소 분석을 수행한 결과는 다음과 같습니다.

```
テキスト：「吾輩は猫である。たくさん食べる。」
結果：
吾輩       名詞,代名詞,一般,*,*,*,吾輩,ワガハイ,ワガハイ
は         助詞,係助詞,*,*,*,*,は,ハ,ワ
猫         名詞,一般,*,*,*,*,猫,ネコ,ネコ
で         助動詞,*,*,*,特殊・ダ,連用形,だ,デ,デ
ある       助動詞,*,*,*,五段・ラ行アル,基本形,ある,アル,アル
。         記号,句点,*,*,*,*,。,。,。
たくさん   名詞,副詞可能,*,*,*,*,たくさん,タクサン,タクサン
食べる     動詞,自立,*,*,一段,基本形,食べる,タベル,タベル
。         記号,句点,*,*,*,*,。,。,。
EOS
```

이렇게 일본어 문장을 단어로 분할하고 그 품사를 얻을 수 있습니다. 특정 언어에 관계없이, 일반적으로 자연어 전처리에서는 단어로부터 문장의 특징을 얻는 것이 중요합니다. 영어에서는 단어 사이에 스페이스가 있기 때문에 단어를 분할하기 쉽습니다. 하지만 일본어에서는 스페이스 등으로 단어와 단어를 구분하지 않으므로 형태소 분석을 통해 문장에서 단어를 분할하는 것이 중요합니다.

8　https://taku910.github.io/mecab/
9　[옮긴이] 한국어 데이터의 형태소 분석을 할 경우에는 한국어 형태소 분석기 Pecab을 사용할 수 있습니다.
　　https://github.com/hyunwoongko/pecab

형태소 분석으로 분할한 단어 중, 텍스트의 의미를 얻는 데 중요한 품사인 명사, 동사, 형용사만 남깁니다. 그리고 추출한 단어를 사용해서 TF-IDF를 사용해 벡터 표현을 얻습니다. TF-IDF는 텍스트 안에 있는 단어의 중요도를 수치화하는 방법으로, 단어의 출현 빈도로 그 중요도를 평가합니다. TF-IDF는 사이킷런[10] 라이브러리를 통해 사용할 수 있습니다.

동물 이미지 콘텐츠의 설명을 전처리하는 구체적인 프로그램은 **예제 4.7**과 같습니다. 또한 이름의 전처리 프로그램은 설명의 전처리 프로그램과 유사하므로 여기에서는 생략합니다.

예제 4.7 **설명 전처리**

```
# https://github.com/moseskim/building-ml-system/blob/develop/chapter3_4_aianimals/
batch/feature_registry/src/service/feature_processing.py

import MeCab
from sklearn.base import BaseEstimator, TransformerMixin
from sklearn.feature_extraction.text import TfidfVectorizer
from sklearn.pipeline import Pipeline

# 생략

# MeCab을 사용한 형태소 분석
class DescriptionTokenizer(BaseEstimator, TransformerMixin):
    def __init__(
        self,
        stop_words=STOP_WORDS,
    ):
        self.stop_words = stop_words
        self.tokenizer = MeCab.Tagger()

    # 단어를 분할해서 명사, 동사, 형용사만 저장한다.
    def tokenize_description(
        self,
        text: str,
        stop_words: List[str] = [],
```

---

10 https://scikit-learn.org/stable/modules/generated/sklearn.feature_extraction.text.TfidfVectorizer.html

```python
    ) -> List[str]:
        ts = self.tokenizer.parse(text)
        ts = ts.split("\n")
        tokens = []
        for t in ts:
            if t == "EOS":
                break
            s = t.split("\t")
            r = s[1].split(",")
            w = ""
            if r[0] == "名詞":
                w = s[0]
            elif r[0] in ("動詞", "形容詞"):
                w = r[6]
            if w == "":
                continue
            if w in stop_words:
                continue
            tokens.append(w)
        return tokens

    def transform(
        self,
        X: List[str],
    ) -> np.ndarray:
        y = []
        for x in X:
            ts = self.tokenize_description(
                text=x,
                stop_words=self.stop_words,
            )
            ts = " ".join(ts)
            y.append(ts)
        return np.array(y)


# TF-IDF를 사용한 벡터화
class DescriptionVectorizer(BaseEstimator, TransformerMixin):
    def __init__(
        self,
        max_features: int = 500,
    ):
        self.max_features = max_features
        self.define_pipeline()
```

```python
    def define_pipeline(self):
        self.pipeline = Pipeline(
            [
                (
                    "description_tfids_vectorizer",
                    TfidfVectorizer(max_features=self.max_features),
                ),
            ]
        )

    def transform(
        self,
        X: List[List[str]],
    ):
        return self.pipeline.transform(X)

    def fit(
        self,
        X: List[List[str]],
        y=None,
    ):
        return self.pipeline.fit(X=X, y=y)

    def fit_transform(
        self,
        X: List[List[str]],
        y=None,
    ):
        return self.pipeline.fit_transform(X=X, y=y)

# 생략
```

이것으로 동물 이미지 콘텐츠의 이름과 설명을 특징량으로 변환하는 처리를 구현했습니다. 계속해서 종별, 품종에 대한 전처리를 생각합니다. 이들은 모두 카테고리 데이터이므로, 여기에서는 전형적으로 사이킷런을 사용한 원-핫 인코딩을 통해 수치 표현으로 변환합니다. 원-핫 인코딩에서는 카테고리의 각 값에 수치를 부여합니다. 예를 들어 품종에 존재하는 카테고리값이 '랙돌', '노르웨이숲 고양이', '슈나우저'인 경우 **표 4.5**, **표 4.6**과 같이 변환합니다.

표 4.5 원래 데이터

데이터 ID	품종 카테고리
0	랙돌
1	노르웨이숲 고양이
2	슈나우저
3	랙돌

표 4.6 원-핫 인코딩 적용 후

데이터 ID	랙돌	노르웨이숲 고양이	슈나우저
0	1	0	0
1	0	1	0
2	0	0	1
3	1	0	0

카테고리에 원-핫 인코딩을 적용함으로써, 각 데이터에 카테고리별로 0 또는 1의 수치를 부여할 수 있습니다. 프로그램은 **예제 4.8**과 같습니다.

예제 4.8 카테고리(종별, 품종) 데이터의 전처리

```python
# https://github.com/moseskim/building-ml-system/blob/develop/chapter3_4_aianimals/
batch/feature_registry/src/service/feature_processing.py

from sklearn.base import BaseEstimator, TransformerMixin
from sklearn.impute import SimpleImputer
from sklearn.preprocessing import OneHotEncoder

# 생략

class CategoricalVectorizer(BaseEstimator, TransformerMixin):
    def __init__(
        self,
        sparse: bool = True,
        handle_unknown: str = "ignore",
    ):
        self.sparse = sparse
        self.handle_unknown = handle_unknown
        self.define_pipeline()

    def define_pipeline(self):
        logger.info("init pipeline")
        self.pipeline = Pipeline(
            [
                (
                    "simple_imputer",
                    SimpleImputer(
                        missing_values=np.nan,
```

```
                    strategy="constant",
                    fill_value=-1,
                ),
            ),
            (
                "one_hot_encoder",
                OneHotEncoder(
                    sparse=self.sparse,
                    handle_unknown=self.handle_unknown,
                ),
            ),
        ]
    )

    logger.info(f"pipeline: {self.pipeline}")

def transform(
    self,
    x: List[List[int]],
):
    return self.pipeline.transform(x)

def fit(
    self,
    x: List[List[int]],
    y=None,
):
    return self.pipeline.fit(x)

def fit_transform(
    self,
    x: List[List[int]],
    y=None,
):
    return self.pipeline.fit_transform(x)

# 생략
```

이것으로 이름, 설명, 종별, 품종의 전처리를 구현했습니다. 전처리를 실행해 특징량을
생성하고 저장합니다. 순서는 다음과 같습니다.

1. 동물 이미지 콘텐츠 데이터를 얻는다.

2. 콘텐츠 데이터 중 이름과 설명은 텍스트 데이터 전처리 모델을 각각 학습하고 특징량을 생성한다. 전처리 모델을 저장한다.

3. 콘텐츠 데이터 중 종별과 품종은 카테고리 데이터 전처리 모델을 각각 학습하고 특징량을 생성한다. 전처리 모델을 저장한다.

4. 2, 3번에서 생성한 특징량을 특징량 스토어에 저장한다.

특징량 스토어는 Redis를 사용한 캐시 서비스를 사용합니다. 특징량 스토어 라이브러리나 인프라스트럭처는 다양하지만, 여기에서는 도입이 간단하고 범용적인 캐시로 대체합니다. 집필 시점인 2022년에도 특징량 스토어는 아직 발전하는 단계이며 그 작성 방법이나 운용에 대한 베스트 프랙티스는 아직 확립되어 있지 않습니다. 그래서 여기에서는 특징량을 범용적으로 사용할 수 있는 Redis에 캐시로 저장합니다.

예제 4.9는 앞의 워크플로를 구현한 것입니다.

예제 4.9 **특징량 생성과 저장**

```
# https://github.com/moseskim/building-ml-system/blob/develop/chapter3_4_aianimals/
batch/feature_registry/src/usecase/animal_feature_usecase.py

from src.service.feature_processing import (
    CategoricalVectorizer,
    DescriptionTokenizer,
    DescriptionVectorizer,
)

# 생략

class AnimalFeatureUsecase(AbstractAnimalFeatureUsecase):
    def __init__(
        self,
        cache: AbstractCache,
        animal_category_vectorizer: CategoricalVectorizer,
        description_tokenizer: DescriptionTokenizer,
        description_vectorizer: DescriptionVectorizer,
    ):
```

```python
        super().__init__(
            cache=cache,
            animal_category_vectorizer=animal_category_vectorizer,
            description_tokenizer=description_tokenizer,
            description_vectorizer=description_vectorizer,
        )
        # 일부 생략

    def fit_register_animal_feature(
        self,
        request: AnimalFeatureInitializeRequest,
    ):
        # 'animals' 테이블에서 동물 이미지 콘텐츠 취득
        animals = self.animal_repository.select(
            query=AnimalQuery(deactivated=False),
        )

        animal_ids = [a.id for a in animals]

        # 동물 종별의 전처리 및 특징량 생성
        vectorized_animal_category = (
            self.animal_category_vectorizer.fit_transform(
                x=[[a.animal_category_id] for a in animals],
            )
            .toarray()
            .tolist()
        )

        # 동물 품종의 전처리 및 특징량 생성은 생략

        # 설명의 전처리 및 특징량 생성
        tokenized_description = self.description_tokenizer.transform(
            X=[a.description for a in animals],
        ).tolist()
        vectorized_description = (
            self.description_vectorizer.fit_transform(
                X=tokenized_description,
            )
            .toarray()
            .tolist()
        )

        # 이름의 전처리 및 특징량 생성은 생략
```

```python
        # 특징량을 캐시한다.
        self.__register_animal_features(
            animal_ids=animal_ids,
            mlflow_experiment_id=request.mlflow_experiment_id,
            mlflow_run_id=request.mlflow_run_id,
            vectorized_animal_categories=vectorized_animal_category,
            tokenized_descriptions=tokenized_description,
            vectorized_descriptions=vectorized_description,
        )

    # 캐시 키 작성
    def make_cache_key(
        self,
        animal_id: str,
        mlflow_experiment_id: int,
        mlflow_run_id: str,
    ) -> str:
        return f"{self.PREFIX}_{animal_id}_{mlflow_experiment_id}_{mlflow_run_id}"

    # 특징량을 캐시에 저장
    def __register_animal_features(
        self,
        animal_ids: List[str],
        mlflow_experiment_id: int,
        mlflow_run_id: str,
        vectorized_animal_categories: List[List[int]],
        tokenized_descriptions: List[str],
        vectorized_descriptions: List[List[float]],
    ):
        for i, (
            animal_id,
            animal_category_vector,
            description_words,
            description_vector,
        ) in enumerate(
            zip(
                animal_ids,
                vectorized_animal_categories,
                tokenized_descriptions,
                vectorized_descriptions,
            )
        ):
            data = dict(
                animal_category_vector=animal_category_vector,
```

```
            description_words=description_words.split(" "),
            description_vector=description_vector,
        )
        key = self.make_cache_key(
            animal_id=animal_id,
            mlflow_experiment_id=mlflow_experiment_id,
            mlflow_run_id=mlflow_run_id,
        )
        self.cache.set(
            key=key,
            value=json.dumps(data),
            expire_second=60 * 60 * 24 * 7,
            # 캐시의 기한을 7일로 설정
        )
```

이것으로 기존의 동물 이미지 콘텐츠 데이터를 사용해서 전처리 모델을 학습하고, 특징량을 특징량 스토어에 저장했습니다. 특징량을 저장하는 캐시 키는 {prefix}_{동물 이미지 ID}_{MLflow의 experiment_id}_{MLFlow의 run_id} 형식입니다. 캐시 키에 MLflow의 experiment_id와 run_id를 지정한 이유는, 신규로 학습해서 특징량을 생성했을 때 캐시 키의 중복을 방지하기 위해서입니다. 이를 통해 특징량 스토어에 저장되어 있는 특징량이 어느 시점에 생성된 것인지 고유하게 특정할 수 있습니다. 이후 태스크에서 특징량 스토어에 접근했을 때, 같은 동물 이미지 ID라도 잘못된 특징량을 얻는 상황을 피할 수 있습니다.

학습을 완료한 전처리 모델은 MLflow Tracking Server에 저장하고 다른 서버에 공유합니다(예제 4.10).

예제 4.10 **전처리 모델 저장**

```
# https://github.com/moseskim/building-ml-system/blob/develop/chapter3_4_aianimals/
batch/feature_registry/src/main.py

# 생략

@hydra.main(
    config_path="../hydra",
    config_name=os.getenv("MODEL_CONFIG", "animal_feature"),
```

```
    )
def main(cfg: DictConfig):
    # 생략
    now = datetime.now().strftime("%Y%m%d_%H%M%S")
    run_name = f"{cfg.task_name}_{now}"

    mlflow.set_tracking_uri("http://mlflow:5000")
    mlflow.set_experiment("animal_feature_extraction")
    with mlflow.start_run(run_name=run_name) as run:
        # 전처리 모델 작성
        container.animal_feature_initialization_job.run(
            mlflow_experiment_id=run.info.experiment_id,
            mlflow_run_id=run.info.run_id,
        )

        # 작성한 전처리 모델을 MLflow에 저장
        mlflow.log_artifacts(os.path.join(cwd, ".hydra/"), "hydra")

        # 후반 처리를 위해 저장한 모델의 experiment_id와 run_id를 저장
        mlflow_params = dict(
            mlflow_experiment_id=run.info.experiment_id,
            mlflow_run_id=run.info.run_id,
        )

        with open("/tmp/output.json", "w") as f:
            json.dump(mlflow_params, f)


if __name__ == "__main__":
    main()
```

MLflow Tracking Server를 공통 모델 관리 시스템으로 사용함으로써 같은 ID를 사용해 모델을 저장하거나 얻을 수 있습니다.

프로그램 후반에 기술되어 있는 **후반 처리를 위해 저장한 모델의** experiment_id**와** run_id**를 저장**하는 부분에서는 학습을 완료한 전처리 모델을 사용하는 후속 태스크에 필요한 파라미터를 전달하기 위해, 파라미터를 JSON 파일로 저장합니다. 이 파라미터의 용도는 **4.4.3절**에서 설명합니다.

● 동물 이미지 콘텐츠의 특징량 생성 비동기 처리

계속해서 학습을 완료한 전처리 모델을 사용해서 새롭게 추가된 동물 이미지 콘텐츠의 특징량을 등록하는 구조를 만듭니다. 특징량 등록은 동물 이미지의 게시와는 비동기로 실행합니다. 동물 이미지 게시 요청은 백엔드 API가 받지만, 특징량 생성과 특징량 스토어로의 추가는 전용의 특징량 생성/등록 서비스를 준비합니다. 백엔드 API와 특징량 생성/등록 서비스 사이의 통신은 RabbitMQ를 사용합니다. 즉 백엔드 API가 Producer 로서 동물 이미지 ID의 메시지를 작성하고, 특징량 생성/등록 서비스가 Consumer로 서 동물 이미지 ID를 얻어 특징량을 생성하고 특징량 스토어에 등록합니다.

특징량 생성/등록 서비스의 핵심적인 로직은 **예제 4.11**과 같이 구현합니다.

예제 4.11 **특징량 생성/등록 서비스**

```
# https://github.com/moseskim/building-ml-system/blob/develop/chapter3_4_aianimals/
batch/feature_registry/src/usecase/animal_feature_usecase.py

from src.service.feature_processing import (
    CategoricalVectorizer,
    DescriptionTokenizer,
    DescriptionVectorizer,
)

# 생략
class AnimalFeatureUsecase(AbstractAnimalFeatureUsecase):
    def __init__(
        self,
        messaging: RabbitmqMessaging,
        animal_category_vectorizer: CategoricalVectorizer,
        description_tokenizer: DescriptionTokenizer,
        description_vectorizer: DescriptionVectorizer,
    ):
        super().__init__(
            messaging=messaging,
            animal_category_vectorizer=animal_category_vectorizer,
            description_tokenizer=description_tokenizer,
            description_vectorizer=description_vectorizer,
        )
```

```
# 일부 생략
def register_animal_feature(
    self,
    request: AnimalFeatureRegistrationRequest,
):
    # RabbitMQ로 메시지를 취득했을 때의 콜백 함수
    def callback(ch, method, properties, body):
        data = json.loads(body)
        # 동물 이미지 ID를 사용해서 콘텐츠를 취득
        animals = self.animal_repository.select(
            query=AnimalQuery(
                id=id,
                deactivated=False,
            ),
        )
        animal_ids = [a.id for a in animals]

        # 동물 종별의 특징량을 생성
        vectorized_animal_category = (
            self.animal_category_vectorizer.transform(
                x=[[a.animal_category_id] for a in animals],
            )
            .toarray()
            .tolist()
        )

    # 동물 품종의 특징량 생성은 생략

    # 설명의 특징량 생성
    tokenized_description = self.description_tokenizer.transform(
        X=[a.description for a in animals],
    ).tolist()
    vectorized_description = self.description_vectorizer.transform(X=tokenized_
description).toarray().tolist()

    # 이름의 특징량 생성은 생략

    # 특징량을 특징량 스토어에 저장
    self.__register_animal_features(
        animal_ids=animal_ids,
        mlflow_experiment_id=request.mlflow_experiment_id,
        mlflow_run_id=request.mlflow_run_id,
        vectorized_animal_categories=vectorized_animal_category,
```

```
            tokenized_descriptions=tokenized_description,
            vectorized_descriptions=vectorized_description,
        )
        ch.basic_ack(delivery_tag=method.delivery_tag)
    self.messaging.channel.basic_consume(
        queue=Configurations.animal_feature_registry_queue,
        on_message_callback=callback,
    )
    self.messaging.channel.start_consuming()
```

● 시점을 생각한다

특징량 생성/등록 서비스에서는 전처리 모델이 업데이트되면 새로운 전처리 모델을 로 딩해서 특징량을 생성하는 것이 중요합니다. 바꿔 말하면, 특징량 생성 전처리 모델을 어떤 시점에서 학습하고, 의존 관계에 있는 데이터나 태스크를 어느 시점에 업데이트하 는가를 생각해야 합니다. 전처리 모델과 특징량에 대한 의존 관계를 그림으로 나타내면 **그림 4.8**과 같습니다.

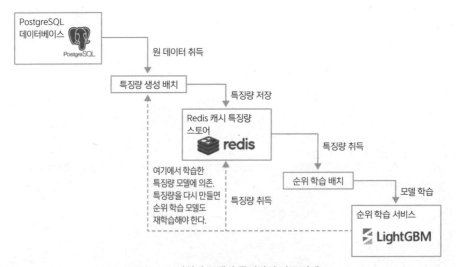

그림 4.8 **전처리 모델과 특징량의 의존 관계**

즉 특징량 생성 전처리 모델을 재작성한다는 것은 특징량 생성/등록 서비스분만 아니라, 순위 학습 모델도 재학습을 하고, 그 모델을 추론기로서 릴리스할 때까지 연속해서 처리를 실행해야 합니다.

다음 항에서는 순위 학습 모델의 학습, 그다음에는 추론기의 구현을 설명합니다. 그리고 마지막에는 순위 학습 시스템을 구성하는 컴포넌트를 일괄 업데이트하는 워크플로를 구현하는 방법에 관해 설명합니다.

4.4.2 순위 학습 모델을 학습한다

순위 학습 모델을 학습하는 순서에 관해 설명합니다. AIAnimals의 검색 결과를 정렬하기 위한 순위 학습에서는 동물 이미지 콘텐츠와 검색 조건을 학습 데이터로 사용합니다. 동물 이미지 콘텐츠는 이전 항에서 특징량을 생성했으므로 여기에서는 검색 조건 취득과 전처리를 중심으로 설명합니다.

● 검색 조건의 전처리

검색 조건 데이터는 `access_logs` 테이블에서 얻습니다. 구체적으로는 접근 로그로서 기록되어 있는 검색어, 종별, 품종 카테고리를 사용합니다. 접근 로그에는 그때 액션을 일으킨 대상의 동물 이미지 ID가 기록되어 있습니다. 접근 로그 데이터로부터 얻은 검색 조건 데이터에 동물 이미지 콘텐츠의 특징량을 결합해서 순위 학습을 위한 데이터를 만듭니다. 이와 함께 접근 로그에 기록되어 있는 액션에 맞춰 그 중요도를 수치 표현으로 변환합니다. 구체적으로 열람은 중요도 1, 긴 열람은 중요도 3, '좋아요'는 중요도 4로 합니다. 이 중요도 수치는 간략하게 결정한 것이며, 이것이 반드시 옳다고 할 수는 없습니다. 같은 검색 조건에 대해 동물 이미지 콘텐츠별로 수치를 정해서 우선순위를 매기는 것을 목적으로 수치를 붙입니다(예제 4.12).

예제 4.12 데이터 취득

```
# https://github.com/moseskim/building-ml-system/blob/develop/chapter3_4_aianimals/
search/model_development/learn_to_rank/src/jobs/retrieve.py

from src.dataset.data_manager import AbstractCache, AbstractDBClient,
AccessLogRepository, FeatureCacheRepository
from src.dataset.schema import Action, Data, FeatureVector, RawData


# 생략
def retrieve_access_logs(
    feature_mlflow_experiment_id: int,
    feature_mlflow_run_id: str,
    db_client: AbstractDBClient,
    cache: AbstractCache,
) -> RawData:
    # 접근 로그로부터 데이터 취득
    access_log_repository = AccessLogRepository(db_client=db_client)
    records = access_log_repository.select_all()

    # 특징량 스토어로부터 동물 이미지 콘텐츠의 특징량 취득
    ids = [
        make_cache_key(
            animal_id=r.animal_id,
            feature_mlflow_experiment_id=feature_mlflow_experiment_id,
            feature_mlflow_run_id=feature_mlflow_run_id,
        )
        for r in records
    ]
    ids = list(set(ids))

    feature_cache_repository = FeatureCacheRepository(cache=cache)
    features = feature_cache_repository.get_features_by_keys(keys=ids)
    data = []
    target = []

    # 접근 로그 데이터와 동물 이미지 특징량을 결합
    for r in records:
        cache_key = make_cache_key(
            animal_id=r.animal_id,
            feature_mlflow_experiment_id=feature_mlflow_experiment_id,
            feature_mlflow_run_id=feature_mlflow_run_id,
        )
```

```
        fv = features.get(cache_key)
        d = Data(
            animal_id=r.animal_id,
            query_phrases=".".join(sorted(r.query_phrases)),
            query_animal_category_id=r.query_animal_category_id,
            query_animal_subcategory_id=r.query_animal_subcategory_id,
            likes=r.likes,
            feature_vector=FeatureVector(
                animal_category_vector=fv["animal_category_vector"],
                animal_subcategory_vector=fv["animal_subcategory_vector"],
                name_vector=fv["name_vector"],
                description_vector=fv["description_vector"],
            ),
        )

        data.append(d)

        # 접근 로그의 행동 데이터를 대상 변수의 수치로 변환
        if r.action == Action.SELECT.value:
            target.append(1)
        elif r.action == Action.SEE_LONG.value:
            target.append(3)
        elif r.action == Action.LIKE.value:
            target.append(4)

    return RawData(
        data=data,
        target=target,
    )
```

여기에서 얻은 데이터 중 검색 조건의 검색어와 종별, 품종에 전처리를 수행합니다. 종별과 품종은 동물 이미지 콘텐츠의 전처리와 마찬가지로 원-핫 인코딩을 사용합니다. 그리고 여기에서는 검색어의 전처리에도 원-핫 인코딩을 사용합니다. 검색어는 자유 텍스트이므로 형태소 분석으로 단어로 분할해서 TF-IDF로 벡터화해도 좋지만 많은 경우 단어의 조합만으로 구성되어 있으므로, 간단하게 처리하기 위해 원-핫 인코딩으로 벡터화합니다. 물론 검색 필드는 자유 텍스트로 입력할 수 있으므로 문장을 입력할 수도 있습니다. 하지만 그런 입력은 많지 않으므로 단어의 조합만 가정합니다. 검색 조건의 단어, 종별, 품종을 전처리해서 수치 표현으로 변환했다면 동물 이미지 특징량과 함께 일련의 수치 배열로 변환합니다.

전처리에 관한 구체적인 프로그램은 **예제 4.13**과 같습니다.

예제 4.13 검색 조건의 전처리

```
# https://github.com/moseskim/building-ml-system/blob/develop/chapter3_4_aianimals/
search/model_development/learn_to_rank/src/jobs/preprocess.py

from src.models.preprocess import CategoricalVectorizer, NumericalMinMaxScaler

# 생략
class Preprocess(object):
    # 생략
    def run(
        self,
        likes_scaler: NumericalMinMaxScaler,
        query_phrase_encoder: CategoricalVectorizer,
        query_animal_category_id_encoder: CategoricalVectorizer,
        query_animal_subcategory_id_encoder: CategoricalVectorizer,
        likes_scaler_save_file_path: str,
        query_phrase_encoder_save_file_path: str,
        query_animal_category_id_encoder_save_file_path: str,
        query_animal_subcategory_id_encoder_save_file_path: str,
        x_train: List[Data],
        y_train: List[int],
        x_test: List[Data],
        y_test: List[int],
        q_train: Optional[List[int]] = None,
        q_test: Optional[List[int]] = None,
    ):
        # 각 검색 조건의 전처리, 일부 생략
        query_phrases_train = (
            query_phrase_encoder.fit_transform(x=[[d.query_phrases] for d in x_
train]).toarray().tolist()
        )

        # 학습 데이터를 일련의 수치 배열에 결합
        _x_train = [
            [
                *_likes_train,
```

```
                    *_query_phrases_train,
                    *_query_animal_category_ids_train,
                    *_query_animal_subcategory_ids_train,
                    *v.feature_vector.animal_category_vector,
                    *v.feature_vector.animal_subcategory_vector,
                    *v.feature_vector.name_vector,
                    *v.feature_vector.description_vector,
                ]
                for (
                    _likes_train,
                    _query_phrases_train,
                    _query_animal_category_ids_train,
                    _query_animal_subcategory_ids_train,
                    v,
                ) in zip(
                    likes_train,
                    query_phrases_train,
                    query_animal_category_ids_train,
                    query_animal_subcategory_ids_train,
                    x_train,
                )
            ]

        # 테스트 데이터의 결합은 생략

        # 각 전처리 모델을 저장, 일부 생략
        query_phrase_encoder_save_file_path = query_phrase_encoder.save(file_
path=query_phrase_encoder_save_file_path)

        # 생략
```

이것으로 순위 학습을 위한 특징량 데이터 작성을 마쳤습니다. 결과로 다음과 같은 데이터가 생성됩니다. 일부 내용을 생략했습니다만, 매우 거대한 수치 표현입니다.

```
1.0,0.0,0.0,0.0,0.0,0.0,0.0,0.0,0.0,0.0,0.0,1.0,0.0,0.0,0.0,0.0,0.0,0.0,0.0,0.0,0.0,0.0,
0.0,0.0,0.0,0.0,0.0,0.0,0.0,0.0,0.0,0.0,0.0,0.0,0.0,0.0,0.0,0.0,0.0,0.0,0.0,0.0,
(...생략...)
0.29552504246613226,0.0,0.0,0.0,0.0,0.0,0.0,0.0,0.0,0.0,0.0,0.0,0.17032078508649723,0.0,
0.0,0.0,0.0,0.0,0.0,0.0,0.0,0.0,0.0,0.0,0.0,0.0,0.0,0.0,0.0,0.0,0.0,0.0,0.0
```

● 순위 학습 모델의 학습

학습 데이터가 준비되었으므로 순위 학습 모델을 학습합니다. 순위 학습에는 LightGBM의 **LGBMRanker**[11]를 사용합니다. **LGBMRanker**는 LightGBM을 사용한 순위 학습용 API로 **LambdaRank**[12]라는 알고리즘을 사용해서 순위 학습 모델을 작성할 수 있습니다. 사용 방법은 LightGBM의 다른 API(`LGBMRegressor`나 `LGBMClassifier`)와 같으므로, LightGBM에 친숙하다면 쉽게 사용할 수 있습니다.

LGBMRanker를 사용한 학습 프로그램은 **예제 4.14**와 같습니다.

예제 4.14 **LGBMRanker를 사용한 순위 학습**

```python
# https://github.com/moseskim/building-ml-system/blob/develop/chapter3_4_aianimals/
search/model_development/learn_to_rank/src/models/lightgbm_ranker.py
from lightgbm import LGBMRanker

# 생략

# 기본 하이퍼파라미터
LIGHT_GBM_LEARN_TO_RANK_RANKER = {
    "task": "train",
    "objective": "lambdarank",
    "metric": "ndcg",
    "lambdarank_truncation_level": 10,
    "ndcg_eval_at": [10, 5, 20],
    "n_estimators": 10000,
    "boosting_type": "gbdt",
    "num_leaves": 50,
    "learning_rate": 0.1,
    "max_depth": -1,
    "num_iterations": 10000,
    "num_threads": 0,
    "seed": 1234,
}
```

---

11 https://lightgbm.readthedocs.io/en/latest/pythonapi/lightgbm.LGBMRanker.html

12 https://www.microsoft.com/en-us/research/wp-content/uploads/2016/02/MSR-TR-2010-82.pdf

```python
class LightGBMLearnToRankRanker(BaseLearnToRankModel):
    def __init__(
        self,
        params: Dict = LIGHT_GBM_LEARN_TO_RANK_RANKER,
        early_stopping_rounds: int = 5,
        eval_metrics: Union[str, List[str]] = "ndcg",
        verbose_eval: int = 1,
    ):
        super().__init__()
        self.name: str = "learn_to_rank_ranker"
        self.params: Dict = params
        self.early_stopping_rounds = early_stopping_rounds
        self.eval_metrics = eval_metrics
        self.verbose_eval = verbose_eval
        self.model = None
        self.reset_model(params=self.params)

    # 모델 초기화
    def reset_model(
        self,
        params: Optional[Dict] = None,
    ):
        if params is not None:
            self.params = params
        self.model = LGBMRanker(**self.params)

        # 학습
        def train(
            self,
            x_train: Union[np.ndarray, pd.DataFrame],
            y_train: Union[np.ndarray, pd.DataFrame],
            x_test: Optional[Union[np.ndarray, pd.DataFrame]] = None,
            y_test: Optional[Union[np.ndarray, pd.DataFrame]] = None,
            q_train: Optional[List[int]] = None,
            q_test: Optional[List[int]] = None,
        ):
            eval_set = [(x_train, y_train)]
            eval_group = [q_train]
            if x_test is not None and y_test is not None and q_test is not None:
                eval_set.append((x_test, y_test))
                eval_group.append(q_test)
                self.model.fit(
                    X=x_train,
```

```
                y=y_train,
                group=q_train,
                eval_set=eval_set,
                eval_group=eval_group,
                early_stopping_rounds=self.early_stopping_rounds,
                eval_metric=self.eval_metrics,
                verbose=self.verbose_eval,
            )

    # 모델을 저장
    def save(
        self,
        file_path: str,
    ) -> str:
        file, ext = os.path.splitext(file_path)
        if ext != ".pkl":
            file_path = f"{file}.pkl"
        with open(file_path, "wb") as f:
            cloudpickle.dump(self.model, f)

        return file_path

# 생략
```

LightGBMLearnToRankRanker 클래스에서는 모델을 초기화하고 하이퍼파라미터를 설정하는 reset_model 함수, 학습을 위한 train 함수, 모델 저장을 위한 save 함수를 구현합니다. LGBMRanker 학습에서는 학습 데이터와 검증 데이터를 지정해서 fit 함수를 호출함으로써 학습할 수 있습니다.

학습 실행 시의 로그는 다음과 같습니다.

```
[src.models.lightgbm_ranker][INFO] - start train for model:
    LGBMRanker(
    early_stopping_rounds=5, eval_metrics='ndcg',
    lambdarank_truncation_level=10, metric='ndcg', n_estimators=10000,
    num_iterations=10000, num_leaves=50, num_threads=0,
    objective='lambdarank', seed=1234, task='train', verbose_eval=1)

[1] valid_1's ndcg@1: 0.693178 valid_1's ndcg@2: 0.749845 valid_1's ndcg@3: 0.792758
```

```
[2] valid_1's ndcg@1: 0.705703 valid_1's ndcg@2: 0.753176 valid_1's ndcg@3: 0.798303
[3] valid_1's ndcg@1: 0.71631 valid_1's ndcg@2: 0.760207 valid_1's ndcg@3: 0.802679
[4] valid_1's ndcg@1: 0.708864 valid_1's ndcg@2: 0.758227 valid_1's ndcg@3: 0.801315
[5] valid_1's ndcg@1: 0.71457 valid_1's ndcg@2: 0.758509 valid_1's ndcg@3: 0.801382
[6] valid_1's ndcg@1: 0.710888 valid_1's ndcg@2: 0.757505 valid_1's ndcg@3: 0.799648
[7] valid_1's ndcg@1: 0.717742 valid_1's ndcg@2: 0.760206 valid_1's ndcg@3: 0.801973
[8] valid_1's ndcg@1: 0.71599 valid_1's ndcg@2: 0.761533 valid_1's ndcg@3: 0.801728
[src.models.lightgbm_ranker][INFO] - save model: /opt/outputs/2022-05-12/09-51-49/
learn_to_rank_ranker.pkl
```

여기에서 학습한 전처리 모델과 **LGBMRanker** 모델 파일은 MLflow Tracking Server에 저장합니다(예제 4.15).

예제 4.15 **순위 학습 모델 저장**

```
# https://github.com/moseskim/building-ml-system/blob/develop/chapter3_4_aianimals/
search/model_development/learn_to_rank/src/main.py

import hydra
import mlflow
from omegaconf import DictConfig

# 생략

@hydra.main(
    config_path="/opt/hydra",
    config_name="learn_to_rank_lightgbm_ranker",
)
def main(cfg: DictConfig):
    # 생략
    with mlflow.start_run(run_name=run_name) as run:
        # 생략

        # 각종 파일을 MLflow에 저장, 일부 생략
        mlflow.log_artifact(
            preprocess_artifact.query_phrase_encoder_save_file_path,
            "query_phrase_encoder"
        )
        mlflow.log_artifact(artifact.model_file_path, "model")

        # 후반 처리를 위해 저장한 MLflow의 experiment_id와 run_id를 저장
```

```
        mlflow_params = dict(
            mlflow_experiment_id=run.info.experiment_id,
            mlflow_run_id=run.info.run_id,
        )
        with open("/tmp/output.json", "w") as f:
            json.dump(mlflow_params, f)


if __name__ == "__main__":
    main()
```

프로그램 후반의 '# 후반 처리를 위해 저장한 MLflow의 experiment_id와 run_id를
저장' 부분에서 저장한 MLflow의 experiment_id와 run_id는 추론기를 업데이트하기
위해 사용합니다.

4.4.3 순위 학습을 사용해 검색 결과를 정렬한다

순위 학습 추론기를 만듭니다. 추론에서는 백엔드 API로부터 검색 조건과 검색 결과
동물 이미지 ID 리스트를 요청으로 받아 동물 이미지 ID를 정렬한 결과를 응답합니다.
추론기는 동기적으로 처리해야 하므로 FastAPI[13]를 사용해서 REST API 서버로 기동시
킵니다.

순위 학습 추론기의 인터페이스는 **예제 4.16**과 같습니다.

예제 4.16 **순위 학습 추론기**

```
# https://github.com/moseskim/building-ml-system/blob/develop/chapter3_4_aianimals/
search/learn_to_rank/api/src/api/reorder.py

from fastapi import APIRouter, BackgroundTasks
from src.registry.registry import container

# 생략

# 요청 데이터 형식
```

---

13 https://fastapi.tiangolo.com/ko/

```
class AnimalRequest(BaseModel):
    ids: List[str]
    query_phrases: List[str] = []
    query_animal_category_id: Optional[int] = None
    query_animal_subcategory_id: Optional[int] = None

    class Config:
        extra = Extra.forbid


# 응답 데이터 형식
class AnimalResponse(BaseModel):
    ids: List[str]
    model_name: Optional[str] = Configurations.mlflow_run_id

    class Config:
        extra = Extra.forbid

router = APIRouter()


# 순위 학습의 추론 API
@router.post("", response_model=AnimalResponse)
async def post_reorder(
    background_tasks: BackgroundTasks,
    request: AnimalRequest,
):
    data = container.reorder_usecase.reorder(
        request=request,
        background_tasks=background_tasks,
    )
    return data
```

요청 바디인 AnimalRequest에서는 ids에 검색 결과 동물 이미지 ID 리스트, query_phrases에 검색어, query_anmimal_category_id에 종별, query_animal_subcategory_id에 품종을 넣습니다. 응답인 AnimalResponse 클래스에서는 정렬한 결과 동물 이미지 ID 리스트를 ids에, 추론 시 사용한 모델명을 model_name에 넣어서 응답합니다. 추론에 사용한 모델명을 기록해서 각 모델의 유효성을 쉽게 평가할 수 있습니다.

추론에서는 동물 이미지 콘텐츠의 특징량 생성에서 저장한 특징량, 학습에서 생성한 검색 조건의 전처리 모델, 그리고 학습을 완료한 **LGBMRanker** 모델을 사용합니다. 동물 이미지 콘텐츠의 특징량은 캐시 서비스(Redis), 학습에서 생성한 아티팩트는 MLflow Tracking Server에 저장되어 있습니다. 각각의 데이터를 얻기 위해서는 각각을 작성했을 때 부여된 MLflow의 experiment_id와 run_id가 필요합니다. 이 값들은 각 클래스의 후반에 기술된 **예제 4.17**의 처리에서 전달하는 구조로 되어 있습니다.

예제 4.17　**MLflow의 experiment_id와 run_id를 후속 태스크에 전달하기 위한 처리**

```
mlflow_params = dict(
    mlflow_experiment_id=run.info.experiment_id,
    mlflow_run_id=run.info.run_id,
)
with open("/tmp/output.json", "w") as f:
    json.dump(mlflow_params, f)
```

추론기에서는 위에서 출력된 output.json을 얻고 그 안에 쓰여진 MLflow의 experiment_id와 run_id를 사용해서 특징량 스토어에 접근하거나 모델 파일을 다운로드합니다.

순위 학습 모델은 REST API 서버로 작동합니다. 이를 위한 쿠버네티스 매니페스트는 **예제 4.18**과 같습니다

예제 4.18　**순위 학습 추론기의 쿠버네티스 매니페스트**

```
# https://github.com/moseskim/building-ml-system/blob/develop/chapter3_4_aianimals/
infrastructure/manifests/search/learn_to_rank_lgbm_ranker.yaml

apiVersion: apps/v1
kind: Deployment
metadata:
  name: learn-to-rank-lgbm-ranker
  namespace: search
  labels:
    app: learn-to-rank-lgbm-ranker
spec:
  replicas: 1
  selector:
```

```
      matchLabels:
        app: learn-to-rank-lgbm-ranker
  template:
    metadata:
      labels:
        app: learn-to-rank-lgbm-ranker
    spec:
      containers:
        - name: learn-to-rank-lgbm-ranker
          image: shibui/building-ml-system:ai_animals_search_learn_to_rank_lgbm_
api_0.0.0
          imagePullPolicy: Always
          command:
            - "./run.sh"
          ports:
            - containerPort: 10000
          env:
            # 일부 생략
            - name: MODEL_VERSION
              value: learn_to_rank_lightgbm_ranker_0.0.0
            - name: MLFLOW_TRACKING_URI
              value: http://mlflow.mlflow.svc.cluster.local:5000
            - name: MLFLOW_PARAM_JSON
              value: "{}"
            - name: FEATURE_MLFLOW_PARAM_JSON
              value: "{}"
            - name: EMPTY_RUN
              value: "1"
      imagePullSecrets:
        - name: regcred
# 생략
```

매니페스트에서 환경 변수에 FEATURE_MLFLOW_PARAM_JSON, MLFLOW_PARAM_JSON, EMPTY_RUN을 설정했습니다. FEATURE_MLFLOW_PAPRA_JSON, MLFLOW_PARAM_JSON은 각각 동물 이미지 콘텐츠의 특징량 파라미터와 순위 학습 모델의 파라미터가 됩니다. 각각에 JSON 문자열로 MLflow의 experiment_id와 run_id를 지정함으로써 해당하는 전처리 모델과 순위 학습 모델을 읽어서 추론기를 기동합니다. EMPTY_RUN은 추론 유효, 무효를 설정합니다. EMPTY_RUN이 1이면 추론은 무효가 되며 순위 학습으로 추론하지 않고 요청된 동물 이미지 ID 리스트를 그 순서대로 응답합니다. 이 환경 변수들은 다음 절의

'순위 학습의 워크플로'에서 자동으로 설정됩니다.

지금까지 순위 학습을 위한 동물 이미지 콘텐츠의 특징량 생성, 저장, 검색 조건 전처리, 학습, 추론기 기동에 관해 설명했습니다. 순위 학습 절의 마지막으로 이제까지 수행한 각 태스크를 연결해 특징량 생성부터 추론기의 기동까지 논스톱으로 실행하는 워크플로를 구현합니다.

4.4.4 순위 학습의 워크플로

앞의 내용이 반복되지만, 순위 학습의 개별 태스크들의 의존 관계를 **그림 4.9**에 나타냈습니다.

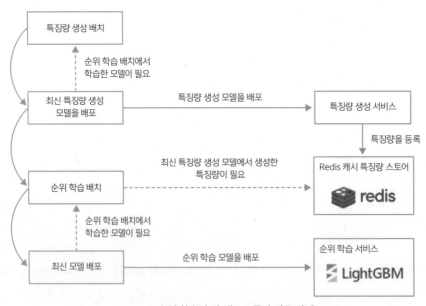

그림 4.9 **순위 학습의 각 태스크들의 의존 관계**

그림과 같이 동물 이미지 콘텐츠의 특징량 생성이 의존의 큰 원인입니다. 동물 이미지 콘텐츠의 특징량 생성 결과, 그때 작성한 전처리 모델 파일이 특징량 생성/등록 서비스에 로딩됩니다. 그리고 특징량 스토어에 저장한 특징량은 학습, 추론 모두에 사용됩니다. 학습으로 생성한 검색 조건의 전처리 모델과 순위 학습 모델은 모두 추론기에 로딩됩니다.

생성한 각종 특징량은 캐시 서비스에 유일하게 특정할 수 있는 키와 연결되어 저장됩니다. 그리고 일련의 워크플로에서 생성한 아티팩트는 MLflow Tracking Server에 유일하게 특정할 수 있는 ID와 연결되어 저장되어 있습니다. 특징량의 키, 아티팩트의 ID 모두 그때 특정된 MLflow의 experiment_id와 run_id를 사용합니다. 즉 MLflow의 experiment_id와 run_id를 태스크 사이에서 공유해서 선행 태스크의 생성물을 후속 태스크에 전달할 수 있는 것입니다.

AIAnimals의 워크플로 엔진인 아르고 워크플로를 사용해서 순위 학습 태스크를 연결합니다.

아르고 워크플로에는 앞쪽 태스크에서 저장한 파일을 뒤쪽으로 전달할 수 있습니다. 각 태스크에서 MLflow의 experiment_id와 run_id를 저장한 output.json은 이 구조를 통해 전달됩니다. 구체적으로는 **예제 4.19**와 같은 워크플로 매니페스트로 되어 있습니다.

예제 4.19 **순위 학습의 학습 워크플로를 구현한 아르고 워크플로 매니페스트**

```
# https://github.com/moseskim/building-ml-system/blob/develop/chapter3_4_aianimals/
infrastructure/manifests/argo/workflow/learn_to_rank_train.yaml

apiVersion: argoproj.io/v1alpha1
kind: CronWorkflow
metadata:
  generateName: animal-feature-registry-train-
spec:
  schedule: "0 0 * * 2"
  concurrencyPolicy: "Forbid"
  startingDeadlineSeconds: 0
  workflowSpec:
    entrypoint: pipeline
    templates:
      - name: pipeline
        steps:
          # 동물 이미지 콘텐츠의 특징량 생성
          - - name: animal-feature-registry-initialization
              template: animal-feature-registry-initialization
          # 동물 이미지의 특징량 생성/등록 서비스에서 사용할 전처리 모델을 animal-
feature-registry-initialization의 experiment_id와 run_id로 업데이트
```

```
    - - name: animal-feature-registry-update
        template: animal-feature-registry-update
        arguments:
          parameters:
            - name: deployment
              value: animal-feature-registry-registration
            - name: containers
              value: animal-feature-registry-registration
            # animal-feature-registry-initialization에서 출력한 파일을 지정
            - name: feature-mlflow-params
              value: "{{steps.animal-feature-registry-initialization.outputs.
parameters.feature-mlflow-params}}"


        # LGBMRanker로 학습
    - name: search-learn-to-rank-lgbm-ranker-train
        template: search-learn-to-rank-lgbm-train
        arguments:
          parameters:
            - name: model-config
              value: learn_to_rank_lightgbm_ranker
            # animal-feature-registry-initializeion에서 출력한 파일을 지정
            - name: feature-mlflow-params
              value: "{{steps.animal-feature-registry-initialization.outputs.
parameters.feature-mlflow-params}}"


        # 순위 학습 추론기 업데이트
    - - name: learn-to-rank-lgbm-ranker-update
        template: learn-to-rank-lgbm-update
        arguments:
          parameters:
            - name: deployment
              value: learn-to-rank-lgbm-ranker
            - name: containers
              value: learn-to-rank-lgbm-ranker
            # animal-feature-registry-initialization에서 출력한 파일을 지정
            - name: feature-mlflow-params
              value: "{{steps.animal-feature-registry-initialization.outputs.
parameters.feature-mlflow-params}}"
            # search-learn-to-rank-lgbm-ranker-train에서 출력한 파일을 지정
            - name: mlflow-params
              value: "{{steps.search-learn-to-rank-lgbm-ranker-train.outputs.
parameters.mlflow-params}}"
```

```
    # 동물 이미지 콘텐츠 특징량 생성
  - name: animal-feature-registry-initialization
    container:
      image: shibui/building-ml-system:ai_animals_feature_registry_0.0.0
    # 일부 생략
    # 동물 이미지 콘텐츠의 특징량 생성에서 설정한 MLflow의 experiment_id와
run_id를 output.json으로서 뒤로 전달한다.
    outputs:
      parameters:
        - name: feature-mlflow-params
          valueFrom:
            path: /tmp/output.json


    # 동물 이미지의 특징량 생성/등록 서비스에서 사용하는 전처리 모델을
animal-feature-registry-initialization의 experiment_id와 run_id로 업데이트
  - name: animal-feature-registry-update
    serviceAccountName: user-admin
    inputs:
      parameters:
        - name: deployment
        - name: containers
        - name: feature-mlflow-params
    container:
      image: shibui/building-ml-system:ai_animals_k8s_client_0.0.0
      # kubectl로 특징량 생성/등록 서비스의 deplayment를 업데이트한다.
      command: [kubectl]
      args:
        - -n
        - aianimals
        - set
        - env
        - deployment
        - "{{inputs.parameters.deployment}}"
        - "--containers={{inputs.parameters.containers}}"
        - "REGISTRY_MLFLOW_PARAM_JSON={{inputs.parameters.feature-mlflow-params}}"
        - "EMPTY_RUN=0"

  # LGBMRanker로 학습
  - name: search-learn-to-rank-lgbm-train
    inputs:
      parameters:
        - name: model-config
        - name: feature-mlflow-params
```

```
      container:
        image: shibui/building-ml-system:ai_animals_search_learn_to_rank_train_0.0.0
        # 일부 생략
        env:
          # animal-feature-registry-initialization에서 출력한 experiment_id와
run_id를 지정
          - name: FEATURE_MLFLOW_PARAM_JSON
            value: "{{inputs.parameters.feature-mlflow-params}}"
      outputs:
        parameters:
          - name: mlflow-params
            valueFrom:
              path: /tmp/output.json

    # 순위 학습 추론기를 업데이트
    - name: learn-to-rank-lgbm-update
      serviceAccountName: user-admin
      inputs:
        parameters:
          - name: deployment
          - name: containers
          - name: feature-mlflow-params
          - name: mlflow-params
      container:
        image: shibui/building-ml-system:ai_animals_k8s_client_0.0.0
        # kubectl에서 순위 학습 추론기의 deployment를 업데이트한다.
        command: [kubectl]
        args:
          - -n
          - search
          - set
          - env
          - deployment
          - "{{inputs.parameters.deployment}}"
          - "--containers={{inputs.parameters.containers}}"
          # animal-feature-registry-initialization에서 출력한 experiment_id와
run_id를 지정
          - "FEATURE_MLFLOW_PARAM_JSON={{inputs.parameters.feature-mlflow-params}}"
          # search-learn-to-rank-lgbm-train에서 출력한 experiment_id와 run_id를 지정
          - "MLFLOW_PARAM_JSON={{inputs.parameters.mlflow-params}}"
          - "EMPTY_RUN=0"
```

순위 학습 워크플로는 CronWorkflow를 통해 정기 실행 가능하도록 구성되어 있습니다. 즉 spec에 지정되어 있는 schedule: "0 0 * * 2"를 따라 매주 화요일 0시 0분에 자동으로 이 워크플로가 실행됩니다. AIAnimals에는 항상 새로운 사용자가 참가하고 새로운 동물 이미지가 게시되며 검색됩니다. 새로운 데이터를 사용해 정기적으로 특징량과 순위 학습 모델을 업데이트함으로써 순위 학습의 유효성을 유지합니다. 학습과 릴리스 자동화는 순위 학습뿐만 아니라, 시계열로 데이터가 변화하는 구조라면 어디든 유효합니다. 모델 학습이 안정적으로 실행되면 학습과 릴리스의 워크플로를 확립하고 정기적으로 업데이트하는 구조를 만드는 것이 유용합니다.

아르고 워크플로에 순위 학습 워크플로를 배포하면 다음과 같은 로그가 출력됩니다.

명령어

```
$ argo cron create infrastructure/manifests/argo/workflow/learn_to_rank_train.yaml
Name:                        animal-feature-registry-train-kpwgd
Namespace:                   argo
Created:                     Thu May 12 20:11:46 +0900 (now)
Schedule:                    0 0 * * 2
Suspended:                   false
StartingDeadlineSeconds:     0
ConcurrencyPolicy:           Forbid
NextScheduledTime:           Tue May 17 09:00:00 +0900 (4 days from now)
(assumes workflow-controller is in UTC)
```

여기에서는 아르고 워크플로에 CronWorflow를 추가했습니다. 아르고 워크플로의 웹 콘솔은 그림 4.10과 같은 형태입니다. 가장 위의 animal-feature-registry=train...(뒤의 ...은 아르고 워크플로가 설정하는 무작위 문자열입니다)이 이번에 추가한 CronWorkflow입니다. animal-feature-registry-train...을 클릭하면 상세 화면으로 이동합니다(그림 4.11). 이번에 등록한 CronWorkflow는 매주 화요일 0시 0분에 자동으로 실행됩니다. 단, 검증을 위해 개별적으로 실행할 때는 SUBMIT 버튼을 사용할 수 있습니다.

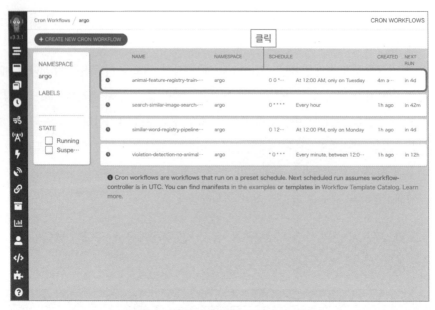

그림 4.10 아르고 워크플로의 웹 콘솔 화면

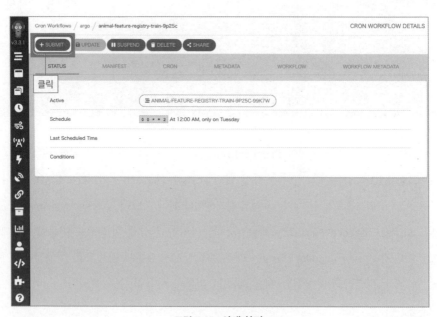

그림 4.11 상세 화면

실행 상황은 **그림 4.12**처럼 표시됩니다.

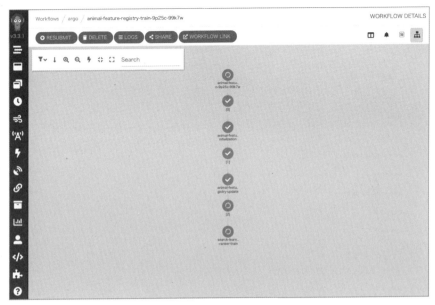

그림 4.12 **실행 상황**

순위 학습 워크플로는 30분 정도에 완료됩니다. 학습을 완료하면 새롭게 학습을 완료한 모델이 쿠버네티스로 기동 중인 순위 학습 추론기에 릴리스되어 자동으로 기동을 시작합니다.

학습 결과는 MLflow Tracking Server에 기록됩니다. 상세한 학습에 관해서는 웹 콘솔에서 확인할 수 있습니다(**그림 4.13**).

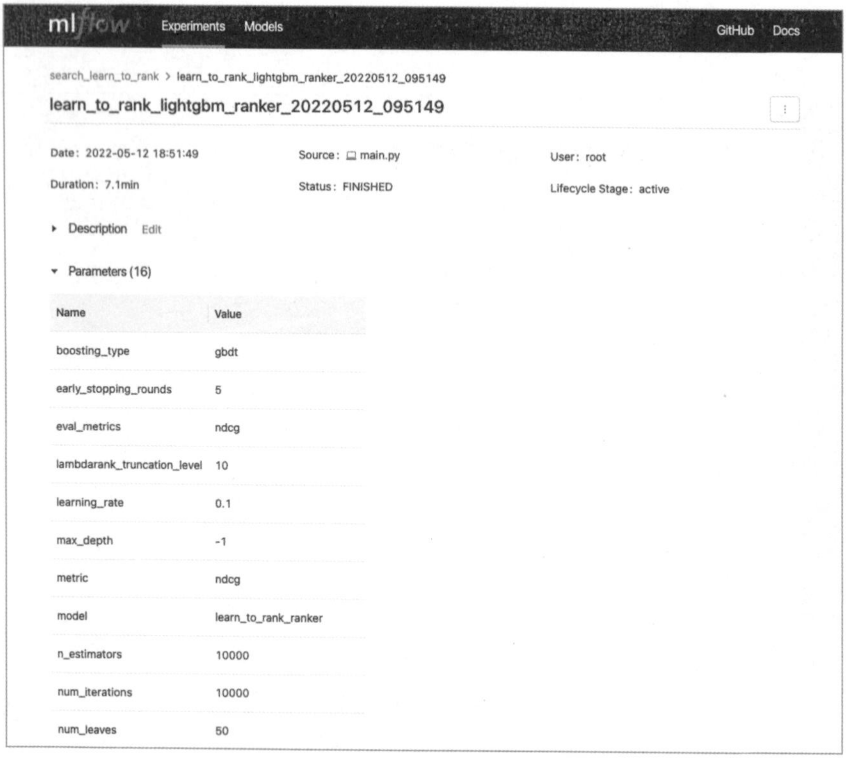

그림 4.13 학습 상세 화면

4.5 A/B 테스트를 구축한다

머신러닝을 활용한 검색 개선이 유효한지 판단하기 위해서는 다른 검색 방법과 비교해서 순위 학습이 사용자를 만족시키고 있는지 알아야 합니다. 여러 검색 방법을 비교하기 위해 A/B 테스트를 실행합니다.

검색의 좋고 나쁨은 사용자의 반응을 보고 평가해야 합니다. 이전 항에서 만든 순위 학습의 유용성도 사용자가 빠르게 적절한 동물 이미지 콘텐츠에 도달할 수 있는지, 다른 검색과 비교해 평가하는 것이 중요합니다. 물론 순위 학습에는 평가 지표로서 테스트 데이터에 대한 평균 제곱 오차mean squared error, MSE, MAPmean average precision, NDCGnormalized discounted cumulative gain 등이 있지만 실제로 사용할 때의 평가도 중요합니다. 검색의 품질을 평가하기 위해서는 사용자의 접근 로그를 분석하고, 검색에서 열람까지의 소요 시간이나 '좋아요' 등의 액션을 비교합니다. 또한 순위 학습에 새로운 알고리즘을 도입하기 위해, 현행 알고리즘과 비교하는 것도 가능합니다. 이런 비교 실험에서는 A/B 테스트를 사용하는 경우가 있습니다. A/B 테스트에서는 현행 알고리즘과 새로운 알고리즘 모두를 프로덕션 시스템에 릴리스하고, 각각에 접근 또는 사용자를 나누어서 사용자의 행동을 평가하고, 알고리즘의 우열을 심사합니다.

이전 항의 순위 학습을 다른 알고리즘과 비교합니다. 순위 학습에서 사용한 대상 변수에 수치(각 행동에 대해 열람은 중요도 1, 긴 열람은 중요도 3, '좋아요'는 중요도 4)를 부여했으므로, 검색 조건과 동물 이미지 콘텐츠의 데이터로부터 이 수치를 추론하는 회귀 모델을 만들고 LGBMRanker를 통한 순위 학습 모델과 비교합니다.

회귀 모델은 LightGBM의 LGBMRegressor[14]를 사용합니다. 데이터나 특징량을 만드는 방법은 LGBMRanker와 같습니다. 같은 LightGBM에서 회귀 모델을 작성하기 때문에, 프로그램의 대부분을 LGBMRanker로부터 유용할 수 있습니다. 따라서 LGBMRegressor를 사용한 순위 학습 모델 개발 프로그램은 별도로 설명하지 않습니다. 구현은 https://github.com/moseskim/building-ml-system/blob/develop/chapter3_4_aianimals/search/model_development/learn_to_rank/src/models/lightgbm_regression.py에 있으므로 필요에 따라 참조하기 바랍니다.

LGBMRanker는 쿠버네티스에서 독립된 추론기 서버로 기동합니다. LGBMRegressor 모델도 마찬가지로 독립한 추론기 서버를 만들고, 배포합니다. 지정한 규칙으로 각각에 접근을 나눔으로써 A/B 테스트를 실현합니다. 백엔드 API와 각 순위 학습의 추론기 서버 사이에 프록시를 매치하고, 프록시가 백엔드 API로부터의 정렬 요청을 각 추론기 서버에 라우팅합니다. 아키텍처는 **그림 4.14**와 같습니다.

---

14 https://lightgbm.readthedocs.io/en/latest/pythonapi/lightgbm.LGBMRegressor.html

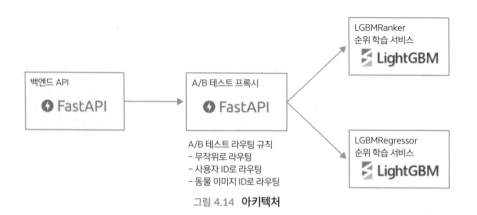

그림 4.14 아키텍처

A/B 테스트의 라우팅 구현을 살펴봅니다. A/B 테스트에서는 무작위로 나누는 방법 이외에도, 특정 사용자는 `LGBMRanker`로 라우팅하는 등 사용자 지정을 설정할 수 있으면 편리합니다.

먼저 무작위로 라우팅하는 프로그램입니다(예제 4.20).

예제 4.20 **A/B 테스트의 라우팅**

```python
# https://github.com/moseskim/building-ml-system/blob/develop/chapter3_4_aianimals/
ab_test_proxy/src/service/random_ab_test_service.py

import httpx
from pydantic import BaseModel
from src.schema.base_schema import Request, Response
from src.service.ab_test_service import Endpoint

# 생략

class DistributionRate(BaseModel):
    endpoint: Endpoint
    rate: float


class RandomDistribution(BaseModel):
    endpoint_a: DistributionRate
    endpoint_b: DistributionRate
```

```python
class RandomABTestService(AbstractRandomABTestService):
    def __init__(
        self,
        random_distribution: RandomDistribution,
        timeout: float = 10.0,
        retries: int = 2,
    ):
        super().__init__(
            timeout=timeout,
            retries=retries,
        )

    async def route(
        self,
        request: Request[BaseRandomABTestRequest],
    ) -> Response[BaseRandomABTestResponse]:
        # 무작위로 A 그룹과 B 그룹으로 분할
        if random.random() < self.random_distribution.endpoint_a.rate:
            return await self.route_a(request=request)
        else:
            return await self.route_b(request=request)

    # A 그룹으로 라우팅
    async def route_a(
        self,
        request: Request[BaseRandomABTestRequest],
    ) -> Response[BaseRandomABTestResponse]:
        response = await self.__route(
            request=request,
            endpoint=self.random_distribution.endpoint_a.endpoint,
        )
        return Response[BaseRandomABTestResponse](response=response)

    # B 그룹으로 라우팅
    async def route_b(
        self,
        request: Request[BaseRandomABTestRequest],
    ) -> Response[BaseRandomABTestResponse]:
        response = await self.__route(
            request=request,
            endpoint=self.random_distribution.endpoint_b.endpoint,
        )
        return Response[BaseRandomABTestResponse](response=response)
```

```python
# 순위 학습 요청
async def __route(
    self,
    request: BaseRandomABTestRequest,
    endpoint: Endpoint,
) -> BaseRandomABTestResponse:
    async with httpx.AsyncClient(
        timeout=self.timeout,
        transport=self.transport,
    ) as client:
        res = await client.post(
            url=endpoint.endpoint,
            headers=self.post_header,
            data=json.dumps(
                request.request,
                default=json_serial,
            ),
        )
        data = res.json()
        response = BaseRandomABTestResponse(
            endpoint=endpoint.endpoint,
            response=data,
        )
        return response
```

무작위 라우팅에서는 DistributionRate 데이터 클래스로 발신 대상지의 엔드포인트
(여기에서는 LGBMRanker와 LGBMRegressor의 엔드포인트를 설정)와 비율(LGBMRanker와
LGBMRegressor로의 라우팅 비율)을 설정합니다. 설정값에 따라 RandomABTestService
클래스의 rout_a 함수와 route_b 함수로 LGBMRanker 추론기와 LGBMRegressor 추론
기로 요청을 나눕니다. 무작위 라우팅에서는 각 요청을 비율에 따라 각 추론기에 라우
팅합니다. 그러므로 각 사용자가 각 추론기로부터 정렬 결과를 얻을 때의 행동 로그를
골고루 수집할 수 있습니다.

무작위가 아니라 사용자를 지정해서 나누는 경우에는 특정 사용자를 특정 추론기로
유도하는 설정이 필요합니다. 구체적으로는 **예제 4.21**과 같이 구현합니다.

예제 4.21 사용자 지정을 통한 분할

```
# https://github.com/moseskim/building-ml-system/blob/develop/chapter3_4_aianimals/
ab_test_proxy/src/service/user_ab_test_service.py

import httpx
from pydantic import BaseModel
from src.schema.base_schema import Request, Response
from src.service.ab_test_service import Endpoint

# 생략

class UserIDs(BaseModel):
    user_ids: Dict[str, Endpoint]
    default_endpoint: Endpoint


class UserTestService(AbstractUserTestService):
    def __init__(
        self,
        user_ids: UserIDs,
        timeout: float = 10,
        retries: int = 2,
    ):
        super().__init__(
            timeout=timeout,
            retries=retries,
        )
        self.user_ids = user_ids

    async def route(
        self,
        request: Request[BaseUserRequest],
    ) -> Response[BaseUserResponse]:
        # 사용자별로 엔드포인트를 설정
        endpoint = self.user_ids.user_ids.get(
            request.request.user_id,
            self.user_ids.default_endpoint,
        )
        response = await self.__route(
            request=request,
            endpoint=endpoint,
        )
        return Response[BaseUserResponse](response=response)
```

```python
# 순위 학습 요청
async def __route(
    self,
    request: BaseUserRequest,
    endpoint: Endpoint,
) -> BaseUserResponse:
    async with httpx.AsyncClient(
        timeout=self.timeout,
        transport=self.transport,
    ) as client:
        res = await client.post(
            url=endpoint.endpoint,
            headers=self.post_header,
            data=json.dumps(
                request.request,
                default=json_serial,
            ),
        )
        data = res.json()
        response = BaseUserResponse(
            endpoint=endpoint.endpoint,
            response=data,
        )
        return response
```

UserIDs 클래스의 user_ids에 각 사용자의 라우팅 대상 엔드포인트를 지정합니다. user_ids에 사용자가 등록되지 않은 경우, 같은 클래스의 default_endpoint에 설정한 기본 엔드포인트로 라우팅합니다. 사용자에 따른 분할은, 예를 들어 특정한 경향을 나타내는 사용자 그룹(예: 고양이 선호)이 특정한 목적을 위해 학습한 순위 학습 모델(예: 고양이 선호에 최적화된 정렬)이 효과적으로 작용하는 것을 실행하고 싶은 경우 등의 시나리오에서 유용합니다. AIAnimals의 사용자는 전원이 같은 취미나 취향, 행동 의지를 가진 것은 아닙니다. 사용자에 따라 선호도는 크게 다릅니다. 각각에 따라 검색 경험을 제공하기 위해, 사용자별 A/B 테스트를 통해 그 유효성을 평가할 수 있게 됩니다.

이제 순위 학습 모델을 2종류 만들었습니다. A/B 테스트를 통한 비교를 같은 기준으로 하기 위해, 새롭게 만든 `LGBMRegressor` 모델도 `LGBMRanker` 모델과 마찬가지로 자동으로 학습하고 릴리스합니다. 여러 모델을 운용할 때의 각 모델의 학습 타이밍은 비교 기준이나 모델의 특성에 따라 결정해야 합니다. 여기에서는 두 모델 모두 같은 데이터를 사용해서 학습, 추론을 실행하므로 같은 시점에 학습하고 릴리스하는 것으로 합니다. 양쪽 모두 정기적으로 업데이트되는 특징량 스토어에 의존하는 모델이므로, 학습은 반드시 특징량 스토어 업데이트 후 실시합니다.

비교 대상의 모델 알고리즘이 특징량 스토어나 새로운 데이터에 강하게 의존하지 않는 경우에도 정기적인 학습을 해야 할까요? 예를 들어 규칙 기반으로 검색 결과를 정렬하는 알고리즘을 비교 대상으로 한 경우, 그 모델은 정기적으로 학습할 필요가 없을 것입니다. 그리고 다른 특징량 스토어를 만들고 비교 대상의 모델이 사용하는 경우에는, 그 특징량 스토어의 라이프 사이클에 맞춰 비교 대상 모델을 학습하게 됩니다. 같은 검색의 정렬을 위한 자동 학습과 릴리스라도 의존 관계가 다르면 라이프 사이클도 다릅니다.

이야기를 되돌려서 `LGBMRegressor` 모델을 `LGBMRanker` 모델과 같은 라이프 사이클로 학습시킵니다. 같은 특징량 스토어에 의존하므로 워크플로도 같은 매니페스트에 추가하면 될 것입니다. 워크플로의 steps는 **예제 4.22**와 같습니다.

예제 4.22 **LGBMRegressor를 추가한 순위 학습의 워크플로**

```
# https://github.com/moseskim/building-ml-system/blob/develop/chapter3_4_aianimals/
infrastructure/manifests/argo/workflow/learn_to_rank_train.yaml

apiVersion: argoproj.io/v1alpha1
kind: CronWorkflow
metadata:
  generateName: animal-feature-registry-train-
spec:
  schedule: "0 0 * * 2"
```

```
concurrencyPolicy: "Forbid"
startingDeadlineSeconds: 0
workflowSpec:
  entrypoint: pipeline
  templates:
    - name: pipeline
      steps:
        # 생략
        # LGBMRegressor 모델 학습
        - - name: search-learn-to-rank-lgbm-regression-train
            template: search-learn-to-rank-lgbm-train
            arguments:
              parameters:
                - name: model-config
                  value: learn_to_rank_lightgbm_regression
                - name: feature-mlflow-params
                  value: "{{steps.animal-feature-registry-initialization.outputs.
parameters.feature-mlflow-params}}"

          # LGBMRanker 모델 학습
          - name: search-learn-to-rank-lgbm-ranker-train
            template: search-learn-to-rank-lgbm-train
            arguments:
              parameters:
                - name: model-config
                  value: learn_to_rank_lightgbm_ranker
                - name: feature-mlflow-params
                  value: "{{steps.animal-feature-registry-initialization.outputs.
parameters.feature-mlflow-params}}"

          # LGBMRegressor 모델 릴리스
          - name: learn-to-rank-lgbm-regression-update
            template: learn-to-rank-lgbm-update
            arguments:
              parameters:
                - name: deployment
                  value: learn-to-rank-lgbm-regression
                - name: containers
                  value: learn-to-rank-lgbm-regression
                - name: feature-mlflow-params
                  value: "{{steps.animal-feature-registry-initialization.outputs.
parameters.feature-mlflow-params}}"
                - name: mlflow-params
```

```
                value: "{{steps.search-learn-to-rank-lgbm-regression-train.
outputs.parameters.mlflow-params}}"

                # LGBMRanker 모델 릴리스
                - name: learn-to-rank-lgbm-ranker-update
                  template: learn-to-rank-lgbm-update
                  arguments:
                    parameters:
                      - name: deployment
                        value: learn-to-rank-lgbm-ranker
                      - name: containers
                        value: learn-to-rank-lgbm-ranker
                      - name: feature-mlflow-params
                        value: "{{steps.animal-feature-registry-initialization.outputs.
parameters.feature-mlflow-params}}"
                      - name: mlflow-params
                         value: "{{steps.search-learn-to-rank-lgbm-ranker-train.outputs.
parameters.mlflow-params}}"
# 생략
```

매니페스트에서는 각 단계에서 `LGBMRegressor` 모델과 `LGBMRanker` 모델 양측의 학습과 릴리스를 구현합니다. 아르고 워크플로에서의 화면은 **그림 4.15**와 같으며, 학습과 릴리스가 2개로 분기되어 있음을 알 수 있습니다.

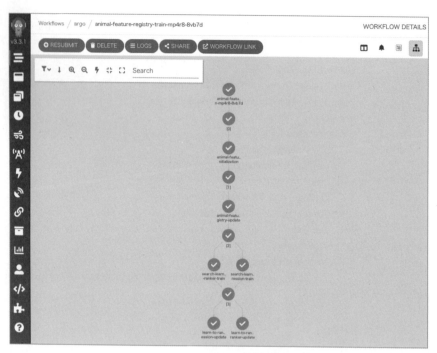

그림 4.15 **아르고 워크플로의 화면**

이 워크플로에서 학습을 완료하면 `LGBMRegressor` 모델과 `LGBMRanker` 모델이 모두 릴리스되어 자동으로 기동합니다.

또한 MLflow Tracking Server에서 `experiment_id`는 `LGBMRegressor` 모델과 `LGBMRanker` 모델을 같은 ID로 관리합니다. 학습 실행을 관리하는 **Run Name**에 모델명을 넣어서 구분하는 정책입니다. 이렇게 함으로써 같은 목적의 다른 모델을 같은 기준으로 비교할 수 있게 됩니다(**그림 4.16**).

이것으로 A/B 테스트의 구조를 기동할 수 있게 되었습니다. 원래대로라면 각 사용자가 AIAnimals를 사용해 순위 학습 모델에 접근해서 모델의 좋고 나쁨을 평가합니다. 하지만 각 모델을 릴리스한 상태에서, 실제 사용자에 의한 접근을 재현하는 것은 불가능하므로, A/B 테스트에 관한 설명은 여기에서 마무리합니다.

그림 4.16 **순위 학습의 MLflow Tracking Server**

4.6 이미지를 사용한 검색

> 순위 학습에서는 설명문이나 종별이라는 텍스트와 카테고리 데이터를 사용해서 검색을 개
> 선했습니다. 하지만 AIAnimals는 동물 이미지 게시판이라는 특성상 이미지가 중요한 역할을
> 담당합니다. 검색에서도 이미지를 사용해 검색할 수 있다면 사용자에게 더욱 편의성이 높은
> 검색 경험을 제공할 수 있을 것입니다.

이번 장의 마지막으로 이미지를 사용한 검색에 관해 설명합니다. 이미지를 사용한 검
색에서는 특정 이미지를 사용해서, 비슷하게 보이는 다른 이미지를 검색하고 사용자에
게 지시합니다. 유사 이미지 검색이라고 불리기도 하며, 검색 입력에 단어나 카테고리
가 아닌 이미지를 사용합니다. 유사 이미지 검색을 사용함으로써 특정한 형태의 이미
지를 좋아하는 사용자에게, 마음에 드는 형태의 이미지와 비슷한 것을 제공할 수 있습
니다. 예를 들어 하얗고 통통한 고양이를 좋아하는 사용자는 하얗고 통통한 고양이 이
미지를 사용해서 검색함으로써, 다른 하얗고 통통한 고양이의 콘텐츠를 얻을 수 있습
니다. 이런 검색 경험은 단어나 카테고리로는 어려운 것입니다(모든 하얗고 통통한 고양
이 이미지에 '하얗다', '통통하다'는 설명이 붙어 있지 않기 때문입니다). 유사 이미지 검색은

AIAnimals와 같은 이미지 서비스뿐만 아니라, 이커머스나 SNS에서도 실용화되어 있습니다.

유사 이미지 검색에서는 이미지를 딥러닝 등으로 벡터로 변환해 특징량을 추출하고 이미지 사이의 특징량 거리를 사용해 비슷한 정도를 판단합니다. 특징량 추출은 이미지 분류용 딥러닝의 분류 레이어 이전의 레이어를 사용합니다. 특징량의 거리 계산에는 최근접 이웃 탐색nearest neighbor search, NNS이나 근사 최근접 이웃 탐색approximate nearest neighbor search, ANN을 사용합니다. 근사 탐색을 위한 유명한 라이브러리로는 구글의 ScaNN, 메타의 Faiss, 야후! 재팬의 NGT 등이 있습니다.

ScaNN
URL https://github.com/google-research/google-research/tree/master/scann

Faiss
URL https://github.com/facebookresearch/faiss

NGT
URL https://github.com/yahoojapan/NGT

이 책은 각각의 알고리즘 차이나 각 딥러닝 모델을 사용한 특징량 추출의 비교를 설명하는 것이 목적이 아니므로 자세한 설명은 생략합니다. 간단하게 라이브러리를 사용해 유사 이미지 검색을 실용화하기 위해, 특징량 추출에는 텐서플로를 사용한 MobileNet v3 모델, 근사 최근접 이웃 탐색에는 ScaNN을 활용합니다.

유사 이미지 검색을 구현하기 위해서는 검색 대상 이미지로부터 특징량을 추출하고, 이미지 사이의 거리를 계산한 인덱스를 작성해야 합니다. 특징량 추출은 MobileNet v3, 거리 계산과 인덱스 작성은 ScaNN을 사용합니다. 인덱스 안에는 이미지의 특징량이 기록되어 있습니다. 인덱스에 이미지의 특징량을 요청함으로써, 그 특징량에 가까운 특징량의 이미지를 응답으로 얻을 수 있습니다. 이런 구조이기 때문에, 유사 이미지 검색을 실현하기 위해서는 먼저 기존 동물 이미지에 대해 특징량 추출과 인덱스 작성을 수행하고, 만들어진 인덱스를 검색 시스템에 조합합니다. 그리고 사용자가 이미지를 게시할 때마다, 그 이미지의 특징량을 생성해서 검색 가능하게 하는 백엔드 시스템이 필요합니다.

유사 이미지 검색은 스마트폰 애플리케이션 AIAnimals의 어느 화면에 조합하는 것이 좋을까요? 검색 화면은 단어와 카테고리로 검색할 수 있도록 되어 있지만, 이 화면에 이미지를 사용한 검색을 조합하는 것은 UI가 복잡해질 가능성이 있습니다(**그림 4.17**).

그에 비해 특정한 동물 이미지를 열람하는 화면(**그림 4.18**)[15]은 어떨까요? 이 시점에서 동물 이미지가 표시되지만, 열람하고 있는 이미지에 비슷한 동물 이미지를 화면 아래 리스트로 표시한다면 UI 안에 자연스럽게 유사 이미지 검색을 조합할 수 있을 것입니다. 사용자는 마음에 드는 동물 이미지의 연관 화면을 열고, 그 동물 이미지와 비슷한 이미지를 얻을 수 있는 구조가 됩니다.

물론 열람 화면을 연 시점에서 이미지는 결정되어 있으며, 따라서 이미지와 비슷한 동물 이미지만 얻을 수 있게 될 것입니다. 즉 사용자가 임의의 이미지(예: 자신의 스마트폰에 저장되어 있는 이미지)를 업로드하고, 그 유사 이미지를 검색할 수는 없는 UI가 됩니다. 하지만 유사 이미지 검색을 실용화해서 유효하게 활용되는 것을 확인하지도 않고서, 유사 이미지 검색 전용 화면을 만드는 것은 개발 비용이나 리스크를 수반합니다. 현재 상태의 UI에 최소한의 작업으로 유사 이미지 검색을 조합하고, 그 유효성을 확인하는 것을 우선하겠습니다.

---

15 옮긴이 그림 4.5와 동일한 화면입니다.

그림 4.17 AIAnimals의 검색 화면

그림 4.18 특정 이미지를 열람하는
화면 아래 유사 이미지 검색을 추가

구체적인 순서와 아키텍처는 다음과 같습니다(**그림 4.19**).

1. MobileNet v3로 특징량을 추출하고, 그 특징량을 ScaNN의 인덱스에 등록해서 저장한다.

2. MobileNet v3와 ScaNN을 추론기로 기동한다.

3. 유사 이미지 검색의 자동 업데이트

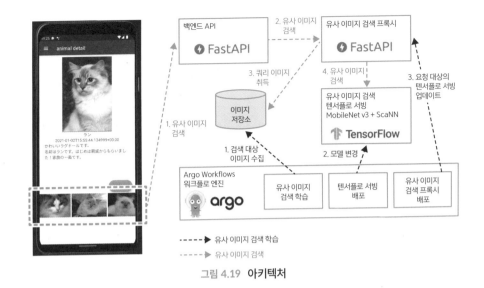

그림 4.19 **아키텍처**

각각의 작성 방법을 구현과 함께 설명합니다.

4.6.1 MobileNet v3를 사용한 특징량 추출과 ScaNN을 사용한 인덱스 작성

유사 이미지 검색에 필요한 특징량 추출과 인덱스를 작성합니다. 특징량 추출에는 MobileNet v3, 인덱스 작성에는 ScaNN을 사용합니다. 특징량 추출과 인덱스 작성은 머신러닝을 사용한 학습이 아닌, 기존에 학습을 완료한 모델을 사용해서 데이터를 작성합니다. MobileNet v3는 학습을 완료한 모델을 활용합니다. MobileNet v3로 추출한 특징량을 ScaNN에 투입합니다.

인덱스를 작성하는 이미지에는 AIAnimals에 등록되어 있는 기존 동물 이미지를 사용합니다.

MobileNet v3는 텐서플로 허브에서 제공하는 MobileNet v3의 특징량 추출 모델[16]을 사용합니다.

---

16 https://tfhub.dev/google/imagenet/mobilenet_v3_small_100_224/feature_vector/5

ScaNN은 TensorFlow Recommenders라는 추천용 텐서플로 라이브러리에서 제공하는 API[17]를 사용합니다. ANN으로 대표되는 비슷한 것을 찾는 알고리즘은 일반적으로는 추천 용도로 많이 활용됩니다. 사용자가 열람하고 있는 상품과 비슷한 상품을 추천함으로써 사용자의 구매 의욕을 자극하는 것을 노리는 것입니다. 목적도 구조도, 여기에서 동물 이미지의 유사 이미지 검색과 비슷합니다.

MobileNet v3를 사용한 특징량 추출과 ScaNN을 사용한 인덱스 작성 모두 텐서플로를 사용하므로, 둘을 묶어서 구현할 수 있습니다. 구체적으로는 **예제 4.23**과 같은 프로그램이 됩니다.

예제 4.23 MobileNet v3와 ScaNN을 사용한 유사 이미지 검색

```python
# https://github.com/moseskim/building-ml-system/blob/develop/chapter3_4_aianimals/
search/model_development/similar_image_search/src/models/scann.py

import tensorflow as tf
import tensorflow_hub as hub
import tensorflow_recommenders as tfrs
from tensorflow import keras

# 생략

# 유사 이미지 검색의 추론기로 저장할 클래스
class Scann(keras.Model):
    def __init__(
        self,
        feature_extraction,
        model,
    ):
        super().__init__(self)
        self.feature_extraction = feature_extraction
        self.model = model

    # 추론기의 입력
    @tf.function(
        input_signature=[
```

---

17 https://www.tensorflow.org/recommenders/api_docs/python/tfrs/layers/factorized_top_k/ScaNN

```
            tf.TensorSpec(
                shape=[None, 224, 224, 3],
                dtype=tf.float32,
                name="image",
            ),
            tf.TensorSpec(
                shape=[1],
                dtype=tf.int32,
                name="k",
            ),
        ]
    )


    def serving_fn(
        self,
        input_img: List[float],
        k: int,
    ) -> tf.Tensor:
        feature = self.feature_extraction(input_img)
        return self.model(feature, k=k)


    # 추론기를 저장
    def save(
        self,
        export_path: str = "/opt/outputs/saved_model/similar_image_search/0",
    ):
        signatures = {"serving_default": self.serving_fn}
        keras.backend.set_learning_phase(0)
        tf.saved_model.save(self, export_path, signatures=signatures)



# 유사 이미지 검색을 정의한 클래스
class ScannModel(object):
    def __init__(
        self,
        tfhub_url: str = "https://tfhub.dev/google/imagenet/mobilenet_v3_
large_100_224/feature_vector/5",
        height: int = 224,
        width: int = 224,
    ):
        self.tfhub_url = tfhub_url
        self.hwd = (height, width, 3)
```

```python
# 텐서플로 허브에서 특징량 추출 모델을 취득
def __define_feature_extraction(self):
    self.feature_extraction = keras.Sequential(
        [
            hub.KerasLayer(
                self.tfhub_url,
                trainable=False,
            ),
        ],
    )
    self.feature_extraction.build([None, *self.hwd])

# 이미지 데이터의 특징량을 추출
def __make_embedding_data(
    self,
    dataset: Dataset,
    batch_size: int = 32,
):
    id_data = tf.data.Dataset.from_tensor_slices(dataset.ids)
    image_data = tf.data.Dataset.from_tensor_slices(dataset.data)
    self.x_train_embedding = tf.data.Dataset.zip(
        (
            id_data.batch(batch_size),
            image_data.batch(batch_size).map(self.feature_extraction),
        )
    )

# 유사 이미지 검색 모델을 정의
def __define_similarity_search_model(
    self,
    num_leaves: int = 1000,
    num_leaves_to_search: int = 100,
    num_reordering_candidates: int = 100,
):
    self.model = tfrs.layers.factorized_top_k.ScaNN(
        num_leaves=num_leaves,
        num_leaves_to_search=num_leaves_to_search,
        num_reordering_candidates=num_reordering_candidates,
    )
    self.model.index_from_dataset(self.x_train_embedding)

# 유사 이미지 검색 모델을 추론용 Scann 클래스에 도입
def make_similarity_search_model(
```

```
        self,
        dataset: Dataset,
        batch_size: int = 32,
        num_leaves: int = 1000,
        num_leaves_to_search: int = 100,
        num_reordering_candidates: int = 100,
    ):
        self.__define_feature_extraction()
        self.__make_embedding_data(dataset=dataset, batch_size=batch_size)
        self.__define_similarity_search_model(
            num_leaves=num_leaves,
            num_leaves_to_search=num_leaves_to_search,
            num_reordering_candidates=num_reordering_candidates,
        )
        self.scann = Scann(
            feature_extraction=self.feature_extraction,
            model=self.model,
        )

    # 모델을 저장
    def save_as_saved_model(
        self,
        saved_model: str = "/opt/outputs/saved_model/similar_image_search/0",
    ) -> str:
        self.scann.save(export_path=saved_model)
        logger.info(f"SavedModel: {saved_model}")
        return saved_model
```

ScannModel 클래스의 __define_feature_extraction 함수에서 MobileNet v3 모델을 다운로드합니다. __make_embedding_data 함수와 __define_similarity_search_model 함수에서 이미지로부터 MobileNet v3를 통해 특징량을 추출하고, ScaNN에 인덱스로 등록합니다. MobileNet v3는 self.feature._extraction, ScaNN은 self.model로서 Scann 클래스에 전달합니다.

Scann 클래스는 MobileNet v3와 ScaNN을 조합한 추론기를 텐서플로 서빙으로 기동시키기 위한 클래스 정의입니다. Scann에서는 serving_fn 함수가 추론을 실행합니다. 입력 인터페이스는 input_signature로 정의되어 있습니다. 입력은 2개이며, 입력 이미지를 나타내는 image(가로세로의 폭 224, 높이 224의 RGB 3차원)와 응답 이미지 수를 나타내는 k입니다. save 함수에서 텐서플로의 SavedModel로 저장합니다. SavedModel은 추론기를 기동할 때 텐서플로 서빙이 로딩해서 사용합니다.

이 짧은 프로그램으로 유사 이미지 검색이라는 복잡해 보이는 기술을 구현할 수 있습니다.

그리고 프로그램에서는 생략했지만, 작성한 SavedModel은 MLflow Tracking Server에 저장됩니다.

4.6.2 MobileNet v3와 ScaNN 추론기

그럼 유사 이미지 검색의 추론기를 작성합니다. 이전 항에서 작성한 ScaNN을 사용한 추론 모델은 입력값으로 이미지와 응답 이미지 수를 받습니다. 입력된 이미지가 텐서플로 서빙 안에서 MobileNet v3에 의해 특징량으로 변환되며, 그 특징량에 가까운 이미지의 ID 리스트가 텐서플로 서빙의 응답이 됩니다. 유사 이미지 검색의 추론기에서는 백엔드 API와 텐서플로 서빙 사이에서 데이터를 전달하는 프록시를 만듭니다.

텐서플로 서빙은 REST API와 gRPC 엔드포인트를 갖는 웹 API로 작동합니다. 텐서플로 서빙을 만드는 방법은 이전 장의 위반 감지에서 설명한 것과 같지만, 한 가지 주의할 점이 있습니다. ScaNN은 보통의 텐서플로 서빙의 도커 이미지에서는 지원되지 않는 처리입니다. 따라서 ScaNN을 실행하기 위해 전용으로 만들어진 텐서플로 서빙의 도커 이미지[18]를 사용해야 합니다. 그 이외는 위반 감지와 같은 방법으로 텐서플로 서빙을 기동해서 사용할 수 있습니다.

프록시에서는 백엔드 API로부터 검색 대상 이미지 ID를 얻고 그 이미지를 다운로드해서 전처리를 한 뒤, ScaNN의 텐서플로 서빙에 요청합니다. 응답은 유사 이미지의 ID와 유사도의 리스트가 되므로, ID 리스트만 백엔드 API로 응답합니다.

일련의 흐름을 프로그램으로 작성하면 **예제 4.24**와 같습니다.

---

18 https://hub.docker.com/r/google/tf-serving-scann

예제 4.24 유사 이미지 검색

```
# https://github.com/moseskim/building-ml-system/blob/develop/chapter3_4_aianimals/
search/similar_image_search/proxy/src/usecase/search_similar_image_usecase.py

import httpx
from fastapi import BackgroundTasks
from PIL import Image
from src.repository.animal_repository import AnimalQuery, AnimalRepository
from src.schema.animal import AnimalRequest, AnimalResponse

# 생략

class SearchSimilarImageUsecase(AbstractSearchSimilarImageUsecase):
    # 생략

    def search(
        self,
        request: AnimalRequest,
        background_tasks: BackgroundTasks,
    ) -> AnimalResponse:
        # 생략

        # 동물 이미지 URL 취득
        source_animals = self.animal_repository.select(
            animal_query=AnimalQuery(id=request.id),
            limit=1,
            offset=0,
        )
        source_animal = source_animals[0]

        # 동물 이미지 다운로드
        with httpx.Client(
            timeout=10.0,
        ) as client:
            res = client.get(source_animal.photo_url)
            img = Image.open(BytesIO(res.content))

        # 동물 이미지를 RGB로 변환
        if img.mode == "RGBA":
            img_rgb = Image.new("RGB", (img.height, img.width), (255, 255, 255))
            img_rgb.paste(img, mask=img.split()[3])
            img = img_rgb
```

```
        # 유사 이미지 검색
        prediction = self.predictor.predict(img=img)

        # 유사 이미지의 ID 리스트를 응답
        animals_ids = [
            animal_id
            for animal_id, similarity in zip(prediction.animal_ids,
prediction.similarities)
            if similarity >= 100
        ]
        # 생략
        return AnimalResponse(ids=animals_ids)
```

예제 4.24 중 prediction = self.predictor.predict(img=img)가 유사 이미지 검색을
실행하는 위치입니다. predictor.predict의 구현은 **예제 4.25**와 같습니다.

예제 4.25 **유사 이미지 검색의 추론**

```
# https://github.com/moseskim/building-ml-system/blob/develop/chapter3_4_aianimals/
search/similar_image_search/proxy/src/service/predictor.py

import httpx
import numpy as np
from PIL import Image

# 생략

class SimilarImageSearchPredictor(AbstractPredictor):
    # 생략

    # 전처리
    def _preprocess(
        self,
        img: Image,
    ) -> np.ndarray:
        img = img.resize((self.height, self.width))
        array = np.array(img).reshape((1, self.height, self.width, 3)).astype
(np.float32) / 255.0
        return array
```

```python
# 텐서플로 서빙에 요청
def _predict(
    self,
    img_array: np.ndarray,
    k: int = 32,
) -> Optional[Dict]:
    img_list = img_array.tolist()
    request_dict = {
        "inputs": {
            "image": img_list,
            "k": k,
        },
    }
    with httpx.Client(
        timeout=self.timeout,
        transport=self.transport,
    ) as client:
        res = client.post(
            self.url,
            data=json.dumps(request_dict),
            headers={"Content-Type": "application/json"},
        )
        response = res.json()
        return response["outputs"]

# 추론
def predict(
    self,
    img: Image,
) -> Optional[Prediction]:
    img_array = self._preprocess(img=img)
    prediction = self._predict(img_array=img_array)
    return Prediction(
        animal_ids=prediction["output_1"][0],
        similarities=prediction["output_0"][0],
    )
```

전처리의 _preprocess 함수에서는 이미지를 가로세로 폭 224픽셀, 높이 224픽셀, 색상 RGB 3차원의 부동 소수점 수(float32)로 형태를 정리하고, 픽셀을 0부터 1값의 수치 배열로 변환합니다. _predict 함수에서는 ScaNN의 텐서플로 서빙에 대해 REST

클라이언트인 httpx를 사용해 요청을 전송합니다. 요청에서는 전처리를 완료한 이미지 image와 요청하는 유사 이미지 ID의 수 k를 입력값으로 합니다. 결과는 다음과 같은 JSON 형식의 파일로 응답합니다.

```
{
    "output_0": [[0.9, 0.8, 0.7, ...]],
    "output_1": [["image_id_0", "image_id_1", "image_id_2", ...]]
}
```

output_0이 유사도의 배열, output_1이 유사 이미지 ID의 리스트입니다.

이렇게 만든 유사 이미지 검색 프록시에 대해, 백엔드 API로부터 대상 이미지의 ID를 요청함으로써 유사 이미지 검색을 AIAnimals에 도입할 수 있습니다.

4.6.3 유사 이미지 검색의 자동 업데이트

유사 이미지 검색의 마지막으로 인덱스 업데이트 방법에 관해 설명합니다. ScaNN을 사용한 유사 이미지 검색에서는 **4.6.1절**에서 저장한 ScaNN 인덱스에 검색 가능한 이미지가 삽입되어 있습니다. 바꿔 말하면 새로운 이미지가 AIAnimals에 게시되면, 해당 이미지를 검색 가능하게 하기 위해 ScaNN을 업데이트해야 합니다. ScaNN은 기존의 ScaNN에 이미지 특징량을 추가할 수 없습니다. 새로운 이미지를 포함하기 위해서는, 다시 모든 이미지를 얻은 뒤 **4.6.1절**의 프로그램으로 ScaNN 인덱스를 작성해야 합니다.

모델의 자동 학습과 릴리스는 순위 학습의 **4.4.4절**에서 설명한 것과 같이, 아르고 워크플로와 MLflow로 구현합니다. 구체적으로는 유사 이미지의 ScaNN 인덱스를 작성한 뒤 그 MLflow의 experiment_id와 run_id를 텐서플로 서빙과 프록시에 전달하고 ScaNN 인덱스를 업데이트합니다.

자동 학습 및 릴리스에 관한 아르고 워크플로 매니페스트는 **예제 4.26**과 같습니다.

```
# https://github.com/moseskim/building-ml-system/blob/develop/chapter3_4_aianimals/
infrastructure/manifests/argo/workflow/search_similar_image_search_train.yaml


apiVersion: argoproj.io/v1alpha1
kind: CronWorkflow
metadata:
  generateName: search-similar-image-search-pipeline-
spec:
  schedule: "0 * * * *"
  concurrencyPolicy: "Forbid"
  startingDeadlineSeconds: 0
  workflowSpec:
    entrypoint: pipeline
    templates:
      # ScaNN 인덱스 작성과 추론기 업데이트 파이프라인
      - name: pipeline
        steps:
          # 텐서플로로 유사 이미지 모델을 학습
          - - name: search-similar-image-search-train
              template: search-similar-image-search-train

          # 텐서플로 서빙 업데이트
          - - name: search-similar-image-search-update
              template: search-similar-image-search-update
              arguments:
                parameters:
                  - name: deployment
                    value: similar-image-search-serving
                  - name: containers
                    value: model-loader
                  - name: mlflow-params
                    value: "{{steps.search-similar-image-search-train.outputs.
parameters.mlflow-params}}"

              # 프록시 업데이트
              - name: search-similar-image-search-proxy-update
                template: search-similar-image-search-proxy-update
                arguments:
                  parameters:
                    - name: deployment
                      value: similar-image-search-proxy
                    - name: containers
```

```
                    value: similar-image-search-proxy
                - name: mlflow-params
                  value: "{{steps.search-similar-image-search-train.outputs.
parameters.mlflow-params}}"

    # ScaNN 인덱스 작성
    - name: search-similar-image-search-train
      container:
        image: shibui/building-ml-system:ai_animals_search_similar_image_search_
train_0.0.0
          # 일부 생략
        command:
        env:
          # 일부 생략
          - name: MODEL_CONFIG
            value: mobilenet_v3_scann
          - name: MLFLOW_TRACKING_URI
            value: http://mlflow.mlflow.svc.cluster.local:5000
          - name: MLFLOW_EXPERIMENT
            value: search_similar_image_search
      outputs:
        parameters:
          - name: mlflow-params
            valueFrom:
              path: /tmp/output.json

    # 텐서플로 서빙 업데이트
    - name: search-similar-image-search-update
      serviceAccountName: user-admin
      inputs:
        parameters:
          - name: deployment
          - name: containers
          - name: mlflow-params
      container:
        image: shibui/building-ml-system:ai_animals_k8s_client_0.0.0
        # kubectl로 텐서플로 서빙의 deploayment 업데이트
        command: [kubectl]
        args:
          - -n
          - search
          - set
          - env
```

```
                - deployment
                - "{{inputs.parameters.deployment}}"
                - "--containers={{inputs.parameters.containers}}"
                - "MLFLOW_PARAM_JSON={{inputs.parameters.mlflow-params}}"
                - "TARGET_ARTIFACTS=saved_model"
                - "TARGET_URLS=''"

        # 프록시 업데이트
        - name: search-similar-image-search-proxy-update
          serviceAccountName: user-admin
          inputs:
            parameters:
              - name: deployment
              - name: containers
              - name: mlflow-params
          container:
            image: shibui/building-ml-system:ai_animals_k8s_client_0.0.0
            # kubectl로 프록시의 deployment 업데이트
            command: [kubectl]
            args:
              - -n
              - search
              - set
              - env
              - deployment
              - "{{inputs.parameters.deployment}}"
              - "--containers={{inputs.parameters.containers}}"
              - "MLFLOW_PARAM_JSON={{inputs.parameters.mlflow-params}}"
              - "PSEUDO_PREDICTION=0"
```

이미지는 빈번하게 게시되므로 schedule: "0 * * * *"으로 이 파이프라인을 1시간에 1번 빈도로 실행합니다. 1시간마다 새로운 이미지를 포함한 유사 이미지 검색의 추론기(프록시와 텐서플로 서빙)를 릴리스합니다. 매번 업데이트를 통해 프록시, 텐서플로 서빙 모두 새로운 ScaNN 인덱스를 사용해서 다시 만듭니다. 그때마다 쿠버네티스 deployment가 업데이트되는 구조입니다.

그림 4.20은 유사 이미지 검색의 학습 워크플로를 아르고 워크플로로 실행하는 화면입니다. 유사 이미지 검색의 워크플로에서는 학습 후 텐서플로 서빙과 프록시를 업데이트하므로 가장 마지막에 둘로 분기됩니다.

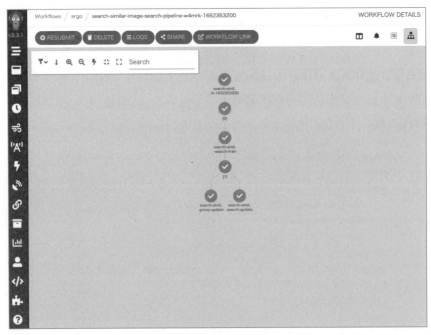

그림 4.20 유사 이미지 검색의 학습 워크플로를 아르고 워크플로에서 실행하는 화면

이 워크플로가 실행되면, 새로운 이미지를 포함한 유사 이미지 검색이 릴리스됩니다.

4.7 사용자들이 사용하는 머신러닝을 위하여

이번 장에서는 머신러닝을 검색에 활용해 검색 콘텐츠의 누락 방지, 정렬, 이미지를 통한 검색을 구현했습니다. 세상에 인터넷이 보급되고 30년 이상, 스마트폰이 보급되고 10년 이상의 시간이 지나, 생활 속에서 무언가를 웹으로 검색하는 것은 많은 사람들에게 극히 자연스러운 행위가 되었습니다. 이번 장에서는 AIAnimals라는 스마트폰 애플리케이션 안에서 다양한 방법을 사용해서 검색을 개선하는 시스템을 만들었습니다.

이 모든 검색 이니셔티브가 정말로 사용자에게 도움이 되는가는 실제로 사용자들이 사용하도록 하고, 그 행동을 평가해야만 측정할 수 있습니다. 이번 장에서는 검색 결과(누락 방지, 필터링, 정렬, 검색 입력)에 대해 기술적으로 머신러닝에서 실현 가능한 이니셔티브를 구현함으로써, 사용자 경험을 개선하는 것을 목표로 했습니다. 물론, 어쩌면 fastText를 통한 유사어 사전은 캐시 수를 늘리는 편이 효과가 있을 수도 있고, 이미지를 사용해서 순위 학습 모델을 만들면 더 뛰어난 효과를 얻을 수 있을지도 모릅니다. 스마트폰 애플리케이션의 화면 구성을 크게 바꾸어서 유사 이미지 검색을 전면에 보인다면, 액티브 사용자 수가 2배가 될지도 모릅니다. 하지만 가설은 어디까지나 가설일 뿐입니다.

사용자가 사용하는 애플리케이션이 안고 있는 과제를 기술적으로 해결하기 위해서는 그 이니셔티브가 정말로 과제 해결과 직결되어 있는지 시행착오를 거치고, 그 시책에 따라 과제가 해결(또는 개선)되는 것을 평가하는 지표가 있어야 합니다. 검색이라면 그 지표는 접근 로그에서 분석한 검색의 유효성이 될 것이고, 위반 감지라면 위반이라고 판정해서 사용자 경험의 악화를 미연에 방지할 수 있는 비율이 될 것입니다(물론 이 비율을 측정하는 것은 녹록치 않습니다). 많은 제품 개발에서는 다양한 선택지 중에서 이니셔티브를 선택하고, 그 이니셔티브를 한정된 멤버들로 구현하고, 운용하게 됩니다.

이 책의 목적은 사용자에게 도움이 되는 머신러닝을 구현하는 시스템의 예를 제시하는 것입니다. 수요 예측, 위반 감지, 검색 개선 등의 비즈니스에서 머신러닝이 폭넓게 활용되는 용도로 시스템을 만드는 방법과 운용의 예시를 들었습니다. 이 모든 경우에서 중요하게 생각한 것은 과제를 결정하는 것, 과제를 해결하는 시나리오를 결정하는 것, 시스템 아키텍처를 설계하는 것, 그리고 가지고 있는 팀 멤버로 구현 가능한 시스템과 운용으로 수렴하는 것입니다. 과제를 결정하지 않고 기술만 다루는 것은 그저 시간 낭비일 뿐입니다. 과제 해결을 위한 시나리오 없이 머신러닝을 활용한다면 오히려 비즈니스가 성공할 가능성을 낮추게 될 수도 있습니다. 아키텍처를 생각하지 않고 개발하는 것은 기술 부채를 낳을 뿐입니다. 팀 멤버의 개발, 운용 능력을 뛰어넘은 시스템은 멤버들이 받는 부하를 늘려 품질을 떨어뜨립니다. 이 책에서는 현실적인 범위에서 머신러닝을 실용화하기 위한 구현을 검토했습니다. 여러분이 머신러닝을 사용해 더 효과적으로 과제를 해결하는 데 도움이 되면 좋겠습니다.

이 책을 쓰기 시작한 계기는 전작 《머신러닝 시스템 디자인 패턴》을 출판해주셨던 편집자인 미야코시 님에게 전작에서 미처 쓰지 못했던 내용을 쓰고 싶다고 제가 의뢰를 하면서 시작된 것입니다. 편집자의 입장에서 제 두 번째 책이 잘 팔릴 것이라 생각했는지 아닌지는 전혀 모르지만, 미야코시 님은 흔쾌히(?) 기획을 승인해주었습니다. 응석을 받아주셔서 정말로 감사합니다.

전작을 출판하고, 2021년 말에 저는 이직을 해서 현재는 Launchable[1]이라는 외국 스타트업에서 근무하고 있습니다. 부업으로 몇몇 회사의 소프트웨어 개발을 돕는 한편, MLOps 커뮤니티[2]라는 머신러닝 실용화와 DevOps를 학습하는 기술 커뮤니티를 운영하고 있습니다. 이 모든 것이 머신러닝이나 데이터를 프로덕션 시스템에서 효과적으로 활용하는 구조를 만들어 운용하는 것을 목적으로 활동하고 있으며, 학습분만 아니라 매일 아웃풋을 만들어내고 있습니다.

세계적으로 데이터 사이언스나 머신러닝이 주목을 받은 지 10여 년이 지난 지금, 머신러닝 경험을 가진 엔지니어 수는 늘어났지만, 기업이 필요로 하는 만큼은 충분하지 않

---

1   https://www.launchableinc.com/
2   https://mlops.connpass.com/

은 것이 현실이라고 생각합니다. 기업 활동의 주요한 목적은 사업이지 연구가 아니라는 것을 생각하면, 머신러닝의 학문적인 측면과 동등하거나 혹은 그 이상으로 실용화하기 위한 엔지니어링 스킬과 지식이 필요합니다. 머신러닝을 실용화하고, 효율적으로 편리하게 사용하기 위해서는 다양한 시스템이 필요하다는 것은 2015년의 〈Hidden Technical Dept in Machine Learning Systems〉[3]라는 유명한 논문에도 기록되어 있지만, 현재에도 상황은 크게 달라지지 않았다고 인식하고 있습니다(물론 진보는 있었습니다만).

오늘날 소프트웨어 엔지니어링 세계에서는 실용화 가능한 신기술은 여러 클라우드 벤더(대표적으로 아마존 웹 서비스, 구글 클라우드 플랫폼, 마이크로소프트 애저)가 그 기술을 활용하기 위한 서비스를 제공하고, 사용자는 클라우드 서비스 안에서 기술을 사용합니다. 머신러닝 역시 마찬가지로 아마존 웹 서비스의 세이지메이커, 구글 클라우드 플랫폼의 버텍스 AI와 같은 머신러닝 인프라스트럭처를 제공하며, 사용자에게는 클라우드 서비스를 조합해서 시스템을 만드는 능력이 필요합니다. 그런 상황에서는 이 책에 쓰인 머신러닝 시스템을 클라우드 서비스를 사용하지 않고 만들어가는 것은 흔치 않은 경험이 될 것이라고 할 수 있습니다. 하지만 언젠가 클라우드 서비스를 사용하게 된다고 해도, 처음부터 새로 만든다고 해도, 과제 해결을 위한 시나리오를 생각하고, 워크플로를 검토하고, 그것을 실현하는 시스템을 만들어가는 과정은 다르지 않습니다. 클라우드가 등장함으로써 소프트웨어 엔지니어링 기술 스택이나 스피드는 크게 달라졌지만, 소프트웨어 엔지니어링 그 자체를 통해 과제를 해결하는 방법론은 달라지지 않았습니다. 최근 수년 동안 머신러닝을 실용화하기 위해 사용한 인프라스트럭처나 서비스가 급격하게 달라져도, 그 길 자체는 바뀌지 않은 것이 현실이라고 생각합니다.

클라우드나 머신러닝 외의 새로운 소프트웨어 기술이 등장했을 때, 그 기술을 실용화하기 위한 시스템을 만들어 비즈니스를 돕기 위해서는 전례 없는 기술이라도 개발과 운용을 해나갈 능력이 필요합니다. 소프트웨어 세계에서는 매일 새로운 기술이 생겨나고, 그것은 세상을 바꿀 힘을 갖고 있습니다. 새로운 기술을 적절하게 선택 및 활용하고

---

3   https://proceedings.neurips.cc/paper/2015/file/86df7dcfd896fcaf2674f757a2463eba-Paper.pdf

도움이 되게 할 능력이 필요합니다. 그 능력을 높이는 가장 좋은 방법은 새로운 기술을 차츰차츰 활용하는 것입니다. 드넓은 대지에 만들어져 있는 길을 따라가기만 한다면 그 길이 사라졌을 때 한 걸음도 내딛지 못하게 될 것입니다. 기존의 서비스를 사용하면 효율적으로 만들 수 있는 시스템에서, 돌아가는 길이라 할지라도 직접 다른 방법으로 만들어봄으로써 새로운 길을 여는 능력과 경험을 길러낼 수 있습니다.

《컴퓨터 프로그램의 구조와 해석》(인사이트, 2016)[4]이라는 컴퓨터 과학의 고전적인 교과 서가 있습니다. 40여 년 전에 쓰인 명저로 지금도 사랑받고 읽히고 있는 책입니다. 다만 프로그램 예시가 지금은 개발에서 사용되지 않는 LISP 언어로 쓰여 있습니다. 그럼에도 그 책이 널리 읽히는 이유는 시대가 흘러도 변하지 않는 컴퓨터 시스템의 진수가 담겨 있기 때문이고, 보편적인 가치를 담고 있기 때문이라고 생각합니다. 이 책이 머신러닝의 실용화와 새로운 기술 활용이라는 콘텍스트에서 그 1만 분의 1이라도 세상에 보편적인 가치를 제공할 수 있다면 더없이 기쁠 것입니다.

---

4   https://web.mit.edu/6.001/6.037/sicp.pdf